U0957362

朝陽律師
CHAOYANG LAWYERS

法治先锋 行业典范 中国形象

刑事律师执业权益保障指南

万 欣 李超峰◎主编
公丕国 杨汉卿◎副主编
北京市朝阳区律师协会◎编

台海出版社

图书在版编目（CIP）数据

刑事律师执业权益保障指南 / 北京市朝阳区律师协会编；万欣，李超峰主编 . -- 北京：台海出版社，2021.1

ISBN 978-7-5168-2828-1

Ⅰ . ①刑… Ⅱ . ①北… ②万… ③李… Ⅲ . ①律师－权利－法律保护－中国－指南 Ⅳ . ① D926.5-62

中国版本图书馆 CIP 数据核字（2020）第 239037 号

刑事律师执业权益保障指南

编：北京市朝阳区律师协会
主　　编：万　欣　李超峰

出 版 人：蔡　旭
责任编辑：赵旭雯

出版发行：台海出版社
地　　址：北京市东城区景山东街 20 号　邮政编码：100009
电　　话：010 － 64041652（发行，邮购）
传　　真：010 － 84045799（总编室）
网　　址：www.taimeng.org.cn/thcbs/default.htm
电子邮箱：thcbs@126.com

经　　销：全国各地新华书店
印　　刷：天津旭非印刷有限公司
本书如有破损、缺页、装订错误，请与本社联系调换

开　　本：710 毫米 ×1000 毫米　1/16
字　　数：256 千字　　　印　　张：16.75
版　　次：2021 年 1 月第 1 版　印　　次：2021 年 1 月第 1 次印刷
书　　号：ISBN 978-7-5168-2828-1

定　　价：98.00 元

北京市朝阳区律师协会简介

北京市朝阳区律师协会是经北京市司法局批准依法设立的、由北京市朝阳区律师及律师事务所组成的社团法人，是区域性的律师行业自律性组织，受北京市朝阳区司法行政机关的领导、监督和北京市律师协会的指导，是党和政府联系律师的桥梁和纽带，依法对北京市朝阳区律师行业提供服务和实施管理。

北京市朝阳区律师协会以维护会员的合法权益，改善会员执业环境，为会员执业提供服务为宗旨；以管理、教育、监督、规范会员执业行为，提高会员的职业操守和执业能力，增强会员凝聚力，发展律师事业，促进朝阳区的法制建设、经济和社会发展为目标。

编委会

为自由辩护者，不可令其困厄于荆棘

律师的执业权利与地位，是一个社会民主法治进程和人权保障最灵敏的晴雨表。

1980年8月，第五届全国人大常委会第十五次会议通过了《中华人民共和国律师暂行条例》，为我国律师制度的恢复重建奠定了坚实的法律基础。《律师暂行条例》明确指出："律师是国家的法律工作者"。1996年5月，第八届全国人大常委会全票通过了《中华人民共和国律师法》，对律师的法律定位做出重大调整，第二条规定"本法所称的律师，是指依法取得律师执业证书，为社会提供法律服务的执业人员"。2001年第一次修订《律师法》，第二条没有变化。2007年第二次修订《律师法》，将第二条修订为"本法所称律师，是指依法取得律师执业证书，接受委托或者指定，为当事人提供法律服务的执业人员。律师应当维护当事人合法权益，维护法律正确实施，维护社会公平和正义"。2012年第三次、2017年第四次修订《律师法》，对第二条均没有进行修订。

对于律师的职业定位，从"国家法律工作者"到"社会法律工作者"，再到"法律服务人员"，可以看出律师维护委托人合法权益的责任越来越明显、强化。同时，《律师法》亦要求律师"维护法律正确实施""维护社会公平和正义"，乃至"以事实为根据，以法律为准绳"，这是律师响应维护国家和社会利益的职业伦理，属于律师的公益义务。从1996年以来，我国《律师法》越来越重视律师维护委托人合法权益的义务，强调律师需要"提出犯罪嫌疑人、被告人无罪、罪轻或者减轻、免除其刑事责任的材料和意见"，维护其诉讼权利和其他合法权益。这种只从有利于委托人的角度开展法律服务活动的义务，为律师的"忠诚义务"。从偏重对公益义务的履行，到对忠诚义务的职业属性的回归，从以上《律师法》的修订可以观察得到。

同时，对于律师，尤其是刑事律师执业权益的保障，仅从《律师法》修订的角度审视，应该说是具体化一些了。1996年《律师法》第三条第四款规定：律师依法执业受法律保护。2001年修订的《律师法》沿用此款规定。2007年《律师法》修订，将此款修订为："律师依法执业受法律保护，任何组织和个人不得侵害律师的合法权益。"2012年、2017年《律师法》的修订，沿用此款的规定。

如果以1980年《中华人民共和国律师暂行条例》的发布为标志，我国刑事辩护制度已有四十年的发展，除了上述律师从"国家法律工作者"向"法律代理人"的转变，律师职业伦理从原有的注重公益义务走向对忠诚义务的强化以外，律师辩护阶段从原有的"法庭辩护"逐步走向"全流程辩护""律师有效辩护"、保障被告人"获得律师帮助"，并在辩护权利的保障机制上引入律师权利救济机制和法律风险防控机制。可以说，刑事辩护制度取得了很大发展，成为律师业务一个很大的增长领域。但同时，刑事律师辩护制度亦存在一些深层的制度问题、认知问题、文化问题等，刑事律师执业权益保障还有进一步改革和发展的空间。

我国刑事诉讼法为辩护律师确立了两类诉讼权利：一是委托人授权的"传来权利"，二是辩护律师独立行使的"固有权利"。辩护律师的诉讼权利，是其执业的根本保障。但是，律师在行使诉讼权利时，始终面临着两个方面的难题：一是在诉讼权利受到侵犯时，律师如何获得救济以及能够获得何种救济？二是在行使诉讼权利时，律师如何防控本人被立案侦查、被采取强制措施乃至被追究刑事责任的执业风险？如果不从根本上解决辩护律师诉讼权利的有效救济以及刑事法律风险的有效防控问题，刑事辩护制度这一"生命有机体"，就如同植物没有适当的土壤、水分、养料、空气等一样，会因为缺乏适当的体制、环境和文化背景，不能健康成长。

《刑事律师执业权益保障指南》这本书，从刑事律师执业实践出发，从刑事律师自我保护的角度，自接案、谈案律师接受委托开始，到法庭审理结束，共涉及103个问题，以问答的形式介绍刑事律师的执业规范。刑事律师的诉讼权利，只有在自我保护好的前提下，才能更有质效地行使。

朝阳律协一直致力于律师执业权益的保护。这是一个很宏大的课题，与依法治国息息相关；也是一个利害攸关的课题，与每一个个体的生命、财产、自由休戚与共。

关于刑事律师执业权益保障，有太多的话题可供讨论，有太多的实践可供检验，有太多的未来可以期待，我们也一直满怀期待，并为此持之以恒地努力奋斗。

为他人抱薪者，不可使其冻毙于风雪；为自由辩护者，不可使其困厄于荆棘。

北京市朝阳区律师协会会长　杨光

2020 年 11 月

桐花万里丹山路，雏凤清于老凤声

——代序[①]

冬去又逢新岁月，春来更有好花枝。随着2019年末两场难得的冬雪，我们即将迎来2020年的春节。岁末年初，大家聚会在一起，总结过去一年的工作，表彰先进，鼓舞干劲，筹划明年的工作，同时也进行业务培训，同行交流，这是一场难得的盛会，我在此对莅临会议并做重要讲话的市律协秘书处陈强副秘书长、亲自授课的市律协权保委李法宝主任表示感谢，对莅临朝阳区律协权保委年终总结表彰会的各位外区同行表示欢迎！借此机会，我和大家交流一下今年朝阳区律协权保工作的几点心得，并对明年工作提几点要求。

一、总结2019年工作：桐花万里丹山路，雏凤清于老凤声。

第三届朝阳律协权保委自2018年10月成立以来，2019年是第一个完整年，在过去的一年里，权保委一班人，励精图治，兢兢业业，在2018年工作的基础上，在众多方面取得突破：一是圆满完成个案维权、涉黑涉恶案件旁听工作，二是在创新权保机制方面积极探索，初见成效。我先讲几点心得：

1.感动。过去的一年，我们承担了大量涉黑涉恶案件的旁听工作。随着这项工作的不断推进，我们各位委员克服了大量困难，有的通知来得很晚，甚至可以说就是临时通知；有的路途遥远，交通不便；有的案件庭审需要一两周，耗时很长。我们的委员都没有任何推诿，全年工作无一疏漏，非常不易。大家都是执业律师，自己的业务都非常繁忙，工作时间都按小时收费，

---

①本文系北京市朝阳区律师行业党委委员、北京市朝阳区律师协会副会长万欣律师在朝阳区律协权保委2019年年终总结表彰会的发言，经作者同意代序。

这些工作的完成也意味着我们各位委员的巨大付出，大家无怨无悔的付出令人感动，让我真切地感到，这是我们朝阳律协名副其实的应急部队，随时能攻坚克难，在此我向大家鞠躬表示感谢！

2.感佩。我们的个案权保真正实现了“永远在路上”，就像是律协的救护车，随时处于待机状态，接到号令，随时出发。对于重大案件的个案维权，基本上各位班子成员都是不讲条件，随时往上冲。而且作为主任的李超峰，也总是身先士卒，冲在前面。过去的一年，权保委在个案维权上，没有掉过链子。特别是在“追梦筑梦——奋进四十年律师展”项目中，权保委全体班子成员也积极参与，特别是韩骁副主任兼秘书长，做了大量工作。这些都说明这个班子是团结的班子，战斗力爆表的班子。天下事有所激有所逼者成其半，律师展的成功举办，确实印证了这个道理。通过重大时点的倒逼，通过精神激励，我们才把这个工作拿下来。这对我们今后的工作也很有启发。

3.感慨。杨光会长提出律协工作成果化，权保委在落实杨光会长指示方面卓有成效。过去的一年，完成一本《律师执业权益保障手册》，法律出版社正式出版，第二本《刑事律师执业权益保障指南》基本定稿，出版在即。这些在律师行业内都是首创，意义重大。这实际上是对权保工作成果化、理论化的有益探索。在编写工作中，我们的主编都是自掏腰包，自觉主动地组织推进，让我非常感慨，说明大家对权保工作完全是真爱。

4.感触。有一句话说得好：痛苦不是财富，对痛苦的思考才是财富。我们引申一下，个案维权不是权保的全部，对个案维权过程中的思考才是财富。我们在过去的一年，实现了从个案维权扩展到行业维权，从律师个体权益的维护，突破到行业发展权益的维护。像“黑律师”问题，我们年初通过高子程会长在两会上提出了提案，最高法院7月3日给予书面回复，准备推动完善公民代理的有关规定，推动在律师法、诉讼法修改中，完善公民代理的有关规定，严格限定公民代理的资格条件，明确对职业公民代理人、公民有偿代理等的监管措施和法律责任，依法规范公民代理。还有政采律师库问题，大家都习以为常，不认为是个问题，其实是隐性门槛。我们敏锐地发现问题，研究问题，通过全国人大代表向两会提案。2019年7月26日，财政部出台了《关于促进政府采购公平竞争优化营商环境的通知》，文件内容完全体现了我们提案的建议。然后我们又召开研讨会，通过区律协给国资委、财政局发出书面建议推动解决，得到了财政部门的积极反馈。日前公布的2020—2022年政采集中采购目录（征求意见稿）中已经删除法律服务的项目，最终正式文件发布后，政采律所库问题将得到彻底解决，切实维护了广大律所的发展权、平等竞争权——不仅仅是中小所，有77%的律所被排除在政采律所库之外而被剥夺了参与北京市行政机关事业单位法律服务平等竞争的权利。这应该说是朝阳区权保委为全市律师做了一件大好事，意义深远。

二、对明年工作的几点要求：雄关漫道真如铁，而今迈步从头越。

1.党建统领权保。要坚持党建统领权保工作。党建工作是律师工作的领航工程、聚力工程、先锋工程，权保工作作为律师工作的一个重要组成部分，一直得到党和政府的高度重视。近年来，司法部、最高法、最高检等机关几乎每年出台一个维护律师执业权益保障的文件，从立法高度保障律师执业权益保障。市司法局、市律协、区委区政府也高度重视。从近年的一些典型案例来看，很多重大个案维权案件都是依靠司法部、全国律协、市司法局、市律协高位推动解决。朝阳区创立的政法委联席会机制解决了大量实际问题，在各区独树一帜。明年我们要持续高度重视政法委联席会的准备，搭建各种协商解决机制，紧紧依靠党和政府，维护律师执业权益。明年要组织对全体权保委委员开展党建培训，不断提高权保委委员的政治站位，更好地做好律师权保工作。

2.咬定青山不放松。继续推动“黑律师”、国有企业法律服务招标隐性壁垒问题的解决；同时继续调研、查找行业权保问题，把维护行业权利，特别把维护律所行业发展、公平竞争的权利落到实处，注重从立法的高度推动权保，打造朝阳权保特色，为不断推动朝阳律师行业更好、更快发展做出贡献。广大朝阳律师要做有胸怀的律师，权保委的工作更需要大家有以律师行业发展为己任的胸怀。

3.围绕重点有的放矢。明年的律师工作还将围绕涉外法律服务、推动律师刑辩制度展开，权保工作要持续在涉黑涉恶案件、刑辩案件律师权益保障等工作上下功夫，围绕政法委联席会机制，争取通过联席会，高位推动，再解决一批律师执业工作中的难点问题，不断提升律师执业保障水平。

4. 总结经验，加强交流，推动权保工作理论化、成果化。要加强与外区的交流，明年至少走访一个外区权保委进行交流；要不断推动工作计划中的成果化工作，尽快完成《刑事律师执业权益保障指南》一书的出版工作，适时启动《民商事律师执业权益保障指南》的编写；要注重总结朝阳权保行业维权、维护发展权的经验，落实到成果上，争取提炼出权保工作朝阳经验，成为朝阳律师品牌打造的一个亮点。

过去的一年硕果累累，但是到了元旦我们要有归零心态，权保工作任重道远，新起点，再出发，争取取得更好成绩！

谢谢大家！

北京市朝阳区律师协会副会长　万欣

2020 年 1 月

刑事律师，刀尖上的舞者

——编写说明

我国律师行业自改革开放以来得到长足发展，但律师的政治、法律和社会地位仍不容乐观，不尽如人意。以为当事人谋取合法权益为职责的律师，自己的执业权利甚至人身安全经常受到侵害；曾在法庭上雄辩激昂为被告人辩护的律师，可能因多方面原因而最终自己站在了被告（被告人）席上。风光无限的背后，时常险象环生，“飞来横祸”防不胜防，一步踏错，轻者财产受损，重者失去自由，继而可能阻断职业前程，影响个人职业方向。“刑辩律师的一只脚，永远是在牢狱边缘徘徊”，正因为如此，刑事律师被称为“刀尖上的舞者”。

我国《刑法》规定了十个可能成为律师执业陷阱的罪名：《刑法》第306条辩护人、诉讼代理人毁灭证据、伪造证据、妨害作证罪；第307条帮助毁灭、伪造证据罪；第310条包庇罪；第308条之一泄露不应公开的案件信息罪，披露、报道不应公开的案件信息罪；第398条故意泄露国家秘密罪、过失泄露国家秘密罪；第309条扰乱法庭秩序罪；第266条诈骗罪；第307条之一虚假诉讼罪，均有可能阻断律师的职业生涯。律师办理刑事案件过程中的会见环节、委托环节、调查取证、保密义务等，无不充满风险。刑事律师如何合法合规、掌握好边界，保持理性，展示专业品质、独立精神，客观分析案件，研究与学习有关法律法规、执业规范、操作指引、相关案例，知晓执业中的风险点，养成风险意识，规范职业行为，防患于未然，尤为重要。

维护律师的执业权利，保护律师的执业权益，是律师协会和律师协会权保委的首要职责。

一、权保委是干什么的？

很多律师都在问：权保委是干什么的？

权保委的全称是律师协会权益保障委员会，是律师协会维护律师执业权利、保障律师合法权益、维护律师行业整体权利的专门工作机构，负责执业律师合法权益保障工作的调研、咨询、受理、调查、处理。权保委的主要工作职责为：

（1）研究制定维护律师执业权利的行业规范、实施办法；

（2）与司法厅（局）等有关机关建立健全维护律师执业权利的工作机制；

（3）提出完善和保障律师执业权利的立法建议、政策建议；

（4）受理、调查、处理维护律师执业权利案件；

（5）总结报告律师行业维护律师执业权利工作的情况；

（6）司法局、律师协会安排的其他工作（如旁听监督涉黑案件）。

也就是说，权保委是研究制定维护律师执业权利规范、处理律师权益被侵犯案件的律师维权机构，是律师的“娘家人”。

二、为什么写这本书？

孟子曰：“君子不立危墙之下。”讲的就是君子要远离危险的地方，这包括两个层面：一是防患于未然，预先觉察潜在的危险，并采取防范措施；二是一旦发现自己处于危险境地，要及时离开，及时处理。

近年来，随着律师业务的快速发展，律师权益被侵犯的案件数量激增。这一方面说明律师行业社会价值迅速提升引起了社会各方的关注；另一方面，如何保障律师的执业权利、保护律师的合法权益，成为社会各界尤其是司法机关和律师协会必须面对的新问题。分析律师权益被侵犯的原因，一是传统的执法理念和滞后的法律制度导致有权机关对律师合法执业的阻挠，甚至是打压；二是形形色色的当事人，尤其是陷入纠纷的当事人对律师职业的误解和泄愤；三是部分律师不知或无视律师执业风险、执业不规范，将自己陷入执业纠纷。

处理律师权益被侵犯的案件，是权保委的主要职责之一，但这只是事发后的被动维权。分析律师权益被侵犯的原因，提示律师规避执业风险，“君子不立危墙之下”，从而减免律师权益被侵犯的现象，是对律师最大的维权，这就是权保委主动维权的思考和动因。

第三届朝阳律协权保委在2018年10月份成立后，就把“被动维权和主动维权有机结合”作为工作重点。首先，权保委编制了《北京市朝阳区律师执业权益保障现状的调查问卷》，向广大律师收集律师执业权益保障中的问题和建议；其次，权保委走访京都、天驰君泰、康达等几个在刑事、民商、行政诉讼领域业务突出的律师事务所，与一线律师座谈交流；最后，在前述调研基础上，权保委研究决定编写一套律师执业权益保障的系列丛书，包括《律师执业权益保障手册》一本和《刑事律师执业权益保障指南》《民商事律师执业权益保障指南》《行政律师执业权益保障指南》三本。《律师执业权益保障手册》旨在让广大律师了解和掌握律师维权的基本流程和方法。其他三本丛书，则从刑事业务、民商事诉讼、行政诉讼三个领域，总结律师执业风险，解读律师权益保护，为广大律师同行提供预防执业风险、保护合法权益被侵害时的实务指引、借鉴和参考。

刑事业务因关系到生命和自由的特殊话题，所触及的社会关系和社会矛盾更为复杂，刑事律师也就面临更多的执业风险。律师的执业权利和合法权益被侵犯的案件，在刑事业务领域尤为突出，数量占绝大多数。因此，权保委在法律出版社已出版《律师执业权益保障手册》之后，首先编写推出《刑事律师执业权益保障指南》一书。

三、这本书写了什么？

本书采用问答模式，在前文所述的调查问卷、调研报告的基础上，总结了刑事律师执业过程中常见的执业风险和权益保护方面的103个问题，按照刑事律师办案的普通流程——接谈案件、公安侦查、检察院审查起诉、法院审理，并把贯穿全程且问题较多的律师会见设为专题，共五个环节，组织一批刑事业务经验丰富的权保委委员和律师予以解答，力求问题全面，解答务实，便于操作，讲究实用性。

本书解答部分由案例简介、问题分析、实务解答、法规摘引四部分组成。“案例简介”中的案例来源于设置相关问题的作者自己办理的案件或相关案例，便于读者更加感性、直接地理解所设问题；“问题分析”是作者对设置的问题及案例结合法律规定、办案经验的分析和思考；“实务解答”则是作者对所设问题给予直接答复或处理路径的指导建议；“法规摘引”是摘录与问题、分析及答案相关的法律、法规、规范、文件的具体条款，便于读者直接了解和引用相关执业风险、权益保护的法规根据。

由于所设问题具体、务实，也涉及个别有争议的问题，相关分析和解答是作者的经验总结、分析思考，请读者辩证参考。也基于此，欢迎律师同仁对不当之处批评、讨论和指正。

最后，衷心感谢北京市朝阳区司法局和北京市朝阳区律师协会领导对本书的指导和支持。本书凝聚了编写组全体成员、各位创作者的集体智慧和心血。感谢辛苦工作的编写组全体成员，特别感谢在繁忙的工作业务之余辛苦编写创作的各位作者！

北京市朝阳区律师协会权益保障委员会主任　李超峰

2020 年 11 月

目 录

第一部分 接案、谈案阶段

第二部分 律师会见

第一部分　接案、谈案阶段

1. 签订委托合同时，律师如何判断委托人的身份符合法律规定?

【案例简介】

某市居民王某因致人轻伤被某公安局刑事拘留。王某父母不在案发地居住，委托侄子陈某代为聘请律师，为王某提供法律帮助和辩护。接待律师在审查亲属关系证明材料时，律师发现陈某与王某系表兄弟关系，并非同胞兄弟姐妹关系，不属于法律规定的近亲属范围。律师与陈某沟通，告知其刑事法律方面关于近亲属的定义和刑事案件委托人相关规定，后陈某联系王某的母亲李某与律所办理了委托手续。陈某是否可以签订委托协议?

【问题分析】

《刑事诉讼法》规定，犯罪嫌疑人自被侦查机关第一次讯问或者采取强制措施之日起，有权委托辩护人，犯罪嫌疑人、被告人在押的，也可以由其监护人、近亲属代为委托辩护人。独生子女政策实行以来，表兄妹、堂兄妹以“近亲属”身份咨询、委托律师的数量有所增加。由于对近亲属范围的误解，出现了表兄妹、堂兄妹以“近亲属”身份中的“兄弟姊妹”身份咨询和委托律师的情况。由于《刑事诉讼法》规定仅有监护人和近亲属可以代为委托辩护人，而《刑事诉讼法》对近亲属范围限定为“夫、妻、父、母、子、女、同胞兄弟姊妹”，则表兄弟姐妹等均不属于《刑事诉讼法》规定的近亲属范围，不能代为委托辩护人。

表兄弟姐妹不能代为委托辩护人，是否可以代近亲属与律师事务所签订委托合同，支付律师服务费?目前法律没有明确规定，对于代理签订委托合同、支付律师服务费等，笔者认为该行为属于民事法律行为，在没有法律明确禁止性规定的情况下，其代为签订委托合同、支付律师服务费应当允许。

律师事务所接受刑事委托时，应及时核查委托人的身份证件、亲属关系证明材料（如户口本、户籍证明等）。如果委托人不满足“夫、妻、父、母、子、女、同胞兄弟姊妹”近亲属关系的，律师事务所应当及时告知委托人刑事案件中对委托人身份的相关规定，由其联系符合条件的委托人前来委托，避免不符合委托人身份的委托关系出现。

【实务解答】

律师在办理刑事辩护委托时，应当根据《律师法》《刑事诉讼法》的相关规定，依法审查委托人的身份，办理合法有效的委托手续。

1. 审查委托人是否符合法律规定。严格审查委托人与犯罪嫌疑人、被告人亲属关系，重点审查委托人与犯罪嫌疑人的亲属关系证明，如：结婚证、户口登记情况、社区居民（村民）委员会出具证明文书等材料。

2. 签署授权委托书的委托人必须符合刑事诉讼法规定，即犯罪嫌疑人、被告人的近亲属或监护人，近亲属限定为“夫、妻、父、母、子、女、同胞兄弟姊妹”。

3. 非近亲属在监护人或近亲属授权范围内，可以代为签订委托合同、支付律师服务费，但授权委托书应当由符合法律规定的近亲属签署并按手印，明确代理事项。

【法规摘引】

1.《律师法》（全国人民代表大会常务委员会 2017 年 9 月 1 日发布）

第二十八条 律师可以从事下列业务：

……

（三）接受刑事案件犯罪嫌疑人、被告人的委托或者依法接受法律援助机构的指派，担任辩护人，接受自诉案件自诉人、公诉案件被害人或者其近亲属的委托，担任代理人，参加诉讼；

……

2.《刑事诉讼法》（全国人民代表大会常务委员会 2018 年 10 月 26 日发布）

第三十四条第一款 犯罪嫌疑人自被侦查机关第一次讯问或者采取强制措施之日起，有权委托辩护人；在侦查期间，只能委托律师作为辩护人。被告人有权随时委托辩护人。

第三款 犯罪嫌疑人、被告人在押的，也可以由其监护人、近亲属代为委托辩护人。

第一百零八条 本法下列用语的含意是：

……

（六）“近亲属”是指夫、妻、父、母、子、女、同胞兄弟姊妹。

2. 刑事律师自己与委托人签订委托手续及收取费用有什么风险？

【案例简介】

2013年8月19日，L委托C律师为其子交通肇事一案辩护，后因收费和判决结果产生争执，L向区律师协会投诉H律师事务所和C律师。

L称双方达成口头约定：C律师接受此案委托，并告知办理一审至二审一次性收取委托费3万元，并保证L之子可判为缓刑，若未被判处缓刑退还委托费2万元。口头约定一周内，L交纳了委托费3万元，但未收到任何发票和相关收据。法院于2013年12月12日作出刑事判决，判决L之子犯交通肇事罪，判处有期徒刑一年六个月。L称C律师于2013年12月16日通知其案件辩护到此结束，但拒绝返还当初约定的因未被判处缓刑需退回的2万元委托费。

C律师称L之子交通肇事一案没有签订委托协议，没有收取任何费用。

H律师事务所称L之子交通肇事一案，其家人没有与H律师事务所签订委托协议，没有交纳任何费用。H律师事务所的所有案件都必须交纳费用，签订委托协议，才能从所里拿取手续。C律师出于同情，想先工作一段时间再收费，L家人分文未给。

律师协会调查发现，L之子交通肇事一案，C律师于2013年9月10日和2013年11月14日会见犯罪嫌疑人，且参与审判阶段诉讼活动，为L之子交通肇事一案中的辩护人。但是，H律师事务所未与委托人签署书面的委托代理合同。律师协会决定分别给予H律师事务所和C律师训诫处分。

【问题分析】

《律师法》明确规定，律师及律师事务所向客户提供法律服务的，由律师事务所统一接受客户的委托，然后指派承办律师承办相应法律业务。法律服务的提供、法律业务的承办，必须由律师事务所与客户签订书面的《法律服务委托协议》。

部分律师为避免接案时预判情况与诉讼结果不符，规避当事人会将书面的《法律服务委托协议》作为证据，而不签订书面的《法律服务委托协议》；也有部分律师出于少缴或不缴税款的目的，不与当事人签订书面的《法律服务委托协议》，不开法律服务发票；或者因为案件收费低、涉及的法律业务简单，律师片面认为不会发生纠纷或客户投诉等情形，不与当事人签订书面《法律服务委托协议》。

以上种种情况，均可认定律师单方面接受业务或私自接受法律服务。《律师法》明确规定，律师承办业务，由律师事务所统一接受委托，与委托人签订书面委托合同，按照规定统一收取费用并如实入账。刑事律师私下与委托人办理委托手续，本身就是违规行为，而且容易招致委托人的投诉，因没有委托协议，律师的权益也难以得到保障，私下接受委托、私下收费，均不可取。律师违反法律和行业规范的私自收案、私自收费的行为，会受到行业协会的纪律处罚。

【实务解答】

律师接受法律服务业务，应当要求当事人与律师事务所统一签订《法律服务委托协议》，并指定承办律师或主办律师。建议如下：

1. 律师接受当事人委托，应当明确要求当事人与律师事务所签订法律服务委托合同。禁止律师私自与当事人签订法律服务委托合同和收取法律服务费用。

2. 律师应当要求当事人将约定的法律服务费统一转账至律师事务所账户或交纳给律师事务所财务人员。当事人不方便来律师事务所支付法律服务费或者不会转账的，可以要求当事人给律师出具授权委托书，明确请求律师将收取的法律服务费代为转交律师事务所，律师接到法律服务费后应当立即转交律师事务所财务或转至律师事务所账户。

3. 当事人交纳法律服务费后，律师事务所应当开具法律服务费发票并交当事人签收。

【法规摘引】

1.《律师法》（全国人民代表大会常务委员会 2017 年 9 月 1 日发布）

第二十五条　律师承办业务，由律师事务所统一接受委托，与委托人签订书面委托合同，按照国家规定统一收取费用并如实入账。

律师事务所和律师应当依法纳税。

第四十条 律师在执业活动中不得有下列行为：

（一）私自接受委托、收取费用，接受委托人的财物或者其他利益；

……

第四十八条 律师有下列行为之一的，由设区的市级或者直辖市的区人民政府司法行政部门给予警告，可以处一万元以下的罚款；有违法所得的，没收违法所得；情节严重的，给予停止执业三个月以上六个月以下的处罚：

（一）私自接受委托、收取费用，接受委托人财物或者其他利益的；

……

2.《律师执业行为规范》（中华全国律师协会 2017 年 3 月 20 日发布）

第三十五条 律师应当与委托人就委托事项范围、内容、权限、费用、期限等进行协商，经协商达成一致后，由律师事务所与委托人签署委托协议。

3. 委托人要求媒体曝光如何处理?

【案例简介】

2011 年 5 月 4 日，彭某在县中医院接受结扎手术后下肢麻木，经过一年多的治疗不见好转，并呈瘫痪病症的恶化趋势。期间，彭某及其亲属曾向有关部门反映情况，但问题一直没有得到解决。2013 年 1 月，律师张某接受委托为彭某提供法律帮助。通过对病历资料的分析及向专家咨询，张律师基本认定彭某病情并非医院所称原因所致，而是因实施节育手术导致的医疗损害。2013 年 3 月 25 日，张律师所在律师事务所委派张律师就彭某节育手术受伤一事与其签署代理协议。在有关部门的主持下，双方召开了关于彭某手术受伤赔偿问题的协谈会，有关部门答应：1. 退还彭某缴纳的 8000 元社会抚养费；2. 为其母亲和小孩办理最低生活保障；3. 帮助彭某继续治疗。但协谈会没有就医疗赔偿方案达成一致意见。

2013 年 4 月 5 日，彭某前往北京检查治疗。在北京治疗期间，彭某家属咨询其他律师，有律师提出医生可能涉嫌医疗事故罪。彭某遂要求张律师对主治医生提起刑事控告，并再三要求张律师要外出散发传单，以引起媒体和社会舆论的关注。张律师一再制止彭某并通过其哥哥刘某转告，不能外出散发传单，否则涉嫌违法犯罪。最终，彭某放弃了通过散发传单引起媒体和社会舆论关注的想法。

2013 年 10 月中旬，彭某结束治疗，回家调养期间，彭某与有关部门再次协商，双方达成赔偿协议。

【问题分析】

根据《律师执业管理办法》《律师执业行为规范》等部门规章、行业规定，律师承办业务，应当引导当事人通过合法的途径、方式解决争议，不得“以串联组团、联署签名、发表公开信、组织网上聚集、声援等方式或者借个案研讨之名，制造舆论压力，攻击、诋毁司法机关和司法制度”。

少数当事人希望通过制造影响，向有关部门施加压力，利用舆论影响司法机关和司法制度。针对此类错误观念，律师事务所应当及时与当事人沟通，舒缓当事人情绪，明确告知通过媒体曝光案件、制造舆论压力的行为，违反法律法规的规定，既不利于当前纠纷的处理，也有引发后续名誉权等侵权纠纷的隐患。对于当事人要求律师参与曝光案件的行为，律师应当拒绝。

【实务解答】

律师承办业务，应当引导当事人通过合法的途径、方式解决争议，律师应当依照法定程序履行职责，不得以炒作案件等不正当方式影响依法办理案件。

【法规摘引】

1.《律师执业管理办法》（司法部令第 134 号，2016 年 9 月 18 日发布）

第三十七条 律师承办业务，应当引导当事人通过合法的途径、方式解决争议，不得采取煽动、教唆和组织当事人或者其他人员到司法机关或者其他国家机关静坐、举牌、打横幅、喊口号、声援、围观等扰乱公共秩序、危害公共安全的非法手段，聚众滋事，制造影响，向有关部门施加压力。

第三十八条 律师应当依照法定程序履行职责，不得以下列不正当方式影响依法办理案件：

……

（二）对本人或者其他律师正在办理的案件进行歪曲、有误导性的宣传和评论，恶意炒作案件；

（三）以串联组团、联署签名、发表公开信、组织网上聚集、声援等方式或者借个案研讨之名，制造舆论压力，攻击、诋毁司法机关和司法制度；

（四）违反规定披露、散布不公开审理案件的信息、材料，或者本人、其他律师在办案过程中获悉的有关案件重要信息、证据材料。

2.《律师执业行为规范》（中华全国律师协会 2017 年 3 月 20 日发布）

第七条　律师应当诚实守信、勤勉尽责，依据事实和法律，维护当事人合法权益，维护法律正确实施，维护社会公平和正义。

律师不得利用律师身份和以律师事务所名义炒作个案，攻击社会主义制度，从事危害国家安全活动，不得利用律师身份煽动、教唆、组织有关利益群体，干扰、破坏正常社会秩序，不得利用律师身份教唆、指使当事人串供、伪造证据，干扰正常司法活动。

4. 委托人要求律师贿赂法官，律师应如何处理？

【案例简介】

田某在建筑工地工作期间与朱某发生争执，持木棍将朱某打伤，经鉴定朱某为重伤，田某家属委托某律所律师孙某为田某进行辩护。期间，田某家属多次提出希望律师孙某能够宴请法官“联络感情”，以便法官能够从轻判决。

律师孙某向田某家属指出，贿赂法官是犯罪行为，不但不能帮助田某，自己还会受到法律追究。律师孙某将此情况汇报给律所，并表示无法继续进行辩护。律所经研究支持律师孙某的意见，解除了与田某家属的委托协议。

【问题分析】

行贿是指为谋取不正当利益，给国家工作人员财物的行为。依据《刑法》《律师法》和《律师执业管理办法》等相关法律法规的规定，严格禁止律师违反规定会见有关办案人员、向其行贿或者介绍贿赂以及采取其他不正当行为。

律师的工作是通过提供法律服务维护当事人合法权益、维护法律正确实施、维护社会公平和正义。从根本上讲，律师所承担的责任与法官、检察官有着共同的一面，行贿不仅严重影响有关办案人员依法公正办案，妨碍司法公正，同时也给律师队伍的形象带来了负面影响，与律师执业行为维护社会公平正义的使命背道而驰。

个别当事人希望通过向法官行贿影响法官，谋取不正当诉讼利益。本案中，田某家属希望通过孙某贿赂法官达到轻判的目的，其行为本身是违法的，律师不应当参与违法犯罪行为。根据《律师法》的规定，委托人利用律师服务从事违法活动的，律师有权拒绝辩护或者代理。本案中律师孙某拒绝田某家属要求行贿法官的做法是正确的，律所据此解除委托协议，也是正确的。

【实务解答】

委托人要求律师事务所或承办律师通过贿赂法官行为，谋取案件的胜诉或者获取利益的，律师事务所和律师应当拒绝，并告知当事人该种做法是一种违法行为，将受到法律追究。律师不能因为帮助当事人追求利益最大化而放弃法律规定或原则，同样，律师也不能因为当事人的个案行为导致被行业惩戒或追究法律责任，造成律师个人利益受到损害。

《律师法》规定，律师接受委托后，无正当理由的，不得拒绝辩护或者代理。但是，委托事项违法、委托人利用律师提供的服务从事违法活动或者委托人故意隐瞒与案件有关的重要事实的，律师有权拒绝辩护或者代理。

【法规摘引】

1.《律师法》（全国人民代表大会常务委员会 2017 年 9 月 1 日发布）

第三十二条第二款 律师接受委托后，无正当理由的，不得拒绝辩护或者代理。但是，委托事项违法、委托人利用律师提供的服务从事违法活动或者委托人故意隐瞒与案件有关的重要事实的，律师有权拒绝辩护或者代理。

第四十条 律师在执业活动中不得有下列行为：

……

（四）违反规定会见法官、检察官、仲裁员以及其他有关工作人员；

（五）向法官、检察官、仲裁员以及其他有关工作人员行贿，介绍贿赂或者指使、诱导当事人行贿，或者以其他不正当方式影响法官、检察官、仲裁员以及其他有关工作人员依法办理案件；

……

第四十九条　律师有下列行为之一的，由设区的市级或者直辖市的区人民政府司法行政部门给予停止执业六个月以上一年以下的处罚，可以处五万元以下的罚款；有违法所得的，没收违法所得；情节严重的，由省、自治区、直辖市人民政府司法行政部门吊销其律师执业证书；构成犯罪的，依法追究刑事责任：

……

（二）向法官、检察官、仲裁员以及其他有关工作人员行贿，介绍贿赂或者指使、诱导当事人行贿的；

……

2.《律师执业管理办法》（司法部令第 134 号，2016 年 9 月 18 日发布）

第三十六条　律师与法官、检察官、仲裁员以及其他有关工作人员接触交往，应当遵守法律及相关规定，不得违反规定会见法官、检察官、仲裁员以及其他有关工作人员，向其行贿、许诺提供利益、介绍贿赂，指使、诱导当事人行贿，或者向法官、检察官、仲裁员以及其他工作人员打探办案机关内部对案件的办理意见、承办其介绍的案件，利用与法官、检察官、仲裁员以及其他有关工作人员的特殊关系，影响依法办理案件。

5. 委托人要求律师承诺案件结果如何处理?

【案例简介】

2011 年 8 月 3 日，委托人柳某与某律师事务所签订委托协议，律所指派陈律师为柳某的丈夫王某以涉嫌以危险方法危害公共安全罪（醉驾）进行辩护。期间，陈律师多次承诺“这个案件一定能判缓刑”。最终，法院判决王某犯以危险方法危害公共安全罪，判处有期徒刑一年六个月。柳某与陈某因为判决结果和律师收费产生争执，后陈某被投诉至律师协会，陈某被给予训诫的处分。

【问题分析】

根据《律师法》的规定，律师不得以不正当手段承揽业务，“不正当手段”包含“以误导、利诱、威胁或者作虚假承诺等方式承揽业务”。根据《律师执业行为规范》的规定，律师根据委托人提供的事实和证据，依据法律规定进行分析，向委托人提出分析性意见。因此，律师可以对案件的结果做出适当的分析，对委托人的问题做出适当的回答，但是并不允许其承诺案件结果。

依据《律师法》《律师执业行为规范》等法律法规的规定，严格禁止律师通过虚假承诺的方式承揽业务。如果律师为了能够接下委托人的案子，对案件的结果进行承诺，就违反了上述规定。本案中律师陈某对柳某承诺案件结果，属于违规行为，导致其被投诉和被调查，得不偿失。

【实务解答】

在现实中，有些委托人要求律师承诺办案结果，并以此作为是否签署辩护委托合同的条件。遇到此种情况，建议：

1. 委托人要求律师承诺案件结果，律师应当明确拒绝，并告知委托人，律师有任何承诺结果，均属违规行为，是违反律师职业道德的行为。

2. 律师应当明确告知委托人，律师判断的结果是基于律师所见到的证据、委托人所述的事实和自己的法律业务经验所得。因对同一个法条、同一个法律规定，不同的法律人的理解可能存在差异，律师不能保证自己的判断观点完全被法官采纳。

3. 对于坚持“以承诺结果作为签署辩护委托合同的条件”的委托人，律师应当明确拒绝。

【法规摘引】

1.《律师法》（全国人民代表大会常务委员会 2017 年 9 月 1 日发布）

第四十七条 律师有下列行为之一的，由设区的市级或者直辖市的区人民政府司法行政部门给予警告，可以处五千元以下的罚款；有违法所得的，没收违法所得；情节严重的，给予停止执业三个月以下的处罚：

……

（二）以不正当手段承揽业务的；

……

2.《律师执业行为规范》（中华全国律师协会2017年03月20日发布）

第四十四条 律师根据委托人提供的事实和证据，依据法律规定进行分析，向委托人提出分析性意见。

3.《律师执业管理办法》（司法部令第134号，2016年9月18日发布）

第三十三条第一款 律师承办业务，应当告知委托人该委托事项办理可能出现的法律风险，不得用明示或者暗示方式对办理结果向委托人作出不当承诺。

6. 因委托人叙述的事实与客观情况不符合，导致案件事实发生变化，如何处理?

【案例简介】

委托人程某因其妻李某交通肇事一案与某律师事务所签订委托协议，律所指派徐律师承办案件。李某在发生交通事故后，因惊慌逃离了现场，构成逃逸。但是委托接案时，在制作接案笔录过程中，程某表示李某没有逃逸情节。徐律师经过阅卷得知李某存在逃逸情节。徐律师与程某进一步沟通，询问其对李某逃逸是否确定，如果李某有逃逸情节，将会因逃逸被从重处罚。程某表示不能完全确定，但其仍愿意继续委托徐律师处理案件。

【问题分析】

刑事案件中，签订委托协议的委托人与当事人一般并非同一人，容易出现委托人陈述的案件事实与客观事实或法律事实不一致的情况。这就要求律师在谈接案阶段要做好谈接案笔录，详细记载委托人对案情的描述，避免后期出现争议。

律师处理刑事案件切不可凭委托人的单方陈述而认定事实，委托人一般不是事件的亲历者，难以准确地描述事件经过。而且刑事案件当事人本人为逃避罪责倾向于对案情轻描淡写，这往往导致委托人转述案情错误。办案律师应当根据会见情况和案件卷宗来掌握案情全貌。律师发现委托人转达的案情存在偏误，应当及时与委托人沟通，并做好笔录，提示相关法律风险。

【实务解答】

刑事案件中，因委托人陈述事实与实际事实不一致，可能造成当事人对律师不信任或解除委托关系，建议如下：

1. 律师应当以涉案当事人的陈述情况作为评判案件事实的依据和与委托人的沟通依据。

2. 律师应当以卷宗记载的合法有效证据作为与当事人的沟通依据，说明案件具体情况。

3. 若案件证据与当事人陈述事实之间存在差异，律师应当尽量了解差异的关键点是什么，是否会对案件处理结果产生重大影响，应当区分影响大小并据此采取不同的方式同当事人进行沟通。

【法规摘引】

1.《律师法》（全国人民代表大会常务委员会 2017 年 9 月 1 日发布）

第三条第二款　律师执业必须以事实为根据，以法律为准绳。

2.《律师执业行为规范》（中华全国律师协会 2017 年 3 月 20 日发布）

第七条　律师应当诚实守信、勤勉尽责，依据事实和法律，维护当事人合法权益，维护法律正确实施，维护社会公平和正义。

7. 律师与委托人就案件结果产生矛盾如何处理?

【案例简介】

2015 年 9 月 13 日，委托人因不满意案件结果，与某律师事务所的两位律师产生纠纷，争执过程中，委托人报警。在民警出警过程中，两位律师因对处理方法不满意，与民警发生撕扯、推搡行为。警方以涉嫌妨害公务罪向检察机关移送审查起诉。在审查起诉阶段，两位律师自愿认罪、真诚悔罪，通过赔礼道歉积极取得了民警的谅解，检察机关决定对两位律师作出不起诉处理。警方将案件转到律师协会，律师协会决定给予两位律师通报批评处分。

【问题分析】

委托人与律师发生矛盾，通常是对辩护思路、辩护方案产生分歧，或委托人对案件结果不满意要求退费。无论发生何种矛盾，律师作为法律人，在遵纪守法方面应当更严格要求自己。

根据《律师协会会员违规行为处分规则（试行）》，律师不得有违反法律、法规、规章和行业规范的行为。与委托人发生矛盾时，律师一定要本着化解矛盾而不是激化矛盾的思路处理问题。与委托人辩护思路不一致时，律师应当充分听取委托人的意见，综合分析判断。如果辩护思路实在难以达成一致，可考虑和委托人协商解除委托协议。如果委托人对结果不满意，要做好分析和安抚工作，结合委托协议和案件结果，妥善处理律师费问题。如果实在难以达成一致，可以建议委托人通过诉讼解决，切莫激化矛盾。

【实务解答】

律师与委托人发生矛盾，应当采取理性方式依法处理，避免激化矛盾，妥善处理律师费问题，减免被投诉的风险。建议：

1. 律师应当帮助委托人分析案件预判结果与判决结果差异关键点是什么，是证据问题还是法律适用问题，或者是认知问题。

2. 律师可以告知委托人在提供法律服务过程中，做了哪些工作，哪些是律师所能控制事项，哪些事项是律师不能控制的，影响案件结果的因素有哪些等。

3. 律师可以告知委托人法律救济渠道有哪些，如何维护自己权利等。

【法规摘引】

1.《律师协会会员违规行为处分规则（试行）》（中华全国律师协会2017年3月20日发布）

第四十一条　有其他违反法律、法规、规章和行业规范的行为，依据本规则给予相应的纪律处分。

2.《律师执业行为规范》（中华全国律师协会2017年3月20日发布）

第八条　律师应当注重职业修养，自觉维护律师行业声誉。

第十五条　律师不得为以下行为：

(一)产生不良社会影响，有损律师行业声誉的行为；

……

（四）其他违反法律、法规、律师协会行业规范及职业道德的行为；

（五）其他违反社会公德，严重损害律师职业形象的行为。

8. 网上谈接案应该注意哪些问题？

【案例简介】

2019年3月5日，崔某因故意毁坏公私财物被抓获。2019年3月8日，崔某家属通过网络联系向陈律师咨询此案，后崔某家属与陈律师所在的律师事务所签订委托协议，委托陈律师进行辩护。

案发后，崔某家属代为赔偿经济损失，被害人亦对崔某表示谅解。因崔某具有到案后如实供述自己罪行、认罪认罚、已赔偿损失并获得被害人谅解的情形，法院判决被告人崔某犯故意毁坏公私财物罪，判处拘役并宣告缓刑。

崔某家属认为崔某被判处缓刑是因为积极主动赔偿损失的结果，陈律师是在网络咨询之后接受委托，其线上的咨询和线下的服务没有起到非常大的作用，便以各种借口拒绝支付律师费，直至律所以法律服务合同纠纷诉至法院，崔某家属才最终支付了律师费。

【问题分析】

互联网具备形式丰富、互动性强、渠道广泛、覆盖面广、精准推送、性价比高、推广方便等优势，很多律师通过网络宣传，拓宽了客户面，增加了对客户的吸引力。但是，律师受益于互联网便捷的同时，也受制于互联网的一些缺陷，网络谈案缺乏传统渠道面对面沟通的优势，当事人无法量化律师在案件过程中的劳动，导致少数的委托人形成了律师高收费、少干活的错误印象。

崔某家属拖欠律师费，一方面是因为网络谈案在律师和委托人之间形成天然隔离，崔某家属没有意识到陈律师在案件中做的大量辩护工作；另一方面是因为网络谈案使得律师更加难以准确把握当事人心里的想法，难以准确与委托人交换意见和看法。

互联网的特殊性放大了传统渠道谈案接案中的部分问题，当事人难以量化律师在案件过程中的劳动和付出，这要求律师网络谈接案要做到以下几点：

1. 建立完备的网络谈接业务流程体系；

2. 制作接案、谈案笔录；

3. 及时签订委托协议；

4. 及时与委托人沟通联系，了解委托人心理动态；

5. 加强线下接触，量化和体现律师工作。

概括起来就是律师可以把互联网作为一种拓宽宣传的渠道，但绝不能忽视与委托人的当面沟通交流，尤其是委托手续的签署、委托人身份的审查，都需要当面完成。

【实务解答】

律师通过网络接谈案件，应当制作好接案、谈案笔录，及时签订委托协议，加强线下接触，量化和体现律师工作。

【法规摘引】

1.《律师执业行为规范》（中华全国律师协会2017年3月20日发布）

第三十五条 律师应当与委托人就委托事项范围、内容、权限、费用、期限等进行协商，经协商达成一致后，由律师事务所与委托人签署委托协议。

第三十九条 律师应当建立律师业务档案，保存完整的工作记录。

2.《律师执业管理办法》（司法部令第134号，2016年9月18日发布）

第二十六条 律师承办业务，应当由律师事务所统一接受委托，与委托人签订书面委托合同，并服从律师事务所对受理业务进行的利益冲突审查及其决定。

9. 委托人中途解除委托如何处理?

【案例简介】

2015年1月16日，李某因故意毁坏财物罪向公安机关投案并被刑事拘留。2015年1月17日，李某家人与某律师事务所签署委托协议，并交纳了律师费。律师安排由刘律师处理此案。在刘律师的指导下，李某家人于2015年1月18日赔偿被害人经济损失并获得谅解。2015年1月25日，李某家人向刘律师所在律师事务所提出解除委托协议的要求，双方因退费问题发生争议。

【问题分析】

委托合同是委托人和受托人约定，由受托人处理委托人事务的合同。委托合同以当事人之间的信任为基础，具有人身性，委托人可以随时解除委托合同。基于刑事案件的特殊性，律所无正当理由，不得拒绝辩护或者代理。同样也是基于刑事案件的特殊性，委托人提出解除委托要求的，允许其随时终止委托合同。当事人通常对解除合同无争议，但律师和委托人常常因律师费是否退还发生争议。

刑事案件委托协议是委托合同的一种，委托人享有任意解除权。一旦委托人行使任意解除权，双方常因退费问题发生争议。建议委托协议中一定要有关于解除合同是否退费以及如何退费的约定。委托人解除合同后，可参照相关约定处理，避免因没有约定或约定不清产生矛盾。双方达成一致后，应签署解除协议，制作结案报告和笔录，并由委托人签字确认。律所应及时告知办案机关双方已经解除委托关系。

【实务解答】

委托人中途解除委托，应当要求委托人与律师事务所签订解除协议，并妥善处理费用问题。若委托人不愿意签订解除协议，建议委托人通过微信、短信或书面承诺书等方式，明确表示不再委托律师办理相关事项，律师应当注重保存好相关的证据。

【法规摘引】

《律师执业行为规范》（中华全国律师协会2017年3月20日发布）

第四十二条 律师接受委托后，无正当理由不得拒绝辩护或者代理、或以其他方式终止委托。委托事项违法、委托人利用律师提供的服务从事违法活动或者委托人故意隐瞒与案件有关的重要事实的，律师有权告知委托人并要求其整改，有权拒绝辩护或者代理、或以其他方式终止委托，并有权就已经履行事务取得律师费。

第五十九条　有下列情形之一的，律师事务所应当终止委托关系：

（一）委托人提出终止委托协议的；

……

10. 当事人要求做无罪辩护，律师可以自行做罪轻辩护吗？

【案例简介】

2014年6月17日，李某同徐某因打鱼纠纷产生矛盾，李某用木棒将徐某门牙打掉三颗，经法医鉴定，徐某的损伤已构成人体轻伤二级。李某于2014年6月18日被公安机关抓获，并于当日被取保候审。

2014年6月19日，李某与某律师事务所签订委托协议，律所指派李律师处理此案。李某认为徐某与自己争吵并先动手，且已经给予对方一定的赔偿，坚决要求做无罪辩护。因徐某的损伤已构成人体轻伤二级，李律师建议做罪轻辩护。李某与李律师在是否做无罪辩护上无法达成一致。

【问题分析】

律师作为专业法律人士，其责任是根据事实和法律提出犯罪嫌疑人、被告人无罪、罪轻或者减轻、免除其刑事责任的材料和意见，维护犯罪嫌疑人、被告人的诉讼权利和其他合法权益。但在刑事诉讼中，部分犯罪嫌疑人或犯罪嫌疑人的近亲属，通常都会根据主观愿望要求辩护律师进行无罪辩护，而刑事案件中，做无罪辩护的胜诉率并不高。这就有了当事人主观意愿和律师辩护意见的冲突。

刑事诉讼中，在被告人不认罪的情况下，律师不应自行做有罪的罪轻辩护。律师自行做有罪（罪轻）辩护，无异于充当了"第二公诉人"。针对委托人的诉求，律师应该积极协商沟通，理清事实，争取与委托人达成共识；或者律师可以提出就定罪和量刑分开辩护，避免顾此失彼，影响辩护效果；如果双方确实无法进行协商，建议解除辩护关系。

【实务解答】

当事人是犯罪嫌疑人、被告人家属或委托人的，其要求律师做无罪辩护，应当向律师说明犯罪嫌疑人、被告人的态度，并且只能以犯罪嫌疑人、被告人本人的意见为准。如果犯罪嫌疑人、被告人是未成年人，应当将本人的态度和认定案件证据是否充分的情况向监护人说清楚。

犯罪嫌疑人、被告人认为自己无罪或拒不认罪的，律师不能做罪轻辩护，只能做无罪辩护。如果律师认为已构成犯罪，且双方未能达成一致辩护意见，律师可以请求当事人另行委托辩护律师，双方解除委托协议。

【法规摘引】

《律师法》（全国人民代表大会常务委员会2017年9月1日发布）

第三十一条 律师担任辩护人的，应当根据事实和法律，提出犯罪嫌疑人、被告人无罪、罪轻或者减轻、免除其刑事责任的材料和意见，维护犯罪嫌疑人、被告人的诉讼权利和其他合法权益。

11. 委托人要求律师风险代理刑事案件，律师可以接受吗?

【案例简介】

王某是某公司老板，因与合作伙伴发生经济纠纷被对方控告合同诈骗罪，公安机关已立案侦查并拘留了王某。王某的妻子李某与北京某律所刘律师商谈聘请刘某辩护事宜。刘律师分析案情后，认为王某可能不构成犯罪。李某提出：按照办案结果事后付费，如果王某无罪释放，支付律师费50万元；如果被判有罪，3年以下有期徒刑，付费20万元；如果王某被判3年以上有期徒刑，付费10万元。

【问题分析】

委托人李某所提的律师收费模式，是律师接谈案件经常遇到的“风险代理收费”问题，即律师受理业务时，委托人先不支付律师服务费，在合同中约定律师服务费与服务结果挂钩，根据办案结果约定事后收费的数额或比例。在涉及财产争议的民商事诉讼案件的代理中，很多律师和当事人采取风险收费的代理模式，这是律师服务市场化的表现，是律师行业规则所允许的代理模式，相关法律并不禁止。

但是，刑事案件作为涉及被告人人身自由和生命权的特殊类型案件，我国政府历年来一直控制律师办理刑事案件的收费，实行“政府指导价”，政府明文规定了律师办理刑事案件的收费标准。近两年来，为贯彻执行中央、国务院“放管服”的改革政策，推进律师服务的市场化发展，北京、天津、上海等多地政府发改委和司法局联合下文，取消对于律师诉讼服务收费的政府指导价，刑事案件的律师收费开始了“协商收费”的市场化模式，即根据案件的难易程度、律师的水平层级等多种因素，由委托人和律师、律所协商收费价格。那么，刑事案件是否可以采取前面所说的“风险代理”方式？

答案是不可以，原因就是刑事案件的特殊性。以服务结果作为支付或额外支付律师费的依据，可能导致律师为了获得律师费而背弃自己的职责，如帮助当事人毁灭、伪造证据，勾兑相关司法官员以实现约定支付律师费的结果，存在发生不法行为的风险。发改委和司法部联合颁发的《律师服务收费管理办法》明确规定：禁止刑事诉讼案件实行风险代理收费。

律师在刑事案件中不能风险代理，并不属于我国独有的规定，在美国律师协会《职业行为示范规则》（2004）“规则 1.5 律师费”的规定中，也把在刑事案件中代理被告人排除在根据服务结果“附条件”收费之外。在“规则 1.5 律师费”（d）中明确规定律师不得协商收取，不得索取、收取的律师费用，其中就包括“在刑事案件中代理被告人时的附条件律师费”。

【实务解答】

委托人要求律师风险代理刑事案件，律师应当明确告知委托人刑事案件依据行业规范或规定禁止风险代理，并明确拒绝。刑事案件的风险代理协议属于无效协议，且极容易产生纠纷，导致律师被委托人投诉和被处罚的执业风险。

【法规摘引】

1.《律师服务收费管理办法》（发改价格〔2006〕611 号，2006 年 4 月 13 日发布）

第十一条　办理涉及财产关系的民事案件时，委托人被告知政府指导价后仍要求实行风险代理的，律师事务所可以实行风险代理收费，但下列情形除外：

（一）婚姻、继承案件；

（二）请求给予社会保险待遇或者最低生活保障待遇的；

（三）请求给付赡养费、抚养费、扶养费、抚恤金、救济金、工伤赔偿的；

（四）请求支付劳动报酬的等。

第十二条 禁止刑事诉讼案件、行政诉讼案件、国家赔偿案件以及群体性诉讼案件实行风险代理收费。

2.《律师协会会员违规行为处分规则（试行）》（中华全国律师协会2017年3月20日发布）

第二十七条 违规收案、收费具有以下情形之一的，给予训诫、警告或者通报批评的纪律处分；情节严重的，给予公开谴责、中止会员权利一个月以上一年以下或者取消会员资格的纪律处分：

……

（六）在实行政府指导价的业务领域违反规定标准收取费用，或者违反风险代理管理规定收取费用。

12. 如何告知委托人收费标准？如何收取差旅费？

【案例简介】

2010年3月17日，陈某因涉嫌故意伤害，与某律师事务所签订委托协议，律所指派孟律师进行辩护。《委托协议》就律师费进行约定：1. 陈某交纳律师费20000元；2. 陈某交纳交通费差旅费1000元。某律师事务所分别出具了20000元的律师费收据（注：没有开具正式发票，仅注明待交清余款后再开发票）及1000元的交通费（办案）收据。

2011年9月30日，陈某向某律师事务所发出《解除委托通知》，要求解除委托合同。之后，陈某以不讲职业道德，不尽律师职责为由投诉某律师事务所及该所的孟律师。由于被投诉的律师事务所及该所的孟律师在收取律师费和交通费（办案）时，未向投诉人开具律师服务收费合法票据，而仅仅开具了收据，其行为违反了《律师协会会员违规行为处分规则（试行）》第二十七条第五款的相关规定，应予处罚。孟律师和某律师事务所分别被给予训诫处分。

【问题分析】

现实中，当事人对律师收费存在偏见和误解，“办妥了再给钱”的说法经常出现。这与律所公示收费标准欠缺有关，也和律所间收费存在差距有一定的关系。

律师事务所应该在办公场所将律所的收费标准予以公示，在接案、谈案阶段，接案笔录中应对收费协商过程进行完整记录，分清律师服务费和诉讼费、仲裁费、鉴定费、公证费等费用之间的区别。在谈接案笔录和委托协议中，对相关费用予以确认，收取律师费、交通费（办案）等费用时，应开具律师服务收费合法票据。差旅费支出弹性空间相对较大，律师事务所在对待差旅费收费上应该更为审慎。一般而言，差旅费分为三种支付方式：一是包干制；二是报销制；三是确定行程后，由当事人直接支付相关费用。建议采用第三种方式，这种方式可以一定程度上减少与委托人产生纠纷的可能。同时，不管选择何种方式，都要及时开具收费票据，避免私自收费。

【实务解答】

律师应该明确告知委托人律师事务所制定的收费标准，该标准是律师事务所统一制定的对外提供法律服务收费依据。在此基础上，律师可以与委托人协商确定法律服务费的金额，法律服务费确定后不能再变更。

对于差旅交通费，律师应当根据案件具体情况、办案地点交通情况等综合分析并提出预算金额，并在委托协议中注明可能产生的费用是多少。

【法规摘引】

《律师法》（全国人民代表大会常务委员会 2017 年 9 月 1 日发布）

第二十三条　律师事务所应当建立健全执业管理、利益冲突审查、收费与财务管理、投诉查处、年度考核、档案管理等制度，对律师在执业活动中遵守职业道德、执业纪律的情况进行监督。

第二十五条第一款　律师承办业务，由律师事务所统一接受委托，与委托人签订书面委托合同，按照国家规定统一收取费用并如实入账。

13. 当事人要求付费到律师个人账户且不开票可以答应吗?

【案例简介】

律师曾某系重庆一家律师事务所执业律师。2010 年 9 月 25 日，廖某以其亲属张某涉嫌职务侵占一案与曾某签订法律事务委托合同，约定曾某为张某办理取保候审手续。合同以曾某所在的律师事务所的名义签订，却未在该委托合同上加盖该律师事务所的公章。曾某收取了廖某风险辩护费 4 万元，没有向廖某开具发票，而是出具了一张收条。随后，根据案情，公安机关对张某作出了取保候审的决定。2012 年 2 月 28 日，重庆市相关司法部门得知此事后，以曾某私自违规收案为由，对其作出停止执业 3 个月，没收违法所得的处罚。事后，廖某以曾某收费行为不合法，且没有为其提供法律服务为由诉至法院，要求曾某退还所收取的风险辩护费。

【问题分析】

律师接谈案件时，经常遇到委托人出于少缴费用的考虑提出不与律师事务所签合同而直接付费给律师的情况，而有些律师，出于避免律所扣减管理费或不交税的目的，会同意委托人的提议。

律师私自接受委托、私自收费，是违法违规的行为，面临行政处罚及税收法律责任，且可能涉嫌职务侵占罪。另外，律师私自收费，如果发生纠纷，也不属于律师执业责任保险所应理赔的风险责任险范畴。因此，律师接受委托应当按规定与委托人签订书面委托合同，律师事务所和律师应当杜绝私自收案和私自收费。

案例中，曾某在法庭上辩称，法律事务委托合同上没有加盖律师事务所公章以及收费未开发票是事实，但该合同不是以其个人名义而是以律师事务所的名义签订，自己也提供了法律服务，成功办理了取保候审手续。

一审法院审理后认为，曾某提出法律事务委托合同是律师事务所与廖某签订的，应举出相应的证据予以证明。其既未举出律师事务所委托自己以其名义签订法律事务委托合同的相应证据，也未举出该律师事务所事后追认的相应证据，所以该合同的相对人是曾某与廖某。根据《律师法》的相关规定，律师在执业活动中不得私自接受委托、收取费用，故该合同应为无效合同，判决曾某返还向廖某收取的风险辩护费，但曾某为委托人处理部分事务所产生的合理费用可酌情予以扣除。宣判后，曾某不服一审判决，提起上诉。日前，中院二审判决驳回律师曾某的上诉，曾某应返还向当事人廖某收取的风险辩护费 31500 元。

【实务解答】

委托人要求付费到律师个人账户且不开票，律师应当明确拒绝，并告知委托人应与律所签订书面委托合同。律师私自收费，极易导致委托人投诉产生纠纷，必然会受到行业纪律处分。即使委托人将法律服务费转账至律师个人账户，律师也应当立即转至律师事务所账户并开具发票。

【法规摘引】

1.《律师法》（全国人民代表大会常务委员会 2017 年 9 月 1 日发布）

第二十五条　律师承办业务，由律师事务所统一接受委托，与委托人签订书面委托合同，按照国家规定统一收取费用并如实入账。

律师事务所和律师应当依法纳税。

第四十条　律师在执业活动中不得有下列行为：

（一）私自接受委托、收取费用，接受委托人的财物或者其他利益；

（二）利用提供法律服务的便利牟取当事人争议的权益；

（三）接受对方当事人的财物或者其他利益，与对方当事人或者第三人恶意串通，侵害委托人的权益；

……

第四十八条　律师有下列行为之一的，由设区的市级或者直辖市的区人民政府司法行政部门给予警告，可以处一万元以下的罚款；有违法所得的，没收违法所得；情节严重的，给予停止执业三个月以上六个月以下的处罚：

（一）私自接受委托、收取费用，接受委托人财物或者其他利益的；

……

2.《律师和律师事务所违法行为处罚办法》（司法部令第 122 号，2010 年 4 月 8 日发布）

第十条　有下列情形之一的，属于《律师法》第四十八条第一项规定的律师“私自接受委托、收取费用，接受委托人财物或者其他利益的”违法行为：

（一）违反统一接受委托规定或者在被处以停止执业期间，私自接受委托，承办法律事务的；

（二）违反收费管理规定，私自收取、使用、侵占律师服务费以及律师异地办案差旅费用的；

（三）在律师事务所统一收费外又向委托人索要其他费用、财物或者获取其他利益的；

（四）向法律援助受援人索要费用或者接受受援人的财物或者其他利益的。

3.《律师协会会员违规行为处分规则（试行）》（中华全国律师协会2017年3月20日发布）

第二十七条 违规收案、收费具有以下情形之一的，给予训诫、警告或者通报批评的纪律处分；情节严重的，给予公开谴责、中止会员权利一个月以上一年以下或者取消会员资格的纪律处分：

（一）不按规定与委托人签订书面委托合同的；

（二）不按规定统一接受委托、签订书面委托合同和收费合同，统一收取委托人支付的各项费用的，或者不按规定统一保管、使用律师服务专用文书、财务票据、业务档案的；

（三）私自接受委托，私自向委托人收取费用，或者收取规定、约定之外的费用或者财物的；违反律师服务收费管理规定或者收费协议约定，擅自提高收费的；

（四）执业期间以非律师身份从事有偿法律服务的；

（五）不向委托人开具律师服务收费合法票据，或者不向委托人提交办案费用开支有效凭证的；

（六）在实行政府指导价的业务领域违反规定标准收取费用，或者违反风险代理管理规定收取费用。

第二十八条 假借法官、检察官、仲裁员以及其他工作人员的名义或者以联络、酬谢法官、检察官、仲裁员以及其他工作人员为由，向当事人索取财物或者其他利益的，给予公开谴责或者中止会员权利三个月以上六个月以下的纪律处分。

14. 接案时，告知委托人注意事项可以省略吗？

【案例简介】

王某因口角与江某打斗致江某轻伤，被刑事拘留。王某的妻子许某委托某律师事务所指派律师进行辩护。许某去看守所给王某送衣物，因衣物中夹带信件，被看守所拒收。许某遂到律所与辩护律师发生争执，称律师未告知自己去看守所送衣物时不能夹带信件。律师称送衣物不能夹带信件，是看守所的通常规定，无须另行告知。许某则认为律师不够专业，要求解除委托合同并退还律师费。

【问题分析】

律师在接案、谈案环节除了引导委托人陈述案情经过与诉求，同时要告知委托人相关的注意事项。上述案例中，虽然告知委托人到看守所送衣物时的注意事项不是律师的必备告知事项，但由此引发了委托人对律师专业能力的怀疑，产生了委托被解除的不良后果。所以告知委托人相关注意事项宁多勿少，宁细勿粗。因为委托人不是专业人士，其对律师有更高的期待和要求也是可以理解的。

在谈接案阶段，律师除了需要签订委托协议，还应当做好谈接案笔录和风险告知书，要求委托人如实叙述案件情况和委托事项，并尽可能详尽地告知委托人注意事项。律师应和委托人强调陈述过程务必客观、真实、全面详尽，防止因疏漏或误导致使律师判断失误。告知委托人必须如实陈述案情，向律师提供真实的文件资料，并提醒委托人若弄虚作假、隐瞒事实、虚假陈述等，将自行承担由此导致的不利后果。告知事项不可省略。律师可以制作告知事项清单给委托人签收。

【实务解答】

律师接谈案过程中，应该根据法律法规的相关规定和办案经验，告知委托人注意事项或法律风险。律师可以制作《委托注意事项或法律风险告知书》，以书面形式告知委托人，并要求委托人在有关文书上签名、按手印，留存备查。

【法规摘引】

《律师执业行为规范》（中华全国律师协会2017年3月20日发布）

第四十二条 律师接受委托后，无正当理由不得拒绝辩护或者代理、或以其他方式终止委托。委托事项违法、委托人利用律师提供的服务从事违法活动或者委托人故意隐瞒与案件有关的重要事实的，律师有权告知委托人并要求其整改，有权拒绝辩护或者代理、或以其他方式终止委托，并有权就已经履行事务取得律师费。

第四十三条 律师在承办受托业务时，对已经出现的和可能出现的不可克服的困难、风险，应当及时通知委托人，并向律师事务所报告。

第四十四条 律师根据委托人提供的事实和证据，依据法律规定进行分析，向委托人提出分析性意见。

15. 接案谈案过程中律师有做会谈记录的必要吗？

【案例简介】

姚某因其丈夫雷某涉嫌组织、领导黑社会性质组织罪，与被告某律师事务所签订一份委托代理合同。合同约定被告律所的律师彭某、李某为原告丈夫提供专项法律顾问服务。合同内容包括：支付律师会见、搜集整理证据、阅卷、申请取保候审，向办案机关提供法律意见、出庭辩护等顾问费共计50万元，签约后先收取30万元，剩余费用在雷某涉黑罪名被拿掉后再付20万元，同时姚某另行支付5万元的差旅费。三年后判决结果下达。姚某认为其丈夫雷某因组织、领导黑社会性质组织罪被判刑8年，涉黑的罪名没有拿掉，对某律师事务所律师的代理结果非常不满意，遂将律师事务所起诉至法院。

【问题分析】

全国律协于2018年9月29日通过央视一套发布通报称：2018年8月份，全国收到各类投诉律师案件650件，其中违规收费和不尽责比例占半数。为此全国律协呼吁：一定要引起全体律师同仁的高度重视，尽职尽责办案。

尽职尽责地办案，是律师当然的职责。如何体现律师尽职尽责办案？工作记录书面化，是律师应当养成的工作习惯。实践中，有些律师认为“你既然委托了我，就应当信任我”“用人不疑、疑人不用”，不太注意会谈过程记录，甚至在看守所会见被告时都不做会见笔录或记录简单，甚至不让被告人签名，为日后可能出现的“尽职”纠纷埋下隐患。

案例中，承办律师是办案经验丰富的律师，三年办案期间，先后和家属会谈及会见被告人高达30次，每次会谈都做了详细的记录，并让家属及被告人雷某签字确认。律师面对法庭非常从容，把办案中一整套的工作记录向法庭出示，记录之详细让人赞叹，最后法院认定律师彭某、李某行为符合职业要求和合同约定，并不存在失职和过失。原告认为被告的代理和执业过程严重失职和过失，给原告造成经济损失应当承担赔偿责任的证据不足，法院遂驳回原告姚某的诉讼请求。

【实务解答】

律师接谈案件时，应当做好谈话笔录。重点记录如下内容：

1. 委托人身份信息及与犯罪嫌疑人、被告人亲属关系等情况；

2. 委托人所知道的案件情况及犯罪嫌疑人、被告人羁押地点、办案单位等；

3. 告知法律风险、注意事项等；

4. 告知律师能做的工作内容、工作期限等；

5. 告知刑事诉讼程序及期限等。

律师应养成工作记录书面化的良好习惯，规范律师执业行为，为以后的合同签订、体现尽职案件、可能发生的纠纷处置奠定书面化的证据基础。

【法规摘引】

《律师执业行为规范》（中华全国律师协会2017年3月20日发布）

第三十九条　律师应当建立律师业务档案，保存完整的工作记录。

16. 接案谈案过程中律师不做虚假承诺，不给委托人不合理的预期为何非常重要?

【案例简介】

2001年，律师马某因“捞”广州故意伤害他人案中的宋某、赵某，收取“代理费”100万元。6年后，宋某、赵某被司法机关认定为“沈阳贩毒集团”的头号和二号人物。根据往来账目，马律师收取100万元代理费被警方认定为涉嫌诈骗，后法院据此判决律师马某有期徒刑11年。法院认定：马某为达到非法占有他人财物的目的，虚构认识审理宋某案的人民法院相关审判人员、并可借此关系为宋某减轻罪责、需要“费用”的事实，隐瞒经其他代理律师通过正常申请程序，宋某已被人民法院批准中止审判的事实真相，先后两次从被害人处获取人民币100万元。除其中5000元用于为宋某案的其他同案犯再行聘请律师外，余款被其挥霍。被告人马某的行为构成诈骗罪，且数额特别巨大，罪名成立。

【问题分析】

很多委托人选择律师主要看这几个方面：律师是否“有关系”、是否“能说上话”“和法院的哪个领导熟”。如果有律师对委托人说“我不认识法官，我也不认识检察官，我名气一般，但我收费低”，相信大多数人不会委托他。于是，有一些律师会明示或暗示自己和法官有某种关系，甚至承诺案件能够办理的结果，给委托人过高的期望值。

律师在执业过程中要有这样的警示：我们在希望得到委托的时候，可以表达自己对于这些案件有一定的优势，也会努力把案件做好，但是不能直接承诺结果，明示或暗示自己的资源优势。律师只要说自己认识法官，就有两种可能，要么是行贿，要么是诈骗，真认识就是行贿，假认识就是诈骗。

【实务解答】

接案谈案过程中，律师不做虚假承诺，不给委托人不合理的预期，是遵守律师执业规则、避免执业风险的基本行为。如若委托人要求律师做出承诺，建议如下：

1. 明确告知行业禁止律师做出任何与案件结果有关的承诺。

2. 明确告知律师对案件结果不具有最终决定权。

3. 明确告知律师不能运用非法手段对案件结果进行影响。

4. 明确告知律师可以依法为委托人争取合法利益。

【法规摘引】

1.《律师执业管理办法》（司法部令第134号，2016年9月18日发布）

第三十三条第一款 律师承办业务，应当告知委托人该委托事项办理可能出现的法律风险，不得用明示或者暗示方式对办理结果向委托人作出不当承诺。

2.《律师职业道德和执业纪律规范》（中华全国律师协会2001年11月26日发布）

第二十六条 律师应当遵循诚实守信的原则，客观地告知委托人所委托事项可能出现的法律风险，不得故意对可能出现的风险做不恰当的表述或做虚假承诺。

17. 接案谈案过程为何要对委托人做风险提示，怎样做风险提示？

【案例简介】

廊坊杜某与妻子马某于2015年3月结婚后，马某一直与其父母同住，杜某婚后到外地工作直到年底未休假。2015年11月底，杜某回到岳父母家接其妻子马某回家，马某表示不愿意跟杜某回家。杜某感觉蹊跷，经其仔细查问后，马某才说出实情：自己与刘姓男子有不正当关系，并已怀孕两个多月；且已决意与杜某离婚、与刘姓男子结婚。杜某因妻子的婚外情而恼羞成怒，多次找到刘姓男子发生肢体冲突。之后，杜某对于与马某的婚姻已经失望，决定离婚，找到当地某律所何律师，委托何律师代理对马某提起重婚罪的刑事自诉。

何律师仔细分析案件后认为，马某与刘姓男子既没有形成同居关系，也没有结婚，即使怀孕也是通奸的后果，因而不具备重婚罪的犯罪构成要件。何律师向杜某说明了法律规定和自诉的风险，杜某仍执意选择刑事自诉。于是，何律师向其明示可能的风险后，让其在风险告知书上签了字，并签署了民事及刑事一揽子代理协议。后刑事自诉未被法院立案。

【问题分析】

在接待委托人的过程中，我们发现，有些委托人对律师工作的性质有误解，以为交了律师费，自己就可以高枕无忧了，更有甚者，以为律师就是“拿人钱财，为人消灾的”，觉得“你收了我的钱，就得为我把事办好”。因此，律师在接谈案过程中，对有此误解或提问的委托人，律师应当客观告知其律师代理诉讼或辩护所存在的风险，如“律师尽职辩护，不等于被告人无罪”“律师代理自诉案件，不等于案件一定成功”，提示委托人除了配合律师工作，还应该有承担各种风险的意识。

签订《风险告知书》是律师行业的纪律规定和通行做法。《律师职业道德和执业纪律规范》第二十六条规定：律师应当遵循诚实守信的原则，客观地告知委托人所委托事项可能出现的法律风险，不得故意对可能出现的风险做不恰当的表述或做虚假承诺。因此，正规的律所均有《风险告知书》模板，由委托人在签订委托协议或法律服务合同时一并签订。对于疑难复杂、收费较高的案件，还应当同步做好视频、音频摄录“告知过程”和“签订过程”，以免日后出现代理纠纷律所成为被告时，被以“格式免责条款”无效导致律所败诉。

【实务解答】

律师对委托人的法律风险提示，建议采取以下形式：

1. 制定统一格式的法律风险告知书，要求委托人签署并留存备查。

2. 在法律服务合同中告知法律风险。

3. 在接案，制作谈话笔录时告知法律风险。

4. 通过微信、短信或电子邮件告知法律风险。

【法规摘引】

《律师职业道德和执业纪律规范》（中华全国律师协会 2001 年 11 月 26 日发布）

第二十六条 律师应当遵循诚实守信的原则，客观地告知委托人所委托事项可能出现的法律风险，不得故意对可能出现的风险做不恰当的表述或做虚假承诺。

18. 家属希望律师通过某些“协调”手段为涉嫌犯罪人开脱，会给律师带来什么风险？

【案例简介】

律师刘某为王某涉嫌故意伤害，引诱、教唆他人吸食毒品，窝藏犯罪案辩护。接谈案件时，王某的家属要求刘律师与检察院的熟人配合，提出重新鉴定受害人伤情级别的请求。检察院公诉科科长史某告知刘律师时任法院刑庭庭长古某会予以配合。刘律师向法院递交重新鉴定申请，法院同意重新鉴定。因李某与刘律师事先“协调”鉴定人，鉴定部门只对受害人金某的部分伤情进行了鉴定，将金某轻伤改为轻微伤，致使王某的故意伤害犯罪未予追究。之后事情败露，刘律师被指控涉嫌辩护人伪造证据罪。一审法院认为，被告人刘某作为一名律师，在接受被告人王某家属的委托后，为使王某开脱罪责，通过买通鉴定人、弄虚作假等手段，将被害人金某的伤情由轻伤改为轻微伤，致使被告人王某故意伤害罪未被追究，其行为已构成辩护人伪造证据罪，判处有期徒刑两年。刘律师上诉后，二审法院维持原判。

【问题分析】

委托人聘请律师，目的就是希望律师维护自己的权益，刑事案件的委托人，当然是希望律师能够为涉案被告减轻或免除刑事责任。委托人向律师提出一些合理的要求，譬如调查取证、申请重新鉴定等，律师当然应当根据具体案情需要，在合理合法的范围内，尽量实现委托人的请求。但是，有些委托人要求律师采取一些不合理、不合法的手段，来实现代理或辩护目的，这会把律师推向违法违纪甚至犯罪的境地。对于此类委托人，律师在接谈案件时，必须警惕，严词拒绝。

《刑法》第三百零六条设立了刑事诉讼辩护人、代理人妨害证据罪（包括毁灭证据、伪造证据、妨害作证罪），这是专门针对辩护律师调查取证权设立的罪名，也成为公检法机关打击报复律师的法律工具，成为刑事律师头顶上随时可掉下来的达摩克利斯之剑。该法条从出台之日就遭到法学界、律师界的强烈反对，“存废之争”一直存在，造成司法实践中律师不敢承接刑事案件、不敢取证、不敢全力以赴对抗控方的负面影响。

实践中，律师因妨害证据罪被起诉审判的事件时有发生，虽然多数涉案律师被判决无罪，但是这类案件对涉案律师的人身自由、心理伤害以及对律师行业发展的负面影响，深刻而长远。当然，任何人伪造证据都应当受到法律追究，作为专业律师也不例外，如同案例中律师刘某接受委托人不合理请求，协调鉴定人重新做出虚假鉴定，导致被告人逃脱故意伤害的刑事责任，律师受到刑事处罚，自是明知故犯，咎由自取。

【实务解答】

家属希望律师通过一些不合理的手段为涉嫌犯罪人开脱罪责，律师应当严词拒绝。否则，律师不仅救不了犯罪嫌疑人，自己还会涉嫌违纪违法，甚至犯罪。建议律师：

1. 告知委托人什么事情律师可以做，什么事情律师不能做。

2. 告知委托人，律师通过不合理手段影响案件结果，是违反行业纪律行为，轻者受行业处分，重者被追究刑事责任。

3. 明确律师的作用是通过合法的手段维护委托人的合法权益，而不是通过任何手段帮助委托人。

【法规摘引】

《刑法》（全国人民代表大会 2017 年 11 月 4 日发布）

第三百零六条 在刑事诉讼中，辩护人、诉讼代理人毁灭、伪造证据，帮助当事人毁灭、伪造证据，威胁、引诱证人违背事实改变证言或者作伪证的，处三年以下有期徒刑或者拘役；情节严重的，处三年以上七年以下有期徒刑。

辩护人、诉讼代理人提供、出示、引用的证人证言或者其他证据失实，不是有意伪造的，不属于伪造证据。

第二部分　律师会见

19. 限制律师会见的两类案件，侦查阶段看守所不安排律师会见犯罪嫌疑人，如何处理？

【案例简介】

2018年4月5日，某市居民张某，因涉嫌危害国家安全罪等违法犯罪事实被市国家安全局刑事拘留，羁押在市看守所。2018年4月21日，犯罪嫌疑人张某的父亲，为了解儿子张某被抓获的原因及具体违法犯罪事实，聘请某律师事务所律师李某，为自己的儿子提供法律帮助和辩护，期待能够早日了解涉案情况、减轻儿子的处罚。但是辩护律师李某前往看守所会见时，看守所接待民警以张某涉嫌危害国家安全罪，律师会见需要经办案机关同意，看守所方可安排律师会见，在没有办案机关许可的情况下，看守所不能安排律师会见为由拒绝李律师会见。看守所民警告知律师前往办案机关办理许可会见手续，方可安排会见。

【问题分析】

在侦查阶段，辩护律师主要通过会见犯罪嫌疑人，了解犯罪嫌疑人涉嫌的罪名、涉案事实和采取刑事强制措施情况等，并提供法律帮助，代理申诉和控告。会见是辩护律师了解案情的最基本的方式，也是辩护律师展开辩护的基础性工作。《刑事诉讼法》规定，在侦查阶段，辩护律师会见涉嫌危害国家安全犯罪和恐怖活动犯罪案件的在押的犯罪嫌疑人，需要经过办案机关许可。本案例中犯罪嫌疑人张某系因涉嫌危害国家安全罪被刑事拘留，属于侦查阶段辩护律师应当经办案机关许可的范围，看守所以“涉嫌危害国家安全罪，须经办案机关许可”为由，拒绝律师会见符合法律规定。

同时，两院三部《关于依法保障律师执业权利的规定》规定，对于两类限制律师会见的案件，律师有权申请会见，办案机关应当书面答复，办案机关应当将不许可会见的理由和具体办案人员联系方式告知辩护律师。当办案机关拒绝会见时，辩护律师有权要求办案机关给予书面答复，书面答复应当载明拒绝会见的理由以及具体办案人员的情况。辩护律师获悉具体办案人员信息后，需及时与办案人员联系，就案件是否属于“有碍侦查的情形”进行沟通，若案件的确存在会见将有碍侦查情形的，则办案机关的限制会见是合法的，辩护律师应持续跟进案件进展并与办案人员保持联系，一旦有碍侦查的情形消失，辩护律师可要求办案机关及时许可会见；若案件不存在有碍侦查情形的，则办案机关的限制会见是不合法的，辩护律师可以以“非法限制会见”为由，向律师协会申请维权。

【实务解答】

律师在办案过程中遇到看守所以案件系危害国家安全或恐怖活动犯罪为由拒绝会见时，建议辩护律师按以下方式操作：

1. 请求羁押的看守所出示涉嫌危害国家安全或恐怖活动犯罪的法律文书及所处阶段，以证明羁押罪名符合刑事诉讼法规定限制会见情形。

2. 请求看守所提供具体的办案机关及办案人员姓名、联系方式，以方便与侦查机关及其办案人员联系沟通。

3. 制作会见申请书，提出会见依据和理由，提交办案机关，申请侦查机关许可律师会见在押的犯罪嫌疑人。

4. 请求办案机关提供办案人员姓名、联系方式，方便双方沟通。

5. 若羁押犯罪嫌疑人不属于二类限制会见案件，则辩护律师可以依据《刑事诉讼法》《关于依法保障律师执业权利的规定》等规定，依法维护律师的会见权。

【法规摘引】

1.《刑事诉讼法》（全国人民代表大会常务委员会2018年10月26日发布）

第三十九条第一款 辩护律师可以同在押的犯罪嫌疑人、被告人会见和通信。其他辩护人经人民法院、人民检察院许可，也可以同在押的犯罪嫌疑人、被告人会见和通信。

第二款 辩护律师持律师执业证书、律师事务所证明和委托书或者法律援助公函要求会见在押的犯罪嫌疑人、被告人的，看守所应当及时安排会见，至迟不得超过四十八小时。

第三款 危害国家安全犯罪、恐怖活动犯罪案件，在侦查期间辩护律师会见在押的犯罪嫌疑人，应当经侦查机关许可。上述案件，侦查机关应当事先通知看守所。

2.《关于依法保障律师执业权利的规定》（司发〔2015〕14号，最高人民法院、最高人民检察院、公安部、国家安全部、司法部2015年9月16日发布）

第九条　辩护律师在侦查期间要求会见危害国家安全犯罪、恐怖活动犯罪、特别重大贿赂犯罪案件在押的犯罪嫌疑人的，应当向侦查机关提出申请。侦查机关应当依法及时审查辩护律师提出的会见申请，在三日以内将是否许可的决定书面答复辩护律师，并明确告知负责与辩护律师联系的部门及工作人员的联系方式。对许可会见的，应当向辩护律师出具许可决定文书；因有碍侦查或者可能泄露国家秘密而不许可会见的，应当向辩护律师说明理由。有碍侦查或者可能泄露国家秘密的情形消失后，应当许可会见，并及时通知看守所和辩护律师。对特别重大贿赂案件在侦查终结前，侦查机关应当许可辩护律师至少会见一次犯罪嫌疑人。

侦查机关不得随意解释和扩大前款所述二类案件的范围，限制律师会见。

3.《律师办理刑事案件规范》（中华全国律师协会2017年9月20日发布）

第十九条　辩护律师办理危害国家安全犯罪、恐怖活动犯罪、特别重大的贿赂犯罪案件，犯罪嫌疑人在押或者被监视居住的，在侦查阶段会见时应当向侦查机关提出申请，必要时应当采用书面形式申请。侦查机关不许可会见的，辩护律师可以要求其出具书面决定，并说明理由。

20. 看守所以办案机关不同意律师会见为由，不安排律师会见在押犯罪嫌疑人、被告人如何处理?

【案例简介】

2018年12月28日，某市居民李某因涉嫌故意伤害、非法采矿、非法拘禁等违法犯罪事实，被某市公安局刑事拘留，与李某案件有关的犯罪嫌疑人张某等十余人同时被抓并被刑事拘留，李某等人被羁押在不同看守所。2019年1月4日，犯罪嫌疑人李某的妻子为了帮助丈夫减轻处罚，千里迢迢来到北京，通过多方了解和自己的判断，认为北京某律师事务所律师张某比较符合自己的意愿，遂委托律师张某担任犯罪嫌疑人李某侦查阶段的辩护人，双方办理委托手续。2019年1月5日，张律师赴某市看守所准备会见在押的犯罪嫌疑人李某。看守所负责接待的警官，在审查张律师提交的会见手续后，发现对于律师拟定会见的犯罪嫌疑人李某，办案机关在送押时，明确告知看守所不能安排律师会见，遂告知律师张某，犯罪嫌疑人李某属于涉黑涉恶案件，涉及有关国家公务人员职务犯罪，办案机关暂时不准许律师会见在押的犯罪嫌疑人李某，何时可以安排律师会见另行通知，并将律师会见手续退还给律师张某。经律师张某据理力争后，看守所仍然拒绝安排律师会见犯罪嫌疑人李某。此后律师张某在侦查阶段多次前往看守所提交会见手续，要求安排律师会见犯罪嫌疑人李某，均无功而返，委托人对律师的工作能力提出质疑。

【问题分析】

律师接受当事人的委托，依法会见看守所在押的犯罪嫌疑人、被告人，是《律师法》《刑事诉讼法》等法律授予律师的法定权利，律师依法执业受法律保护，任何组织和个人不得侵害律师的合法权益。

《律师法》第三十三条规定，律师担任辩护人的，有权持律师执业证书、律师事务所证明和委托书或者法律援助公函，依照刑事诉讼法的规定会见在押或者被监视居住的犯罪嫌疑人、被告人。

根据《刑事诉讼法》第三十九条的规定，辩护律师持律师执业证书、律师事务所证明和委托书或者法律援助公函要求会见在押的犯罪嫌疑人、被告人的，看守所应当及时安排会见，至迟不得超过四十八小时，但危害国家安全犯罪、恐怖活动犯罪案件，在侦查期间辩护律师会见在押的犯罪嫌疑人，应当经侦查机关许可。

以上两部法律均规定，普通案件在侦查阶段，律师会见在押的犯罪嫌疑人是不受限制的，看守所应当在接收律师会见手续后，至迟不超过四十八小时安排律师会见在押的犯罪嫌疑人。办案机关或看守所以犯罪嫌疑人为涉黑涉恶案件或涉及国家公务人员职务犯罪案件为由，不安排律师依法会见在押的犯罪嫌疑人，属于严重侵害律师的合法执业权益行为。此外，办案机关或看守所限制律师会见在押犯罪嫌疑人，是对律师依法执业操守不信任的表现，先入为主地认定律师会见在押的犯罪嫌疑人会给侦查行为带来阻碍，甚至可能影响犯罪嫌疑人口供或泄露案件秘密。

作为律师，一方面需要通过规范执业行为，树立律师依法执业形象，另一方面需要律师保守执业过程中发现的案件秘密，逐渐通过律师个案影响，树立律师行业的规范执业的良好形象。

【实务解答】

普通案件，在侦查阶段，看守所不予以安排律师会见在押犯罪嫌疑人，属于严重侵害律师合法执业权益的行为，目前各级律师协会均设立了维权中心，各级公安机关、检察机关、审判机关、司法行政机关均设立接待律师投诉、控告部门或人员。建议律师通过以下渠道维护自己的合法执业权益：

1. 申请律师协会维权。律师会见在押犯罪嫌疑人受到阻碍后，可以通过所在的律师事务所，以书面的形式向律师协会维权中心申请维护律师合法的执业权利。

2. 向办案机关或者其上一级机关投诉。律师认为办案机关及其工作人员明显违反法律规定，阻碍律师依法履行辩护、代理职责，侵犯律师执业权利的，可以向该办案机关或者其上一级机关投诉。

3. 向检察机关申诉、控告。律师认为办案机关及其工作人员的行为阻碍律师依法行使诉讼权利的，可以向办案机关的同级或者上一级人民检察院申诉、控告。

【法规摘引】

1.《律师法》（全国人民代表大会常务委员 2017 年 9 月 1 日发布）

第三十三条　律师担任辩护人的，有权持律师执业证书、律师事务所证明和委托书或者法律援助公函，依照刑事诉讼法的规定会见在押或者被监视居住的犯罪嫌疑人、被告人。辩护律师会见犯罪嫌疑人、被告人时不被监听。

2.《刑事诉讼法》（全国人民代表大会常务委员会 2018 年 10 月 26 日发布）

第三十九条第一款　辩护律师可以同在押的犯罪嫌疑人、被告人会见和

通信。其他辩护人经人民法院、人民检察院许可，也可以同在押的犯罪嫌疑人、被告人会见和通信。

第二款 辩护律师持律师执业证书、律师事务所证明和委托书或者法律援助公函要求会见在押的犯罪嫌疑人、被告人的，看守所应当及时安排会见，至迟不得超过四十八小时。

第三款 危害国家安全犯罪、恐怖活动犯罪案件，在侦查期间辩护律师会见在押的犯罪嫌疑人，应当经侦查机关许可。上述案件，侦查机关应当事先通知看守所。

3.《关于依法保障律师执业权利的规定》（司发〔2015〕14号，最高人民法院、最高人民检察院、公安部、国家安全部、司法部2015年9月16日印发）

第三条第一款 人民法院、人民检察院、公安机关、国家安全机关、司法行政机关和律师协会应当建立健全律师执业权利救济机制。

第七条第一款 辩护律师到看守所会见在押的犯罪嫌疑人、被告人，看守所在查验律师执业证书、律师事务所证明和委托书或者法律援助公函后，应当及时安排会见。能当时安排的，应当当时安排；不能当时安排的，看守所应当向辩护律师说明情况，并保证辩护律师在四十八小时以内会见到在押的犯罪嫌疑人、被告人。

第四十一条 律师认为办案机关及其工作人员明显违反法律规定，阻碍律师依法履行辩护、代理职责，侵犯律师执业权利的，可以向该办案机关或者其上一级机关投诉。

办案机关应当畅通律师反映问题和投诉的渠道，明确专门部门负责处理律师投诉，并公开联系方式。

办案机关应当对律师的投诉及时调查，律师要求当面反映情况的，应当当面听取律师的意见。经调查情况属实的，应当依法立即纠正，及时答复律师，做好说明解释工作，并将处理情况通报其所在地司法行政机关或者所属的律师协会。

21. 犯罪嫌疑人被羁押在军队看守所如何处理?

【案例简介】

王某作为某市民政局副局长因涉嫌贪污受贿罪被某市检察院依法批准逮捕。某市检察院所查到的王某职务犯罪的事实与军事毫无关系，但某市检察院以防止地方势力保护，影响检察机关公正办案和司法机关公正判决的理由通过指定管辖的方式将案件移交给乙市检察院，并将王某羁押在某区军队看守所。在乙市检察院提审时，王某告诉检察官，其在该区军队看守所受到刑讯逼供，在逼迫无奈的情况下做了有罪供述。而从军队的审讯笔录上的审讯时间、审讯地点可以看出，在军队看守所，侦查人员存在随意夜间审讯、疲劳审讯、刑讯逼供等违法现象。

【问题分析】

在司法实践中，存在非涉军人员被羁押在军队看守所的情形，而涉嫌职务犯罪的国家工作人员被羁押在军队看守所的情况时有发生。国家工作人员往往在其任职的地方具有一定影响力，因此，办案机关为避免地方势力等外在因素影响依法办理案件，往往通过指定管辖的方式将案件移交给其他地域的办案机关管辖，而将本不应被羁押在军队看守所的非涉军犯罪嫌疑人羁押在军队看守所。需要注意的是，在防止产生地方保护的名义下，非涉军人员被羁押在军队看守所的人员范围被扩大，临时羁押往往也变成了长期羁押，其合法性明显存在问题。如果案件所在地的办案机关不适宜办理该案件，那么可以通过指定管辖的方式把该案件交由其他地域的办案机关管辖。如果基于便于新指定的办案机关公正办案的目的仍将该案非涉军人员羁押于军队看守所，也即将该案非涉军人员羁押在新指定地方的看守所仍然存在新指定的办案机关被干扰办案的可能性，那么在此情形下，即使将该案非涉军人员羁押于军队看守所也不能排除新指定的办案机关仍被干扰办案的可能性。

另外，将非涉军人员羁押在军队看守所后，直接导致被羁押者与外界的隔离，侵害了近亲属的知情权，也使得律师依法维护当事人合法权益受到阻碍。且在我国县级以上行政区域所设立的看守所具有良好羁押环境的情况下，将非涉军的犯罪嫌疑人羁押在军队看守所不具有合法性和正当性。

【实务解答】

军队看守所原则上只能羁押军事犯罪嫌疑人、被告人。擅自将非涉军的犯罪嫌疑人羁押在军队看守所属于违法行为，而在违法羁押过程中所产生的证据材料也不能作为定罪量刑的依据。被羁押在军队看守所的非涉军犯罪嫌疑人及其律师有权向批准逮捕的机关部门及上级部门申诉，请求变更该犯罪嫌疑人的羁押地点。

【法规摘引】

1.《刑事诉讼法》（全国人民代表大会常务委员会 2018 年 10 月 26 日发布）

第九十三条 公安机关逮捕人的时候，必须出示逮捕证。

逮捕后，应当立即将被逮捕人送看守所羁押。除无法通知的以外，应当在逮捕后二十四小时以内，通知被逮捕人的家属。

2.《军事看守所管理规则》（2000 年 7 月 26 号发布）

第二条 军事审判机关设军事看守所，羁押军事被告。无设置者，得羁押于附近其他军事看守所。上级军事审判机关因事实上之需要，得令将各军事看守所羁押之军事被告集中管理戒护。

22. 辩护律师在会见犯罪嫌疑人、被告人过程中，看守所民警禁止录音录像如何处理？

【案例简介】

2019 年 5 月 13 日，北京市某律师事务所律师姜某，前往某市看守所会见犯罪嫌疑人王某。在办理会见手续时，看守所接待民警告知律师姜某，禁止携带手机等含有录音录像功能的设备进入律师会见区域。律师姜某询问是否可以使用录音笔、录像机等，在会见时同步录音录像。接待民警明确答复不可以，看守所禁止律师携带录音录像等电子设备进入会见区域，禁止会见时对犯罪嫌疑人录音录像。律师姜某在看到看守所张贴的律师会见规定中均无相关禁止性规定，进一步与看守所民警沟通，民警告知此项禁止性规定系内部会议时通知，领导决定的，担心律师将录音录像内容在网络上传播或给家属播放。经律师据理力争后，看守所仍然不同意姜律师对会见内容进行录音。

【问题分析】

律师会见犯罪嫌疑人、被告人是为了了解犯罪嫌疑人、被告人的违法犯罪事实，为犯罪嫌疑人、被告人提供法律帮助，通过了解案件情况，获得案件信息，更好地为犯罪嫌疑人或被告人进行有效辩护。辩护律师会见记录的方式包括四种：大脑记忆、制作会见笔录、录音、录像。大脑记忆是最不靠谱的记忆行为，其既不能保证长时记忆，也不能起到事后核实审阅，无法保证记录准确，不利于工作。制作会见笔录，可以相对准确地记录犯罪嫌疑人、被告人陈述的事实情况，且事后需要犯罪嫌疑人、被告人核对签名，能比较客观地记录犯罪嫌疑人、被告人的陈述情况，但制作时间相对较长。录音可以完整记录律师与犯罪嫌疑人、被告人的交流情况，真实反映当时双方沟通交流的内容，可以反复播放，重复收听。录像除具有录音特点外，还有可以充分展示犯罪嫌疑人、被告人当时表情特征等，能够更加充分地分析犯罪嫌疑人、被告人陈述事实的客观性。

律师如何记录与犯罪嫌疑人、被告人会见内容，应当从有利于工作的角度确定。无论律师通过何种方式记录会见内容，都应当做到会见内容仅限用于辩护工作，不能用于任何其他行为。大脑记忆、制作笔录、录音、录像仅是记录的一种方式，而从国家环保政策来看，录音录像更加环保，未来也是推广记录的方式。各地看守所也应当最大限度地推动律师使用录音录像方式进行会见犯罪嫌疑人、被告人。辩护律师也应当严格遵守法律法规，严格在法律规定的范围内使用录音录像内容，树立律师行业的良好形象。

【实务解答】

律师会见在押犯罪嫌疑人、被告人，看守所禁止使用录音录像方式记录时，建议律师与看守所民警积极沟通，阐述律师使用录音录像方式是记录的一种工作方式。律师无论采取何种方式记录会见内容，都将严格遵守《律师法》和律师职业道德方面的规定，严格遵守《刑事诉讼法》的规定，仅用于辩护工作。

律师采取录音录像方式记录会见内容，目的是响应国家环保政策，无纸化办公，低碳办公。若看守所拒不同意律师使用录音录像的方式记录会见内容，建议通过投诉、申诉、控告方式维护律师权利。

【法规摘引】

1.《律师办理刑事案件规范》（中华全国律师协会 2017 年 9 月 20 日发布）

第二十八条 辩护律师会见犯罪嫌疑人、被告人制作会见笔录的，应当交其签字确认。

2.《江西省公安机关接待处理律师会见在押犯罪嫌疑人被告人申请暂行规定》（赣公字〔2011〕1117 号，2011 年 9 月 2 日发布）

第七条 律师会见时，应当遵守看守所关于会见的规定。不得携领犯罪嫌疑人、被告人的家属或其他人员参加会见，不得为犯罪嫌疑人、被告人传递信件、钱物以及其他看守所所禁止的物品。不得将电脑、通讯工具等提供给在押犯罪嫌疑人、被告人使用。不得拍照或摄录在押犯罪嫌疑人、被告人的音像。

3.《上海市公安局监所管理总队、上海市律师协会关于进一步保障辩护律师会见权的通知》（2012 年 12 月 28 日公布）

三、强化监所服务接待和律师规范会见工作

7. 律师会见时，不得带入手机、笔记本电脑等含有录音、录像功能的设备。

4. 上海市公安局、上海市司法局《关于提讯、会见看守所在押犯罪嫌疑人、被告人、罪犯的若干规定》（沪公发〔2010〕360 号，2010 年 10 月 19 日公布）

第三条第一款 未经批准，严禁办案人员、律师将手机、录音笔、照相机、摄像机、笔记本电脑等具有通讯、录音、摄影、摄像功能的设备带入讯问、会见室。

5.《关于律师会见在押犯罪嫌疑人、被告人若干问题的规定》（深政法〔2012〕3 号，2011 年 1 月 20 公布）

第二十三条 未经侦查机关、看守所和在押犯罪嫌疑人、被告人的同意，律师会见在押犯罪嫌疑人、被告人时不得进行录音、录像、拍照。律师进入监管区域前应当根据规定将手机、照相机等影音通讯工具交看守所统一保管存放。

23. 看守所不安排律师会见在押犯罪嫌疑人、被告人，律师申请维权需要准备哪些材料？

【案例简介】

某市律师协会接到某律师事务所赵律师的维权申请，反映其在看守所会见当事人时受到阻碍。其代理的一起涉嫌贪污、受贿案件，当事人孙某被该市监察委立案调查后，该案件被移送至该市检察院审查起诉，并于当日被执行逮捕并关押在看守所。案件进入审查起诉阶段后，赵律师前往看守所会见时，被看守所工作人员以该案会见需要办案单位许可为由拒绝。赵律师随后与办案单位承办人沟通此事，得到的答复是本案已进入审查起诉阶段，会见不需要办案部门许可，办案部门也无权许可。而看守所仍然要求办案部门出具正式书面法律文书。为此，检察院出函说明情况，但看守所以函件内容没有清楚载明准许会见的内容为由拒绝律师会见。赵律师经过多月努力仍然无法会见，最终向该市律协申请维权。经过司法行政机关、律师协会多方面的努力，赵律师才顺利会见到犯罪嫌疑人。

【问题分析】

《刑事诉讼法》第三十四条第一款规定，“犯罪嫌疑人自被侦查机关第一次讯问或者采取强制措施之日起，有权委托辩护人；在侦查期间，只能委托律师作为辩护人。被告人有权随时委托辩护人。”第三十九条第一款、第二款规定，“辩护律师可以同在押的犯罪嫌疑人、被告人会见和通信。其他辩护人经人民法院、人民检察院许可，也可以同在押的犯罪嫌疑人、被告人会见和通信。辩护律师持律师执业证书、律师事务所证明和委托书或者法律援助公函要求会见在押的犯罪嫌疑人、被告人的，看守所应当及时安排会见，至迟不得超过四十八小时。”《律师会见在押犯罪嫌疑人被告人规定》也规定了看守所应当保障律师依法进行会见，并提供必要的便利条件。现行法律法规规定了律师对于在押犯罪嫌疑人、被告人的会见权、行使方式以及看守所依法保障律师会见权的义务。

律师会见犯罪嫌疑人或者被告人，是律师为犯罪嫌疑人、被告人提供法律帮助和进行辩护必须进行的一项重要工作，是律师参与刑事诉讼、行使辩护权的重要内容。律师依法行使会见权不应当受到非法阻碍。在看守所不安排律师会见的情况下，律师有权依法维权，以保障会见权的正常行使。

【实务解答】

看守所不安排律师会见在押的犯罪嫌疑人、被告人，律师申请律协维权需要准备如下材料：

1. 需要制作维权申请书，本人签字并加盖律所公章；

2. 提供授权委托书、律师会见专用介绍信、委托人的身份证、亲属关系证明、律师执业证等材料的复印件；

3. 看守所拒绝安排会见的其他证明材料。

律师除申请律师协会维权外，还可以选择向同级或者上一级人民检察院申诉、控告或者向司法行政机关反映；向办案机关的上一级机关或者看守所的主管机关投诉，要求依法纠正，行使会见权。

【法规摘引】

1.《刑事诉讼法》（全国人民代表大会常务委员会 2018 年 10 月 26 日发布）

第四十九条 辩护人、诉讼代理人认为公安机关、人民检察院、人民法院及其工作人员阻碍其依法行使诉讼权利的，有权向同级或者上一级人民检察院申诉或者控告。人民检察院对申诉或者控告应当及时进行审查，情况属实的，通知有关机关予以纠正。

2.《关于依法保障律师执业权利的规定》（司发〔2015〕14 号，最高人民法院、最高人民检察院、公安部、国家安全部、司法部 2015 年 9 月 16 日印发）

第三条第一款 人民法院、人民检察院、公安机关、国家安全机关、司法行政机关和律师协会应当建立健全律师执业权利救济机制。

第七条第一款 辩护律师到看守所会见在押的犯罪嫌疑人、被告人，看守所在查验律师执业证书、律师事务所证明和委托书或者法律援助公函后，应当及时安排会见。能当时安排的，应当当时安排；不能当时安排的，看守所应当向辩护律师说明情况，并保证辩护律师在四十八小时以内会见到在押的犯罪嫌疑人、被告人。

第四十一条第一款　律师认为办案机关及其工作人员明显违反法律规定，阻碍律师依法履行辩护、代理职责，侵犯律师执业权利的，可以向该办案机关或者其上一级机关投诉。

第二款　办案机关应当畅通律师反映问题和投诉的渠道，明确专门部门负责处理律师投诉，并公开联系方式。

3.《律师会见在押犯罪嫌疑人被告人规定》（湘公发〔2013〕17号，2013年3月25日发布）

第十一条　办案机关、看守所及其工作人员违反法律或者本规定，限制侵犯律师执业权利的，律师、该律师所在的律师事务所可以向律师协会或司法行政机关反映，也可以直接向办案机关的上一级机关或者看守所的主管机关投诉，要求依法纠正。

24. 看守所限制律师会见时间如何处理?

【案例简介】

涉嫌巨额财产来源不明罪的李某，在某看守所羁押，因不服某市中级人民法院的一审判决提出上诉。李某家属通过多方咨询，决定聘请北京市某律师事务所朱律师作为其巨额财产来源不明罪一案二审的辩护律师。接受委托后，朱律师分别于2017年11月9日、2017年11月10日、2017年12月19日三次到某看守所会见李某。每次会见时，看守所民警均告知律师，因看守所会见室少，会见律师多，为保证来会见的律师都能会见当事人，看守所限定每名律师会见的时间最长不超过半个小时，律师可以多次申请会见，即使律师申请连续会见，看守所民警也会在会见时间达到半个小时后，将犯罪嫌疑人、被告人带离会见窗口，然后再间隔一定时间后，再将犯罪嫌疑人、被告人带至会见窗口。这极大地限制了律师会见时间，明显降低了会见效率。

【问题分析】

律师会见犯罪嫌疑人、被告人是律师执业的基本权利之一，也是律师履行辩护义务的基本形式。律师通过会见犯罪嫌疑人、被告人，可以有效了解案情、核实证据、沟通辩护方案和提供法律帮助。律师会见犯罪嫌疑人、被告人的次数和会见时间，根据案件复杂程度和会见内容确定。

当前各地看守所通告的做法，基本上是在工作日的工作时间安排律师会见犯罪嫌疑人、被告人，也有的看守所在休息日安排律师会见。各地看守所安排会见时间均与其他机关单位工作时间一致，除去办理手续、提押时间等，律师实际会见有效时间基本维持在 2 个小时左右。案件复杂、涉案事实多的，律师仅通过一次会见不可能掌握全部案件信息，并且在不同阶段，会见的内容和目的也不同，这样就需要律师多次会见犯罪嫌疑人、被告人。有的看守所受会见室数量限制，通过限制律师每次会见时间，来保证前来会见的律师都能见到自己的当事人，出发点是好的，但实践中却剥夺了律师的会见权，且造成律师只能通过多次会见来实现辩护目的。

众所周知，大部分看守所在城市的郊区，远离市区，这无疑增加了律师的工作量，浪费了大量时间。如何解决矛盾成为看守所和刑事律师面临的一大难题，保证律师会见时间，就可能造成前来会见的其他律师不能会见自己的当事人；改善会见条件，又受制于看守所硬件条件，变相造成了律师与看守所之间的矛盾冲突。

【实务解答】

律师的会见权是律师执业的基本权利之一，依法应当受到法律保护。原本律师会见室普遍不能满足律师会见需求，刑事辩护全覆盖后，律师会见难再次突出。律师遇到看守所限制律师会见时间的情况下，建议如下：

1. 建议律师合理安排会见工作时间，尽量提前预约会见日期和时间，准时前往看守所办理会见手续和进行会见。

2. 提前拟定会见提纲，尽量在有效时间内完成会见内容，减少不必要的闲谈，不做生活律师。

3. 积极向当地律师协会反映看守所会见情况，争取通过当地律师协会协调沟通，尽可能地将律师会见过程中，影响会见时间短的原因、提高工作效率的方法等告知律师协会，通过律师协会的维权工作实现律师会见时间不受限制。

4. 通过合理、有效的方式与看守所进行沟通，争取律师的会见时间，保证有效的会见时间。

5. 律师在办案过程中，遭遇看守所自设的限制性会见规定时，可以依法申请维护律师执业权利。

【法规摘引】

1.《刑事诉讼法》（全国人民代表大会常务委员会 2018 年 10 月 26 日发布）

第三十七条　辩护人的责任是根据事实和法律，提出犯罪嫌疑人、被告人无罪、罪轻或者减轻、免除其刑事责任的材料和意见，维护犯罪嫌疑人、被告人的诉讼权利和其他合法权益。

第三十八条　辩护律师在侦查期间可以为犯罪嫌疑人提供法律帮助；代理申诉、控告；申请变更强制措施；向侦查机关了解犯罪嫌疑人涉嫌的罪名和案件有关情况，提出意见。

第三十九条第一款　辩护律师可以同在押的犯罪嫌疑人、被告人会见和通信。其他辩护人经人民法院、人民检察院许可，也可以同在押的犯罪嫌疑人、被告人会见和通信。

2.《关于依法保障律师执业权利的规定》（司发〔2015〕14 号，最高人民法院、最高人民检察院、公安部、国家安全部、司法部 2015 年 9 月 16 日印发）

第七条第四款　辩护律师会见在押的犯罪嫌疑人、被告人时，看守所应当采取必要措施，保障会见顺利和安全进行。律师会见在押的犯罪嫌疑人、被告人的，看守所应当保障律师履行辩护职责需要的时间和次数，并与看守所工作安排和办案机关侦查工作相协调。辩护律师会见犯罪嫌疑人、被告人时不被监听，办案机关不得派员在场。在律师会见室不足的情况下，看守所经辩护律师书面同意，可以安排在讯问室会见，但应当关闭录音、监听设备。犯罪嫌疑人、被告人委托两名律师担任辩护人的，两名辩护律师可以共同会见，也可以单独会见。辩护律师可以带一名律师助理协助会见。助理人员随同辩护律师参加会见的，应当出示律师事务所证明和律师执业证书或申请律师执业人员实习证。办案机关应当核实律师助理的身份。

3.《律师办理刑事案件规范》（中华全国律师协会2017年9月20日发布）

第二十九条 辩护律师可以根据案件情况，合理确定会见犯罪嫌疑人、被告人的时间、次数。

4.《律师会见监狱在押罪犯规定》（司发通〔2017〕124号，2017年11月27日发布）

第十条 律师会见在押罪犯，应当遵守监狱的作息时间。监狱应当保障律师履行职责需要的会见时间和次数。

25. 看守所周边律所长期占用会见资源，如何处理?

【案例简介】

李先生曾到北京某区看守所探望在押的犯罪嫌疑人，通往看守所的一条小路上，两旁低矮的平房给李先生留下了较为深刻的印象。这些低矮平房大都挂着律师咨询的招牌，还有些墙上张贴着打官司、接咨询、找律师等内容的小广告，看起来很混乱。而且会有穿西装打领带的人跑来询问自己“什么案子”“要不要打官司”“要不要咨询”“要不要找律师”等。更有甚者，会一路紧跟自己到看守所门口，而在自己从看守所办事出来后，依旧难以逃脱那些人的围追堵截和狂轰滥炸式的宣传，可谓是滋扰不断。看守所周边律师拉拢当事人，频繁会见在押犯罪嫌疑人、被告人，极大地占用了看守所会见有限的资源，导致其他律师会见难的情况时常发生。

【问题分析】

在实践中，看守所周边长期存在律所异地经营、律师违规执业、社会闲散人员非法揽客等占用会见资源的现象，且屡禁不止。这不仅侵犯了被监管人员及其家属的合法权益，引起广大人民群众的不满，也在一定程度上影响了律师依法执业的市场秩序以及公安监管场所公正执法的严明形象。《律师法》中规定，律师应当依法取得律师执业证书。《律师事务所管理办法》中规定，律师事务所是律师的执业机构。律师事务所应当依法设立并取得执业许可证。律师在看守所周边拓展案源本无可厚非，但是为了拓展案源，积极主动、不厌其烦地与去看守所办事群众或家属交流询问是否聘请律师，则既有损律师形象，又有强迫交易之嫌。如为非律师拉拢，则更是对律师行业形象的损害。

【实务解答】

设区的市级或者直辖市的区人民政府司法行政部门可牵头成立专项整顿办公室，征求市司法局、市律师协会等相关部门的意见，并派出专门工作组到各区看守所驻所指导。在多部门的密切配合下，组成联合检查组，清查周边所有律师事务所和法律服务机构，查明其注册地、出租房屋情况等基本信息，并对所有违规张贴宣传标语、标牌的律所提出警告，责令其当场清除。对于存在违规接受委托、收取费用的律师事务所和法律服务机构，可以给予警告、要求停业整顿、罚款、没收违法所得等行政处罚。对于有当事人投诉的，应当及时调查。对于违法执业的律师以及无证执业的社会闲散人员进行警告、罚款等行政处罚，责令其改正。另外，可以召集当地司法行政部门、律协、律所举行座谈会，重申相关管理规定，对长期占用会见资源的现象予以严肃打击，进行专项整顿。律师发现上述情况，可以向司法行政机关、律师协会进行投诉、控告。

【法规摘引】

1.《律师法》（全国人民代表大会常务委员 2007 年 10 月 28 日发布）

第五十条 律师事务所有下列行为之一的，由设区的市级或者直辖市的区人民政府司法行政部门视其情节给予警告、停业整顿一个月以上六个月以下的处罚，可以处十万元以下的罚款；有违法所得的，没收违法所得；情节特别严重的，由省、自治区、直辖市人民政府司法行政部门吊销律师事务所执业证书：

（一）违反规定接受委托、收取费用的；

……

第五十二条 县级人民政府司法行政部门对律师和律师事务所的执业活动实施日常监督管理，对检查发现的问题，责令改正；对当事人的投诉，应当及时进行调查。县级人民政府司法行政部门认为律师和律师事务所的违法行为应当给予行政处罚的，应当向上级司法行政部门提出处罚建议。

第五十五条 没有取得律师执业证书的人员以律师名义从事法律服务业务的，由所在地的县级以上地方人民政府司法行政部门责令停止非法执业，没收违法所得，处违法所得一倍以上五倍以下的罚款。

2.**《律师事务所管理办法》**（司法部令第142号，2018年12月5日发布）

第六十四条 县级司法行政机关对本行政区域内的律师事务所的执业活动进行日常监督管理，履行下列职责：

（一）监督律师事务所在开展业务活动过程中遵守法律、法规、规章的情况；

……

（六）受理对律师事务所的举报和投诉；

（七）监督律师事务所履行行政处罚和实行整改的情况；

（八）司法部和省、自治区、直辖市司法行政机关规定的其他职责。

县级司法行政机关在开展日常监督管理过程中，对发现、查实的律师事务所在执业和内部管理方面存在的问题，应当对律师事务所负责人或者有关律师进行警示谈话，责令改正，并对其整改情况进行监督；对律师事务所的违法行为认为依法应当给予行政处罚的，应当向上一级司法行政机关提出处罚建议；认为需要给予行业惩戒的，移送律师协会处理。

26. 看守所临时关押异地犯罪嫌疑人，不安排律师会见，如何处理？

【案例简介】

2017年10月，某市居民李某因涉嫌掩饰隐瞒犯罪所得一案，被某市某某区公安分局在外地抓获。因办案人员另有其他涉案事实需要在当地进行调查取证，遂委托该地看守所临时羁押犯罪嫌疑人李某。李某家属在其被抓后，立即聘请当地律师张某作为李某的辩护人。张律师接受委托后，办理了相关受案手续，然后持律师会见专用介绍信、律师证、委托书等手续，前往看守所会见李某。看守所在审查张律师会见手续时，提出李某系某市某区公安分局抓获并临时羁押在本看守所，该看守所不能安排律师会见犯罪嫌疑人李某。律师可以在李某押解至办案机关所在地看守所后去会见。

【问题分析】

临时寄押是公安机关为了执行通缉或者押解任务而对犯罪嫌疑人、被告人等对象适用的临时性羁押措施。根据《公安机关办理刑事案件程序规定》第一百五十三条第二款的规定，查获通缉在案、越狱逃跑的以及执行追捕、押解任务需要临时羁押的，应当持《通缉令》或者其他有关法律文书并经羁押地县级以上公安机关负责人批准。根据《刑事诉讼法》《律师法》等相关法律的规定，辩护律师可以同在押的犯罪嫌疑人、被告人会见和通信，但临时异地羁押的看守所是否可以安排律师会见，法律没有对此作出明确规定，相关的司法解释、办理刑事案件程序规定等也没有明确规定。犯罪嫌疑人、被告人临时羁押和长期羁押均属于在押，只是在押地点不同，看守所职能也仅限于羁押犯罪嫌疑人、被告人，履行羁押看管职能。从广义上理解《刑事诉讼法》《律师法》的相关规定，临时羁押的犯罪嫌疑人、被告人也属于在押犯罪嫌疑人、被告人，负责临时羁押的看守所应当依法安排辩护律师会见。

【实务解答】

看守所临时羁押犯罪嫌疑人、被告人，实质上是执行《刑事诉讼法》规定的刑事强制措施，只要符合《刑事诉讼法》有关律师会见的规定，看守所就应当安排律师会见在押的犯罪嫌疑人、被告人。若看守所不予安排律师会见，建议如下：

1. 辩护律师主动向看守所接待民警阐述法律规定、立法目的，争取让看守所安排律师会见在押犯罪嫌疑人、被告人。

2. 依据《关于依法保障律师执业权利的规定》，通过律师协会、公安机关、检察机关设立的投诉、申诉、控告途径维护自己的合法权益。

3. 积极与办案机关联系沟通，争取取得办案人员理解与支持，实现会见目的。

【法规摘引】

1.《刑事诉讼法》（全国人民代表大会常务委员会 2018 年 10 月 26 日发布）

第三十四条第一款 犯罪嫌疑人自被侦查机关第一次讯问或者采取强制措施之日起，有权委托辩护人；在侦查期间，只能委托律师作为辩护人。被告人有权随时委托辩护人。

第三十九条第一款 辩护律师可以同在押的犯罪嫌疑人、被告人会见和通信。其他辩护人经人民法院、人民检察院许可，也可以同在押的犯罪嫌疑人、被告人会见和通信。

第二款 辩护律师持律师执业证书、律师事务所证明和委托书或者法律援助公函要求会见在押的犯罪嫌疑人、被告人的，看守所应当及时安排会见，至迟不得超过四十八小时。

2.《关于依法保障律师执业权利的规定》（司发〔2015〕14 号，2015 年 9 月 16 日发布）

第七条第一款 辩护律师到看守所会见在押的犯罪嫌疑人、被告人，看守所在查验律师执业证书、律师事务所证明和委托书或者法律援助公函后，应当及时安排会见。能当时安排的，应当当时安排；不能当时安排的，看守所应当向辩护律师说明情况，并保证辩护律师在四十八小时以内会见到在押的犯罪嫌疑人、被告人。

27. 看守所禁止律师与在押犯罪嫌疑人、被告人核实证据，如何处理？

【案例简介】

2018 年 6 月 2 日，刘某因涉嫌聚众斗殴被某市公安局刑事拘留，羁押在某看守所。刘某家属聘请某市律师事务所律师文某作为刘某的辩护律师。在审查起诉阶段，文律师在阅卷的基础上，前往看守所会见刘某。会见过程中，文律师为充分了解案情，与犯罪嫌疑人刘某核实在案证据，以确定证据的客观性。然而，在核实证据过程中，看守所监管民警提出，律师不能让犯罪嫌疑人、被告人查阅有关证据材料，否则终止律师会见。文律师与民警就核实证据事项进行争论，提出证据不让犯罪嫌疑人、被告人看，难以确定证据的真实性，尤其是书证，涉及犯罪嫌疑人、被告人签字或有关人员签字，如不加核实难以确认证据客观性等。监管民警以将案卷材料提供给犯罪嫌疑人阅看违规，可能造成串供等为由，不准律师将证据提供给犯罪嫌疑人、被告人阅看，否则，立即中止律师会见。文律师无奈不再让刘某阅看证据，只能通过口述的方式核实证据。

【问题分析】

辩护律师与犯罪嫌疑人、被告人核对证据是实现有效辩护的前提。辩护律师不是案件的当事人，对案件发生的真实情况没有亲身经历，而犯罪嫌疑人、被告人则是案件发生的亲历者，对案件熟知。因此，律师与犯罪嫌疑人、被告人核实证据非常重要。

《刑事诉讼法》等法律法规明确规定，律师可以向犯罪嫌疑人、被告人核实有关证据。但如何核实证据，法律法规没有明确的规定。在司法实践中，不同的律师采取核实证据的方式也不同，总体上，律师应在处于保护自身安全前提下慎重采取核实证据形式。根据《律师参与刑事诉讼办案规范（试行）》第四十七条的规定，律师与犯罪嫌疑人、被告人之间关于案件事实的交流是单向的，只能是犯罪嫌疑人、被告人向律师提供相关的陈述，而律师不能向其当事人透露有关案情和证据的信息，辩护律师在会见犯罪嫌疑人、被告人时不能将同案犯供述等证据向其宣读，否则被认为有串供之嫌。著名刑事辩护律师高子程认为，将从法院复制的案卷材料出示给被告人，是落实被告人的辩护权，履行律师法定职责的需要。这引起了学界对辩护律师会见是否可以宣读同案犯供述，犯罪嫌疑人、被告人是否有阅卷权的争论。

现行有效的《刑事诉讼法》第三十九条赋予辩护律师自审查起诉之日起会见在押的犯罪嫌疑人、被告人时，有核实有关证据的权利。既然核实证据，就应当包括在案的与定罪量刑有关的全部证据。因此，看守所禁止律师在审查起诉阶段与在押犯罪嫌疑人、被告人核实证据是没有法律依据的。

虽然《刑事诉讼法》规定，自审查起诉之日起，律师会见在押嫌疑人、被告人时，有权核实有关证据。但应当注意，律师核实证据的方式方法、核实证据的目的是为辩护律师更好地行使辩护权，从而保障犯罪嫌疑人、被告人的权利。

【实务解答】

《刑事诉讼法》明确规定，自审查起诉阶段起，辩护律师可以同犯罪嫌疑人、被告人核实有关证据。若看守所禁止律师核实有关证据，建议如下：

1. 辩护律师应当依法提出律师核实证据的法律依据，律师在依法行使辩护权。

2. 必要时，辩护律师可以向看守所主管部门、驻所检察室反映看守所限制律师会见权、辩护权，争取有关部门支持。

3. 对看守所的违法行为，律师可以向有关部门投诉、控告或申请律师协会维权。

【法规摘引】

1.《刑事诉讼法》（全国人民代表大会常务委员会 2018 年 10 月 26 日发布）

第三十九条第四款 辩护律师会见在押的犯罪嫌疑人、被告人，可以了解案件有关情况，提供法律咨询等；自案件移送审查起诉之日起，可以向犯罪嫌疑人、被告人核实有关证据。辩护律师会见犯罪嫌疑人、被告人不被监听。

2.《关于依法保障律师执业权利的规定》（司发〔2015〕14 号，2015 年 9 月 16 日发布）

第十条 自案件移送审查起诉之日起，辩护律师会见犯罪嫌疑人、被告人，可以向其核实有关证据。

3.《律师办理刑事案件规范》（中华全国律师协会 2017 年 09 月 20 日发布）

第二十五条 自案件移送审查起诉之日起，辩护律师可以向犯罪嫌疑人、被告人核实有关证据。

第二十六条第二款 辩护律师可以接受犯罪嫌疑人、被告人提交的与辩护有关的书面材料，也可以向犯罪嫌疑人、被告人提供与辩护有关的文件与材料。

4.**《人民检察院刑事诉讼规则》**（高检发释字〔2019〕4号，最高人民检察院2019年12月30日发布）

第五十七条　辩护人、诉讼代理人认为公安机关、人民检察院、人民法院及其工作人员具有下列阻碍其依法行使诉讼权利行为之一，向同级或者上一级人民检察院申诉或者控告的，人民检察院负责控告申诉检察的部门应当接受并依法办理，其他办案部门应当予以配合：

……

（九）违法限制辩护律师收集、核实有关证据材料的；

……

28. 看守所限制在押犯罪嫌疑人、被告人与辩护律师通信，如何处理？

【案例简介】

2018年9月1日，律师杨某接受朱某的委托，担任朱某丈夫的辩护律师。朱某丈夫因涉嫌受贿被检察机关决定逮捕，并被羁押在某省某市某县看守所。该地交通十分不便，辩护律师每次前往看守所会见都需要多次转换交通工具，更多时间是花费在路途上，会见时间相对较少。为了保持与朱某丈夫的沟通和联系，杨律师决定采取信函的方式沟通交流。但杨律师给犯罪嫌疑人发出信函后，一次也没有收取朱某丈夫的回函，电话联系看守所，看守所反馈不清楚状况。杨律师决定去看守所会见犯罪嫌疑人，了解一下情况。通过会见得知，犯罪嫌疑人一次也未收到律师信函，更没有给律师撰写回函。经向看守所监管民警询问得知，因信函内容涉及案件信息，看守所在收到律师信函后，直接扣押，未及时转交给犯罪嫌疑人。杨律师认为该看守所侵犯了律师与在押犯罪嫌疑人之间的通信权，严重违反了法律规定，打算向有关部门提出投诉、申诉和控告。

【问题分析】

《宪法》第四十条规定："中华人民共和国公民的通信自由和通信秘密受法律的保护。除因国家安全或者追查刑事犯罪的需要，由公安机关或者检察机关依照法律规定的程序对通信进行检查外，任何组织或者个人不得以任何理由侵犯公民的通信自由和通信秘密。”根据《刑事诉讼法》的规定，辩护律师可以与犯罪嫌疑人、被告人会见和通信。辩护人会见犯罪嫌疑人、被告人不被监听。由此可见，会见和通信均属于辩护律师与犯罪嫌疑人、被告人进行有效沟通的方式。法律赋予辩护律师可以同在押犯罪嫌疑人、被告人通信，则羁押机关应当依法保障辩护律师与犯罪嫌疑人、被告人通信。看守所以涉及案情为由，拒不转交律师与在押犯罪嫌疑人、被告人之间信函，明显违反了法律规定。

《刑事诉讼法》明确规定了辩护律师与在押犯罪嫌疑人、被告人之间的通信权，最高人民法院出台的《最高人民法院关于适用〈中华人民共和国刑事诉讼法〉的解释》以及最高人民检察院出台的《人民检察院刑事诉讼规则》对辩护律师的通信权进行了明确。既然相关法律规定了辩护律师与在押犯罪嫌疑人、被告人的通信权，看守所就应当履行协助转递义务，除非辩护律师与在押犯罪嫌疑人、被告人通信内容存在串供、引诱在押犯罪嫌疑人、被告人翻供、毁灭证据等行为，看守所应当无条件转交辩护律师的信函并允许在押犯罪嫌疑人、被告人给辩护律师回函。看守所不履行转递信函义务，是不能充分保障在押犯罪嫌疑人、被告人权利的具体体现。

【实务解答】

通信权是辩护律师履行执业的重要权利之一，若有关单位无视辩护律师执业权利，辩护律师可以依照法律法规等相关规定，维护自己的合法执业权利：

1. 依法通过律师协会申请维权。

2. 通过公安机关或上一级机关申诉、控告，请求纠正看守所拒不履行法定转递信函义务的行为。

3. 通过检察机关或上一级机关进行投诉、控告，请求纠正看守所拒不履行法定转递信函义务的行为。

【法规摘引】

1.《刑事诉讼法》（全国人民代表大会常务委员会 2018 年 10 月 26 日发布）

第三十九条第一款 辩护律师可以同在押的犯罪嫌疑人、被告人会见和

通信。其他辩护人经人民法院、人民检察院许可，也可以同在押的犯罪嫌疑人、被告人会见和通信。

2.《最高人民法院关于适用〈中华人民共和国刑事诉讼法〉的解释》（法释〔2012〕21号，2012年12月20日发布）

第四十八条　辩护律师可以同在押的或者被监视居住的被告人会见和通信。其他辩护人经人民法院许可，也可以同在押的或者被监视居住的被告人会见和通信。

3.《人民检察院刑事诉讼规则》（高检发释字〔2019〕4号，最高人民检察院2019年12月30日发布）

第五十七条第一款　辩护人、诉讼代理人认为公安机关、人民检察院、人民法院及其工作人员具有下列阻碍其依法行使诉讼权利行为之一，向同级或者上一级人民检察院申诉或者控告的，人民检察院负责控告申诉检察的部门应当接受并依法办理，其他办案部门应当予以配合：

……

（七）违法限制辩护律师同在押、被监视居住的犯罪嫌疑人、被告人会见和通信的；

……

第三款　辩护人、诉讼代理人认为看守所及其工作人员有阻碍其依法行使诉讼权利的行为，向人民检察院申诉或者控告的，由负责刑事执行检察的部门接受并依法办理；其他办案部门收到申诉或者控告的，应当及时移送负责刑事执行检察的部门。

第五十八条　辩护人、诉讼代理人认为其依法行使诉讼权利受到阻碍向人民检察院申诉或者控告的，人民检察院应当及时受理并调查核实，在十日以内办结并书面答复。情况属实的，通知有关机关或者本院有关部门、下级人民检察院予以纠正。

29. 看守所不接收律师会见手续，如何处理?

【案例简介】

耿某因涉嫌黑社会性质组织犯罪被市公安局刑事拘留，并被异地羁押在某县看守所。2017 年 10 月 9 日，耿某家属委托某律师事务所律师卢某担任耿某的辩护律师，并提供了拘留家属通知书，该通知书明确记载耿某羁押在某县看守所。卢律师在前往看守所办理会见耿某手续时，看守所接待民警以此人不在该看守所羁押、办案提审等各种理由，不接收律师会见手续，更谈不上安排律师会见耿某。在卢律师拿出公安机关的拘留家属通知书时，看守所接待民警称电脑查不到此人，让到办案机关了解情况，拒不安排会见。

【问题分析】

根据《刑事诉讼法》第三十九条的规定，辩护律师持有执业证书、律师事务所证明和委托书或者法律援助公函，看守所应当在 48 小时内安排律师会见在押的犯罪嫌疑人、被告人，除两类犯罪在侦查阶段被限制会见外，其余案件，看守所均应当及时安排律师会见在押的犯罪嫌疑人、被告人，最迟不得超过 48 小时。同时，《公安机关办理刑事案件程序规定》《人民检察院刑事诉讼规则》等，也明确除涉及危害国家安全犯罪和恐怖活动犯罪案件在侦查阶段会见需要办案机关许可外，其他案件看守所在接到律师会见手续后，最迟应当 48 小时内安排律师会见在押犯罪嫌疑人、被告人。

在司法实践中，因看守所私设会见门槛致使会见难的情况不在少数，且限制理由五花八门，比如“案件属省公安厅、市公安局督办，律师暂时不能会见”“案件仍在审讯中，拒绝会见”“需要司法局审批同意会见的手续”“案件情况需要保密”等。

由此反映出两个问题：一是部分单位的法律意识不强，对相关法律规定不了解不熟悉，学习不到位；二是权力机关较为任性，有意逃避法律规定。律师会见手续齐备，看守所安排律师会见在押犯罪嫌疑人、被告人，是法律赋予的法定义务。无论看守所以何种理由，拒不接收律师会见手续，不安排律师会见在押犯罪嫌疑人、被告人，都明显属于不履行自己的法定义务，是典型的违法行为，是严重侵犯律师执业权利的行为。

【实务解答】

看守所拒绝接受律师会见手续的行为实质就是限制律师会见的行为，侵犯了律师的执业权利。律师在办案过程中遭遇此种行为，应当积极依法维权。建议：

1. 通过邮寄方式寄送律师会见手续给看守所领导。

2. 通过律师协会申请维权。

3. 通过公安机关、检察机关等部门提出投诉、申诉和控告。

【法规摘引】

1.《刑事诉讼法》（全国人民代表大会常务委员会 2018 年 10 月 26 日发布）

第三十九条第二款　辩护律师持律师执业证书、律师事务所证明和委托书或者法律援助公函要求会见在押的犯罪嫌疑人、被告人的，看守所应当及时安排会见，至迟不得超过四十八小时。

2.《关于依法保障律师执业权利的规定》（司发〔2015〕14 号，最高人民法院、最高人民检察院、公安部、国家安全部、司法部 2015 年 9 月 16 日印发）

第七条第一款　辩护律师到看守所会见在押的犯罪嫌疑人、被告人，看守所在查验律师执业证书、律师事务所证明和委托书或者法律援助公函后，应当及时安排会见。能当时安排的，应当当时安排；不能当时安排的，看守所应当向辩护律师说明情况，并保证辩护律师在四十八小时以内会见到在押的犯罪嫌疑人、被告人。

第二款　看守所安排会见不得附加其他条件或者变相要求辩护律师提交法律规定以外的其他文件、材料，不得以未收到办案机关通知为由拒绝安排辩护律师会见。

3.《人民检察院刑事诉讼规则》（高检发释字〔2019〕4 号，最高人民检察院 2019 年 12 月 30 日发布）

第五十七条　辩护人、诉讼代理人认为公安机关、人民检察院、人民法院及其工作人员具有下列阻碍其依法行使诉讼权利行为之一，向同级或者上一级人民检察院申诉或者控告的，人民检察院负责控告申诉检察的部门应当接受并依法办理，其他办案部门应当予以配合：

……

（七）违法限制辩护律师同在押、被监视居住的犯罪嫌疑人、被告人会见和通信的；

……

30. 看守所不允许律师携带电脑会见，如何处理？

【案例简介】

2019 年 5 月 13 日，律师刘某前往某市看守所会见涉嫌受贿罪、巨额财产来源不明罪的犯罪嫌疑人安某。安某案件已进入审查起诉阶段，涉案 50 余起，调查卷宗 100 余本。在阅卷基础上，刘律师决定携带电脑前往看守所会见安某，可以减少携带纸制卷宗数量。然而，当刘律师到达某市看守所后，看守所民警告知禁止携带电脑等电子设备进入律师会见室。经刘律师交涉，看守所民警仍然不允许律师携带电脑进入会见室，理由是律师可能通过电脑联网等方式，泄露看守所秘密，造成在押犯罪嫌疑人、被告人与家属联系和沟通等，导致刘律师没有能够通过电子卷宗核实证据。

【问题分析】

看守所禁止律师携带电脑会见在押犯罪嫌疑人、被告人，其主要原因是认定律师可能通过电脑进行录音录像，通过电脑联网发布看守所内部信息，利用先进技术让在押犯罪嫌疑人、被告人与家属联系等。其实这是看守所对律师携带电脑会见会做违法行为事实的先入为主的想法。

《律师法》及律师相关管理规定、规范，均对律师言行做出了严格规定，律师应当保守在执业活动中知悉的国家秘密、商业秘密，不得泄露当事人的隐私。律师对在执业活动中知悉的委托人和其他人不愿泄露的情况和信息，应当予以保密。看守所因担忧律师对会见情况进行录音录像而产生其无法把控的风险，因此索性禁止律师带电脑会见。看守所没有意识到，律师带电脑会见的主要目的在于核实证据材料。案卷材料电子化为律师执业提供了极大便利，而看守所禁止律师携带电脑会见，律师将无法方便地与犯罪嫌疑人、被告人核实证据，尤其是在部分律师存在跨地区执业的情况下，携带大量纸质案卷材料换乘赶路，既不方便也不安全。

最高人民法院《关于全面推进人民法院电子卷宗随案同步生成和深度应用的指导意见》（法〔2016〕264号）指出，诉讼服务平台应按照法律规定，通过与电子卷宗系统的网间数据安全交换，及时为当事人、律师提供随案同步生成电子卷宗的在线浏览、借阅等服务。无纸化办公已经是时代趋势，检察院和法院也多次发文鼓励推行电子卷宗。

因此，看守所禁止律师携带电脑与犯罪嫌疑人、被告人核实证据，与时代趋势相悖，与政策精神相悖。律师在办案过程中遇到此种情形，可以引用《刑事诉讼法》中关于核实证据的规定以及两高对电子案卷推广的文件、全国各地就电子卷宗的应用情况与之进行沟通。

【实务解答】

针对本案遇到的情形，律师会见工作可以参照下述几点：

1. 通过与看守所民警、领导沟通，据理力争实现携带电脑会见在押犯罪嫌疑人、被告人。

2. 阐述无纸化办公、低碳出行等环保政策理念，律师携带电脑会见符合国家政策。

3. 通过律师协会申请维权，通过公安机关或检察机关申诉、控告实现携带电脑会见。

【法规摘引】

1.《刑事诉讼法》（全国人民代表大会常务委员会2018年10月26日发布）

第三十九条第四款　辩护律师会见在押的犯罪嫌疑人、被告人，可以了解案件有关情况，提供法律咨询等；自案件移送审查起诉之日起，可以向犯罪嫌疑人、被告人核实有关证据。辩护律师会见犯罪嫌疑人、被告人时不被监听。

2.《律师法》（全国人民代表大会常务委员2017年9月1日发布）

第三十八条　律师应当保守在执业活动中知悉的国家秘密、商业秘密，不得泄露当事人的隐私。

律师对在执业活动中知悉的委托人和其他人不愿泄露的情况和信息，应当予以保密。但是，委托人或者其他人准备或者正在实施的危害国家安全、公共安全以及其他严重危害他人人身、财产安全的犯罪事实和信息除外。

3.《关于依法保障律师执业权利的规定》（司发〔2015〕14号，最高人民法院、最高人民检察院、公安部、国家安全部、司法部2015年9月16日印发）

第十四条第一款 辩护律师自人民检察院对案件审查起诉之日起，可以查阅、摘抄、复制本案的案卷材料，人民检察院检察委员会的讨论记录、人民法院合议庭、审判委员会的讨论记录以及其他依法不能公开的材料除外。人民检察院、人民法院应当为辩护律师查阅、摘抄、复制案卷材料提供便利，有条件的地方可以推行电子化阅卷，允许刻录、下载材料。侦查机关应当在案件移送审查起诉后三日以内，人民检察院应当在提起公诉后三日以内，将案件移送情况告知辩护律师。案件提起公诉后，人民检察院对案卷所附证据材料有调整或者补充的，应当及时告知辩护律师。辩护律师对调整或者补充的证据材料，有权查阅、摘抄、复制。辩护律师办理申诉、抗诉案件，在人民检察院、人民法院经审查决定立案后，可以持律师执业证书、律师事务所证明和委托书或者法律援助公函到案卷档案管理部门、持有案卷档案的办案部门查阅、摘抄、复制已经审理终结案件的案卷材料。

4.《关于全面推进人民法院电子卷宗随案同步生成和深度应用的指导意见》（法〔2016〕264号，2016年7月28日发布）

三、电子卷宗深度应用的基本要求

（六）支持诉讼参与人网上查阅电子卷宗。诉讼服务平台应按照法律规定，通过与电子卷宗系统的网间数据安全交换，及时为当事人、律师提供随案同步生成电子卷宗的在线浏览、借阅等服务。

31. 看守所禁止律师的助理（实习律师或律师）共同会见在押犯罪嫌疑人、被告人，如何处理？

【案例简介】

2017年12月9日，律师李某接受涉嫌合同诈骗罪的姜某的家属委托，担任姜某的辩护律师。李律师遂同本所实习律师刘某前往某市看守所会见在押犯罪人员姜某，让实习律师刘某学习办理刑事案件，在会见过程中应当注意的事项，律师会见犯罪嫌疑人、被告人主要工作内容等。但是二人到达看守所后，在办理会见手续的过程中，看守所接待民警提出实习律师刘某不是姜某的辩护律师，不能同辩护律师李某共同会见犯罪嫌疑人姜某，仅能安排李律师本人会见姜某，经李律师多次争取，言明法律规定等，看守所就是不同意实习律师刘某共同会见犯罪嫌疑人姜某。

【问题分析】

《律师法》及实习律师管理规定，均规定了实习律师在实习期间应当完成的基本实习训练内容，其中包括刑事案件业务。两高三部的《关于依法保障律师执业权利的规定》明确规定了辩护律师可以携带一名实习律师或律师作为辅助人员参加会见。律师助理作为律师的辅助人员，其参与案件的办理是为了协助承办律师办理案件。律师助理参与刑事诉讼，从事相关辅助工作，对于保证辩护律师集中精力辩护，充分维护被告人的合法权益发挥了重要作用。

《关于依法保障律师执业权利的规定》明确规定了律师助理可以协助律师参与刑事诉讼，包括会见、阅卷、庭审等；同时，根据《律师会见监狱在押罪犯规定》第九条的规定，律师可以带一名律师助理协助会见。看守所禁止未被委托的实习律师参加会见在押犯罪嫌疑人、被告人的行为明显属于违法行为。辩护律师有权对看守所的违法行为提出申诉、控告，要求看守所保障作为辅助人员的实习律师或律师的执业权利。

在刑事诉讼庭审中，加强对辩护人的权益保障，是推进以审判为中心的诉讼制度改革的应有之义，也是全面推进依法治国方略，充分发挥律师维护当事人合法权益，维护社会公平正义的必然要求。

【实务解答】

看守所不允许律师助理共同会见的行为是违法的，该行为属于阻碍律师行使权利的行为。辩护律师遇到此类情况时，可以申请律师协会维权，可以通过向看守所的监管部门、公安机关及其上一级机关或同级检察院及其上一级检察机关申诉、控告的方式维护律师执业权利。

【法规摘引】

1.**《关于依法保障律师执业权利的规定》**（司发〔2015〕14号，最高人民法院、最高人民检察院、公安部、国家安全部、司法部2015年9月16日印发）

第七条第四款 辩护律师会见在押的犯罪嫌疑人、被告人时，看守所应当采取必要措施，保障会见顺利和安全进行。律师会见在押的犯罪嫌疑人、被告人的，看守所应当保障律师履行辩护职责需要的时间和次数，并与看守所工作安排和办案机关侦查工作相协调。辩护律师会见犯罪嫌疑人、被告人时不被监听，办案机关不得派员在场。在律师会见室不足的情况下，看守所经辩护律师书面同意，可以安排在讯问室会见，但应当关闭录音、监听设备。犯罪嫌疑人、被告人委托两名律师担任辩护人的，两名辩护律师可以共同会见，也可以单独会见。辩护律师可以带一名律师助理协助会见。助理人员随同辩护律师参加会见的，应当出示律师事务所证明和律师执业证书或申请律师执业人员实习证。办案机关应当核实律师助理的身份。

2.**《律师会见监狱在押罪犯规定》**（司发通〔2017〕124号，2017年11月27日发布）

第六条 律师会见在押罪犯需要助理随同参加的，律师应当向监狱提交律师事务所出具的律师助理会见在押犯罪的证明和律师执业证书或申请律师执业人员实习证。

第九条 在押罪犯可以委托一至两名律师。委托两名律师的，两名律师可以共同会见，也可以单独会见。律师可以带一名律师助理协助会见。

第十五条 本规定所称律师助理，是指辩护、代理律师所在的律师事务所的其他律师或者申请律师执业的实习人员。所称近亲属，是指夫妻、父母、子女、同胞兄弟姊妹。

3.《人民检察院刑事诉讼规则》（高检发释字〔2019〕4号，自2019年12月30日起施行）

第五十七条　辩护人、诉讼代理人认为公安机关、人民检察院、人民法院及其工作人员具有下列阻碍其依法行使诉讼权利行为之一，向同级或者上一级人民检察院申诉或者控告的，人民检察院负责控告申诉检察的部门应当接受并依法办理，其他办案部门应当予以配合：

……

（七）违法限制辩护律师同在押、被监视居住的犯罪嫌疑人、被告人会见和通信的；

……

对于直接向上一级人民检察院申诉或者控告的，上一级人民检察院可以交下级人民检察院办理，也可以直接办理。

辩护人、诉讼代理人认为看守所及其工作人员有阻碍其依法行使诉讼权利的行为，向人民检察院申诉或者控告的，由负责刑事执行检察的部门接受并依法办理；其他办案部门收到申诉或者控告的，应当及时移送负责刑事执行检察的部门。

32. 实习律师转正后，实习证过期、律师执业证未颁发前，是否可以同执业律师会见在押的犯罪嫌疑人、被告人？

【案例简介】

周某于2016年6月依法取得法律职业资格证书后，入职某律师事务所，成为一名实习律师。其在为期一年的实习期间积极参加律师协会组织的集中培训和律师事务所安排的实务训练，并且遵守实习管理规定。在实习期满后，其通过某律师事务所向准予其实习登记的律师协会提出了实习考核申请。律师协会对周某做出了考核合格的意见。周某在收到考核合格通知后及时向司法行政机关申请了律师执业。在等待律师执业证书的期间，周某的实习证过期了。看守所以不具备律师会见资格为由拒绝了周某的会见要求。

【问题分析】

律师的会见权源于两个方面：一是基于委托关系而产生的授权；二是基于律师的法律地位而享有的权利。《律师法》中规定，律师是指依法取得律师执业证书，接受委托或者指定，为当事人提供法律服务的执业人员。该法第六条第一款规定："申请律师执业，应当向设区的市级或者直辖市的区人民政府司法行政部门提出申请，并提交下列材料：（一）国家统一法律职业资格证书；（二）律师协会出具的申请人实习考核合格的材料；（三）申请人的身份证明；（四）律师事务所出具的同意接收申请人的证明。"实习律师经过层层考核，最终通过后仍需要等待律师执业证书的下发，才能真正开始执业。

实习律师转正后，实习证过期、律师执业证未颁发前，该实习律师不能要求会见在押的犯罪嫌疑人、被告人。实习证是证明实习律师身份的证件。在实习证过期的情况下，实习证不能继续使用。即使为实习律师，也必须在辩护律师即持有律师执业证书的律师的陪同之下，出具包括实习证在内的相关证明，才能会见在押的犯罪嫌疑人、被告人。

【实务解答】

《刑事诉讼法》《律师法》都规定了律师执业以持有律师执业证书为前提条件，没有取得律师执业证书的，不能以律师的名义从事法律服务。因而，对于实习证过期的实习律师，虽可转正但尚未持有律师证的，不能会见在押的犯罪嫌疑人、被告人。

【法规摘引】

1.**《刑事诉讼法》**（全国人民代表大会常务委员会 2018 年 10 月 26 日发布）

第三十九条第一款 辩护律师可以同在押的犯罪嫌疑人、被告人会见和通信。其他辩护人经人民法院、人民检察院许可，也可以同在押的犯罪嫌疑人、被告人会见和通信。

第二款 辩护律师持律师执业证书、律师事务所证明和委托书或者法律援助公函要求会见在押的犯罪嫌疑人、被告人的，看守所应当及时安排会见，至迟不得超过四十八小时。

2.《律师法》（全国人民代表大会常务委员 2017 年 9 月 1 日发布）

第十三条 没有取得律师执业证书的人员，不得以律师名义从事法律服务业务；除法律另有规定外，不得从事诉讼代理或者辩护业务。

3.《申请律师执业人员实习管理规则》（中华全国律师协会 2010 年 6 月 12 日发布）

第二十三条 律师事务所及实习指导律师不得指使或者放任实习人员有下列行为：

（一）独自承办律师业务；

（二）以律师名义在委托代理协议或者法律顾问协议上签字，对外签发法律文书；

（三）以律师名义在法庭、仲裁庭上发表辩护或者代理意见；

（四）以律师名义洽谈、承揽业务；

（五）以律师名义印制名片及其他相关资料；

（六）其他依法应以律师名义从事的活动。

4.《律师刑事案件执业规范》（中华全国律师协会 2017 年 09 月 20 日发布）

第十八条第三款 律师助理随同辩护律师参加会见的，应当出示律师事务所证明和律师执业证书或申请律师执业人员实习证。

33. 家属更换辩护律师，看守所不同意更换后的律师会见在押的犯罪嫌疑人、被告人，如何处理?

【案例简介】

吴某因涉嫌故意伤害罪被羁押在某看守所。吴某在被采取强制措施后，其父亲代其委托了某律师事务所的李律师和曾律师为吴某的刑事辩护人。但李律师疏于职责，没有尽到切实维护吴某诉讼权利的应尽责任。因此，吴某的父亲想要解除对刑事辩护人李律师的委托，而另行委托张律师为吴某的刑事辩护律师。张律师在接受委托后，去看守所要求会见吴某。看守所以张律师未持有吴某父亲的解除李律师委托的证明材料为由拒绝了张律师的会见要求。

【问题分析】

根据《刑事诉讼法》第三十三条的规定，犯罪嫌疑人、被告人除自己行使辩护权以外，还可以委托一至二人作为辩护人。该法第三十四条第三款规定："犯罪嫌疑人、被告人在押的，也可以由其监护人、近亲属代为委托辩护人。"第三十九条第二款规定："辩护律师持律师执业证书、律师事务所证明和委托书或者法律援助公函要求会见在押的犯罪嫌疑人、被告人的，看守所应当及时安排会见，至迟不得超过四十八小时。"

根据上述规定，在押的犯罪嫌疑人、被告人或者其近亲属可以委托一至二人作为刑事辩护人，在程序上需要出具书面委托书。在更换辩护律师后，应当出具解除原委托律师的手续以及另行委托律师的手续。如果是在押的犯罪嫌疑人、被告人的近亲属委托的，还应当出具户口本、结婚证或亲属关系证明。看守所只有在辩护律师持有上述证明材料以及律师事务所的会见介绍信、本人律师执业证书的情况下，才能安排律师会见在押的犯罪嫌疑人、被告人。这样，看守所较为严格的审核律师会见在押犯罪嫌疑人、被告人的程序在一定程度上有利于防止假律师冒充真律师混进看守所，避免干扰司法公正。

【实务解答】

在刑事案件中，辩护律师应由犯罪嫌疑人、被告人或其近亲属进行委托，如果委托人对所委托的辩护律师不满意的，可以解除委托关系，另行委托辩护律师。家属更换辩护律师，另行委托的律师要求会见看守所在押的犯罪嫌疑人、被告人的，看守所有权要求该律师出具在押犯罪嫌疑人、被告人的近亲属对其的委托手续、对原委托律师的解除手续以及户口本、结婚证或亲属关系证明、律师事务所的会见介绍信、本人执业证等证明材料。若该另行委托的律师未持有全部的证明材料要求会见在押的犯罪嫌疑人、被告人的，看守所有权拒绝安排会见。

【法规摘引】

《关于依法保障律师执业权利的规定》（司发〔2015〕14号，最高人民法院、最高人民检察院、公安部、国家安全部、司法部2015年9月16日发

布）

第八条　在押的犯罪嫌疑人、被告人提出解除委托关系的，办案机关应当要求其出具或签署书面文件，并在三日以内转交受委托的律师或者律师事务所。辩护律师可以要求会见在押的犯罪嫌疑人、被告人，当面向其确认解除委托关系，看守所应当安排会见；但犯罪嫌疑人、被告人书面拒绝会见的，看守所应当将有关书面材料转交辩护律师，不予安排会见。

在押的犯罪嫌疑人、被告人的监护人、近亲属解除代为委托辩护律师关系的，经犯罪嫌疑人、被告人同意的，看守所应当允许新代为委托的辩护律师会见，由犯罪嫌疑人、被告人确认新的委托关系；犯罪嫌疑人、被告人不同意解除原辩护律师的委托关系的，看守所应当终止新代为委托的辩护律师会见。

34. 无父母、无子女、无配偶的犯罪嫌疑人，律师会见如何确定委托人？

【案例简介】

孙某因涉嫌抢劫杀人罪被羁押在看守所。孙某是个孤儿，父母早逝，没有同胞兄弟姐妹，现也未成婚，没有配偶和子女。于是孙某的姑姑出面为其代为委托刑事辩护律师。因《刑事诉讼法》规定，近亲属指夫、妻、父、母、子、女、同胞兄弟姊妹，不包括其他亲属，孙某的姑姑不属于孙某的近亲属。公安机关、检察机关对此提出不同意孙某姑姑委托的律师为孙某做刑事辩护的异议。

【问题分析】

刑事辩护人是指接受被追诉一方委托或者受人民法院指定，帮助犯罪嫌疑人、被告人行使辩护权以维护其合法权益的人。在刑事诉讼中，一方面，犯罪嫌疑人、被告人由于处于被追诉的地位，且人身自由往往也受到限制，因此，不能全面深入地了解案情，也无法收集到有利于自己的证据材料，从而难以行使自我辩护的权利；另一方面，犯罪嫌疑人、被告人多数缺乏法律知识，不知道享有哪些诉讼权利，应当如何行使这些权利，也不了解自己行为的法律后果。因此，大多数犯罪嫌疑人、被告人不能正确运用法律为自己辩护，来维护自己的合法权益。

因此，犯罪嫌疑人、被告人委托辩护律师对于维护其合法权益具有重要意义。犯罪嫌疑人除自己行使辩护权以外，还可以委托一至二人作为辩护人，人民法院、人民检察院和公安机关应当及时转达其要求。犯罪嫌疑人在押的，可以由其监护人、近亲属代为委托辩护人。对于无父母、无子女、无配偶的犯罪嫌疑人，看其是否有同胞兄弟姐妹；如果没有同胞兄弟姐妹的，也即犯罪嫌疑人没有近亲属的，可以由犯罪嫌疑人的其他亲友或其所在单位代为委托，并经过犯罪嫌疑人的确认后，即可成立委托。《刑事诉讼法》中规定了近亲属可以代在押的犯罪嫌疑人、被告人委托辩护律师，那么在犯罪嫌疑人、被告人没有近亲属的情况下，由其他亲友或者其所在单位代为委托辩护律师后，经犯罪嫌疑人、被告人同意可以确定辩护律师，以维护其合法权益。而在犯罪嫌疑人、被告人没有委托辩护人，也没有近亲属、其他亲友或者其所在单位没有出面代为委托辩护人的情形下，若属于法定辩护的情形，那么人民法院、人民检察院和公安机关应当通知法律援助机构指派律师为其提供辩护，以便保障犯罪嫌疑人、被告人的诉讼权利。

【实务解答】

在押的犯罪嫌疑人没有近亲属、其他亲友或者其所在单位没有出面代为委托辩护人的，如果属于法定辩护情形的，犯罪嫌疑人没有辩护律师，人民法院、人民检察院和公安机关应当通知法律援助机构指派律师为其提供辩护。

【法规摘引】

1.《刑事诉讼法》（全国人民代表大会常务委员会 2018 年 10 月 26 日发布）

第三十三条第一款 犯罪嫌疑人、被告人除自己行使辩护权以外，还可以委托一至二人作为辩护人。下列的人可以被委托为辩护人：

（一）律师；

（二）人民团体或者犯罪嫌疑人、被告人所在单位推荐的人；

（三）犯罪嫌疑人、被告人的监护人、亲友。

第三十四条　犯罪嫌疑人自被侦查机关第一次讯问或者采取强制措施之日起，有权委托辩护人；在侦查期间，只能委托律师作为辩护人。被告人有权随时委托辩护人。

侦查机关在第一次讯问犯罪嫌疑人或者对犯罪嫌疑人采取强制措施的时候，应当告知犯罪嫌疑人有权委托辩护人。人民检察院自收到移送审查起诉的案件材料之日起三日以内，应当告知犯罪嫌疑人有权委托辩护人。人民法院自受理案件之日起三日以内，应当告知被告人有权委托辩护人。犯罪嫌疑人、被告人在押期间要求委托辩护人的，人民法院、人民检察院和公安机关应当及时转达其要求。

犯罪嫌疑人、被告人在押的，也可以由其监护人、近亲属代为委托辩护人。

辩护人接受犯罪嫌疑人、被告人委托后，应当及时告知办理案件的机关。

第一百零八条第六项　本法下列用语的含意是：

（六）“近亲属”是指夫、妻、父、母、子、女、同胞兄弟姊妹。

2.《律师办理刑事案件规范》（中华全国律师协会 2017 年 9 月 20 日发布）

第八条　律师参与刑事诉讼，可以从事下列业务：

（一）接受犯罪嫌疑人、被告人的委托，担任辩护人。犯罪嫌疑人、被告人的近亲属、其他亲友或其所在单位代为委托的，须经犯罪嫌疑人、被告人确认；

……

35. 异地会见未预约或看守所以未预约为由，不安排会见，如何处理？

【案例简介】

某律师事务所王律师向该市律师协会反映，其在看守所会见当事人时受到阻碍，当地看守所以王律师异地会见未预约为由拒绝安排王律师会见委托人闫某。王律师经过努力沟通后，仍无法会见，于是向该市律协申请维权。后王律师准备好会见在押犯罪嫌疑人、被告人的证明材料及看守所拒绝安排会见的证明材料向该市人民检察院提出申诉。该市人民检察院及时进行审查后，发现王律师所述情况属实，遂即通知该看守所予以纠正。王律师才顺利会见到在押的犯罪嫌疑人闫某。

【问题分析】

《刑事诉讼法》第三十九条规定，辩护律师可以同在押的犯罪嫌疑人、被告人会见和通信。辩护律师持律师执业证书、律师事务所证明和委托书或者法律援助公函要求会见在押的犯罪嫌疑人、被告人的，看守所应当及时安排会见，至迟不得超过四十八小时。《律师会见在押犯罪嫌疑人被告人规定》也规定了看守所应当保障律师依法进行会见，并提供必要的便利条件。

现行法律、法规规定了律师对于在押犯罪嫌疑人、被告人的会见权，行使方式以及看守所依法保障律师会见权的义务。律师会见犯罪嫌疑人或者被告人，是律师为犯罪嫌疑人、被告人提供法律帮助和进行辩护必须进行的一项重要工作，是律师参与刑事诉讼，行使辩护权的重要内容。

《关于依法保障律师执业权利的规定》第三款规定："看守所应当设立会见预约平台，采取网上预约、电话预约等方式为辩护律师会见提供便利，但不得以未预约会见为由拒绝安排辩护律师会见。"即设立预约方式是为了方便律师会见，而非为律师会见设置障碍。律师依法行使会见权不应当受到非法阻碍。在看守所以异地会见未预约或看守所以未预约为由不安排会见的情况下，律师有权依法维权，以保障会见权的正常行使。

【实务解答】

看守所不得以未预约会见为由拒绝安排辩护律师会见在押的犯罪嫌疑人、被告人。看守所不安排会见的，律师维权需要准备如下材料：授权委托书；律师事务所公函；律师会见犯罪嫌疑人、被告人专用介绍信；委托人的身份证复印件；户口本、结婚证或亲属关系证明；律师执业证以及看守所拒绝安排会见的证明材料。律师在备好相关材料后，可以选择向同级或者上一级人民检察院申诉或者控告、向所在地的律协或者司法行政机关反映、向办案机关的上一级机关或者看守所的主管机关投诉，要求看守所依法纠正，以行使会见权。

【法规摘引】

1.《关于依法保障律师执业权利的规定》（司发〔2015〕14号，最高人民法院、最高人民检察院、公安部、国家安全部、司法部2015年9月16日发布）

第七条第一款　辩护律师到看守所会见在押的犯罪嫌疑人、被告人，看守所在查验律师执业证书、律师事务所证明和委托书或者法律援助公函后，应当及时安排会见。能当时安排的，应当当时安排；不能当时安排的，看守所应当向辩护律师说明情况，并保证辩护律师在四十八小时以内会见到在押的犯罪嫌疑人、被告人。

第二款　看守所安排会见不得附加其他条件或者变相要求辩护律师提交法律规定以外的其他文件、材料，不得以未收到办案机关通知为由拒绝安排辩护律师会见。

第三款　看守所应当设立会见预约平台，采取网上预约、电话预约等方式为辩护律师会见提供便利，但不得以未预约会见为由拒绝安排辩护律师会见。

2.《刑事诉讼法》（全国人民代表大会常务委员会2018年10月26日发布）

第四十九条　辩护人、诉讼代理人认为公安机关、人民检察院、人民法院及其工作人员阻碍其依法行使诉讼权利的，有权向同级或者上一级人民检察院申诉或者控告。人民检察院对申诉或者控告应当及时进行审查，情况属实的，通知有关机关予以纠正。

3.《律师会见在押犯罪嫌疑人被告人规定》（湘公发〔2013〕17号，2013年3月25日发布）

第十一条　办案机关、看守所及其工作人员违反法律或者本规定，限制侵犯律师执业权利的，律师、该律师所在的律师事务所可以向律师协会或司法行政机关反映，也可以直接向办案机关的上一级机关或者看守所的主管机关投诉，要求依法纠正。

36. 律师会见发现看守所在监控录音录像，如何处理？

【案例简介】

2016年9月，刘某因涉嫌故意伤害被羁押于当地看守所，刘某聘请某律师事务所律师张某为其担任辩护人。在刘某被羁押期间，律师张某依据《刑事诉讼法》有关规定向看守所申请会见刘某，经审核，看守所同意会见并安排会见时间和会见场所。在会见过程中，张律师发现看守所会见室的录音录像装置全程处于开机运行状态。张律师与看守所工作人员反映后，看守所并未关闭录音录像设备，也未对张律师做出合理解释，张律师遂停止了此次会见。

【问题分析】

我国现行刑事诉讼法赋予了辩护律师在会见犯罪嫌疑人时不受监听的权利，这从程序方面对控辩双方的诉讼权利有所平衡。从《关于律师作用的基本原则》等国际公约和各国国内法律规定来看，保障律师与犯罪嫌疑人、被告人会见交流的秘密性是最基本的要求之一。

然而，自《刑事诉讼法》修改以来，辩护律师这一权利在实践中却很难得到保障，我国律师会见的保密性堪忧。虽然新修改的《刑事诉讼法》写明了辩护律师会见刑事被追诉人时不被监听，但是却没有禁止监视，也没有对违反此项规定设定相应的法律后果。《公安机关办理刑事案件程序规定》中对此也有相应的规定。司法部于2017年印发的《律师会见监狱在押罪犯规定》中也明确规定，辩护律师会见被立案侦查、起诉、审判的在押罪犯时，不被监听，监狱不得派警察在场。但是，在我国司法实践中，羁押机关的会见室里大多都有摄像头，侦查机关可能会借此以保证会见秩序之名，监听双方会见交流的内容，这不但是对律师和刑事被追诉人的会见秘密性的侵害，而且这极有可能被侦查机关利用，用来追究律师伪证罪的刑事责任。

【实务解答】

辩护律师在看守所会见当事人的过程中，如果发现会见地点的录音录像设备处于运行状态，辩护律师与当事人之间的谈话内容被录音等情形，应当暂停与当事人的会见，保留有关证据材料，并向执业的律师事务所所在地的市级司法行政机关及其所属的律师协会申请维护其合法的会见权。如果遇紧急情况，可以向事发地（看守所所在地）的司法行政机关、律师协会申请维护其会见权。辩护人还有权向同级或上一级人民检察院申诉或控告看守所及其工作人员阻碍其依法行使诉讼权利。

【法规摘引】

1.《刑事诉讼法》（全国人民代表大会常务委员会 2018 年 10 月 26 日发布）

第三十九条第一款　辩护律师可以同在押的犯罪嫌疑人、被告人会见和通信。其他辩护人经人民法院、人民检察院许可，也可以同在押的犯罪嫌疑人、被告人会见和通信。

第四款　辩护律师会见在押的犯罪嫌疑人、被告人，可以了解案件有关情况，提供法律咨询等；自案件移送审查起诉之日起，可以向犯罪嫌疑人、被告人核实有关证据。辩护律师会见犯罪嫌疑人、被告人时不被监听。

第四十九条　辩护人、诉讼代理人认为公安机关、人民检察院、人民法院及其工作人员阻碍其依法行使诉讼权利的，有权向同级或者上一级人民检察院申诉或者控告。人民检察院对申诉或者控告应当及时进行审查，情况属实的，通知有关机关予以纠正。

2.《公安机关办理刑事案件程序规定》（公安部令第 127 号，2012 年 12 月 13 日公布）

第五十二条第一款　辩护律师会见在押或者被监视居住的犯罪嫌疑人时，看守所或者监视居住执行机关应当采取必要的管理措施，保障会见顺利进行，并告知其遵守会见的有关规定。辩护律师会见犯罪嫌疑人时，公安机关不得监听，不得派员在场。

3.《律师会见监狱在押罪犯规定》（司发通〔2017〕124 号，2017 年 11 月 27 日发布）

第十一条　律师会见在押罪犯时，监狱可以根据案件情况和工作需要决定是否派警察在场。

辩护律师会见被立案侦查、起诉、审判的在押罪犯时，不被监听，监狱不得派警察在场。

4.《律师法》（全国人民代表大会常务委员 2017 年 9 月 1 日发布）

第三十三条 律师担任辩护人的，有权持律师执业证书、律师事务所证明和委托书或者法律援助公函，依照刑事诉讼法的规定会见在押或者被监视居住的犯罪嫌疑人、被告人。辩护律师会见犯罪嫌疑人、被告人时不被监听

5.《关于依法保障律师执业权利的规定》（司发〔2015〕14 号，最高人民法院、最高人民检察院、公安部、国家安全部、司法部 2015 年 9 月 16 日印发）

第七条第四款 辩护律师会见在押的犯罪嫌疑人、被告人时，看守所应当采取必要措施，保障会见顺利和安全进行。律师会见在押的犯罪嫌疑人、被告人的，看守所应当保障律师履行辩护职责需要的时间和次数，并与看守所工作安排和办案机关侦查工作相协调。辩护律师会见犯罪嫌疑人、被告人时不被监听，办案机关不得派员在场。在律师会见室不足的情况下，看守所经辩护律师书面同意，可以安排在讯问室会见，但应当关闭录音、监听设备。犯罪嫌疑人、被告人委托两名律师担任辩护人的，两名辩护律师可以共同会见，也可以单独会见。辩护律师可以带一名律师助理协助会见。助理人员随同辩护律师参加会见的，应当出示律师事务所证明和律师执业证书或申请律师执业人员实习证。办案机关应当核实律师助理的身份。

第四十四条第一款 律师认为办案机关及其工作人员阻碍其依法行使执业权利的，可以向其所执业律师事务所所在地的市级司法行政机关、所属的律师协会申请维护执业权利。情况紧急的，可以向事发地的司法行政机关、律师协会申请维护执业权利。事发地的司法行政机关、律师协会应当给予协助。

37. 律师可以为在押犯罪嫌疑人、被告人与家属之间传递口信吗?

【案例简介】

2018 年 12 月 15 日，张律师接受委托担任王某的辩护律师。王某因涉嫌敲诈勒索被某市区公安分局刑事拘留，羁押在某县看守所。在律师会见前的一天晚上，王某的家属写给张律师一张纸条，嘱咐张律师在会见王某时，一

定要将纸条上的内容告知王某。张律师看到纸条上口信内容与案件无关，会见时，口述告知王某。后来，王某在办案机关讯问时，改变了原来如实供述违法犯罪事实，拒不承认之前所供述内容，并称受到办案机关刑讯逼供。张律师再次会见王某时，王某也改变了原来同律师陈述的事实。后经相关机关介入调查后得知，是张律师传递的口信引起王某改变原来的供述。张律师在无意中帮助王某改变了口供。

【问题分析】

法律明确规定，律师会见犯罪嫌疑人、被告人不被监听。部分犯罪嫌疑人、被告人及其家属知晓此项规定后，企图利用此规定，借助律师会见的机会，让律师帮助家属给在押的犯罪嫌疑人、被告人传递一些口信，律师则成为信息传递者，也让律师在不知不觉中成为家属和犯罪嫌疑人、被告人沟通案件信息的工具。

《刑事诉讼法》明确规定，辩护律师会见在押犯罪嫌疑人、被告人，是为其提供法律帮助，了解案件事实，核实有关证据。《刑事诉讼法》《律师法》均未规定辩护律师可以为在押的犯罪嫌疑人、被告人传递口信。若因家属关心在押的犯罪嫌疑人、被告人，是否需要衣物、钱等生活用品等，这是家属对在押犯罪嫌疑人、被告人的关心、关爱，也有利于稳定在押犯罪嫌疑人、被告人情绪和心态，有利于犯罪嫌疑人、被告人遵守监规，也有利于看守所的监管，而辩护律师从关心犯罪嫌疑人、被告人角度，向家属传递此方面信息，笔者认为这是无可厚非的。但对于家属要求传递的口信，即便是与在押的犯罪嫌疑人、被告人生活无关的事实，辩护律师也一定要严格区分其是否存在陷阱，存在可以串供、翻供等情形，慎重传递口信。若辩护律师经验不足或警觉性不够，未能识别所传递口信隐含内容时，则极易导致执业风险。

【实务解答】

律师办理案件过程中，建议谨慎识别犯罪嫌疑人、被告人与其亲属之间的口信，属于日常问候的、生活方面的口信可以传达，属于其他方面的口信建议慎重处理。对与生活无关的口信，建议辩护律师多个角度印证家属要求传递该口信是否属于正常的口信，是否与案件有关，若不能确定或不能分辨，建议坚决不帮助传递该口信。若辩护律师不能充分辨识，则可能触犯刑法规定。《刑法》第三百零七条第二款有关帮助当事人毁灭、伪造证据以及第三百一十条有关包庇罪的规定，都是律师执业风险所在。

【法规摘引】

《刑法》（全国人民代表大会 2017 年 11 月 4 日发布）

第三百零七条第二款 帮助当事人毁灭、伪造证据，情节严重的，处三年以下有期徒刑或者拘役。

第三百一十条 明知是犯罪的人而为其提供隐藏处所、财物，帮助其逃匿或者作假证明包庇的，处三年以下有期徒刑、拘役或者管制；情节严重的，处三年以上十年以下有期徒刑。

犯前款罪，事先通谋的，以共同犯罪论处。

38. 律师可以为在押犯罪嫌疑人、被告人与单位之间传递信函吗？

【案例简介】

2018 年 9 月 4 日，某律师事务所张律师接受委托担任李某的辩护律师。李某因涉嫌诈骗罪被某检察院决定逮捕，羁押在某县看守所。在律师会见时，犯罪嫌疑人李某写了一封陈情书，要求张律师转交给公安、检察院、法院领导。经律师张某阅看，该陈情书确系李某对其被迫走上诈骗之路的陈情，于是在会见后，按照李某的要求将材料寄送给公安、检察院、法院等相关领导。同时，犯罪嫌疑人李某给本单位领导也写了一封信，内容主要对自己负责的工作进行交接，告诉自己保存的文件及查找方式等。2018 年 9 月 6 日，某县看守所反映律师张某私下传递书信，系违规会见，某市律师协会对张律师违规会见的行为予以调查。

【问题分析】

《刑事诉讼法》规定，辩护律师可以与犯罪嫌疑人、被告人会见和通信，同时也规定，辩护律师有权代理申诉、控告。法律之所以规定辩护律师同犯罪嫌疑人、被告人会见和通信、代理申诉和控告，目的是保障犯罪嫌疑人、被告人的辩护权。因此，辩护律师会见犯罪嫌疑人、被告人是整个辩护过程中非常重要的工作，既是辩护工作的起点，又是有效辩护信息的来源。辩护律师通过会见犯罪嫌疑人、被告人以便为其提供精准的法律服务。

辩护律师通过会见或通信了解犯罪嫌疑人、被告人对案件事实的陈述，是法律赋予辩护律师的权利，但该权利仅限于辩护律师同犯罪嫌疑人、被告人之间，法律没有规定犯罪嫌疑人、被告人可以同原单位及其领导有通信权，并且辩护律师的职责是辩护人，不是快递员。因此，辩护律师没有义务为犯罪嫌疑人、被告人传递信函，并且辩护律师的权利来自法律和当事人授权，必须符合这两个条件，辩护律师才能行使辩护权。依据法律规定，辩护律师的职责是维护犯罪嫌疑人、被告人的诉讼权利和其他合法权益。

《律师办理刑事案件规范》第二十六条第二款规定："辩护律师可以接受犯罪嫌疑人、被告人提交的与辩护有关的书面材料，也可以向犯罪嫌疑人、被告人提供与辩护有关的文件与材料。"因此，律师在办理案件过程中，可以与犯罪嫌疑人、被告人保持通信，可以就辩护相关的材料进行相互传递，但不得替他人传递书信。

【实务解答】

犯罪嫌疑人、被告人因被羁押，需要与原单位进行必要的工作交接，建议由本人书写后交由看守所民警进行审核，方法有两种：一是通过看守所以邮寄方式寄至原单位；二是由看守所转交律师代为转交，此方法的前提是需要看守所签字同意方可。若律师在会见时，犯罪嫌疑人、被告人要求律师代为转交，辩护律师一定要通过在场民警审核后收取，并且在认真研读，确认内容与案件无关的情况下，才可以代为转交。因此，辩护律师不能帮助犯罪嫌疑人、被告人给其原单位传递任何信函。

【法规摘引】

1.《刑事诉讼法》（全国人民代表大会常务委员会 2018 年 10 月 26 日发布）

第三十七条 辩护人的责任是根据事实和法律，提出犯罪嫌疑人、被告人无罪、罪轻或者减轻、免除其刑事责任的材料和意见，维护犯罪嫌疑人、被告人的诉讼权利和其他合法权益。

第三十九条第一款 辩护律师可以同在押的犯罪嫌疑人、被告人会见和

通信。其他辩护人经人民法院、人民检察院许可，也可以同在押的犯罪嫌疑人、被告人会见和通信。

2.《律师办理刑事案件规范》（中华全国律师协会 2017 年 9 月 20 日发布）

第二十六条第二款 辩护律师可以接受犯罪嫌疑人、被告人提交的与辩护有关的书面材料，也可以向犯罪嫌疑人、被告人提供与辩护有关的文件与材料。

39. 家属要求律师会见时传递信件如何处理?

【案例简介】

2019 年 1 月 4 日，某律师事务所律师张某律师接受委托担任王某的辩护律师。王某因涉嫌非法吸收公众存款罪被某区公安分局刑事拘留，羁押在某县看守所。在律师会见前一天，犯罪嫌疑人王某家属写了一封书信，要求张律师在会见时转交给王某。律师张某看到书信内容与案件无关，在会见时，直接转交给王某。2019 年 2 月 2 日，某区公安局通过办案得知王某改变口供是因律师张某传递给王某的书信引起，遂向律师协会发出建议书及相关证据材料，某市律师协会对张律师违规会见的行为予以立案调查。某市律师协会经调查认定，张律师确有为被告人王某传递书信的违规行为。2019 年 5 月 7 日，某市律师协会给予张某律师中止会员权利六个月的行业纪律处分。

【问题分析】

犯罪嫌疑人、被告人因被隔离审查，其家属因此产生焦虑不安的心情是可以理解的，辩护律师也应当酌情安抚。当家属提出传递书信要求时，建议辩护律师耐心地、通俗地向其充分释明相关法律规定及法律后果，并就这一问题达成一致意见。辩护律师作为犯罪嫌疑人、被告人以及其家属信赖依靠的人，在提供法律服务的过程中不仅要合法合规，还需要有温情。

《刑事诉讼法》规定律师通信权，是指在押犯罪嫌疑人、被告人与律师之间的通信权，而不是律师作为传递者，可以为犯罪嫌疑人、被告人与第三人之间传递书信，律师不是快递员，而是通信的主体。律师执业规范已明确禁止律师给犯罪嫌疑人、被告人传递书信，其包括犯罪嫌疑人、被告人向外传递书信的行为和第三人向内传递书信给犯罪嫌疑人、被告人的行为。

律师在接受犯罪嫌疑人、被告人家属委托后，家属往往有一种急迫见到犯罪嫌疑人、被告人或了解其具体情况的心理和要求。这时候，家属往往会向辩护律师提出各种各样的请求或要求，比如要求律师传递信件、携带香烟、携带药品、过节时携带礼品等，这些均不在辩护律师的职责范围之内，辩护律师应当明确拒绝，并告知其法律后果，以便获得家属的谅解。

辩护律师一方面须意识到，其辩护职责是提供专业的法律服务，建议将会见内容聚焦于辩护方面的情况；另一方面，辩护律师须充分认识到其在中国特色社会主义法治进程中的重要作用，须充分发挥其在法治建设中的重要职能。

【实务解答】

不论是犯罪嫌疑人、被告人主动通过辩护律师与外界沟通联系，还是犯罪嫌疑人、被告人家属主动通过辩护律师与犯罪嫌疑人、被告人沟通联系，都是被法律、法规所明令禁止的。建议律师在签订委托合同时，明确此类事项不在律师提供的法律服务范围之内，并且明确告知当事人，律师有此类行为，可能导致律师被追究刑事责任。

【法规摘引】

1.《律师执业管理办法》（司法部令第134号，2016年9月18日发布）

第三十九条 律师代理参与诉讼、仲裁或者行政处理活动，应当遵守法庭、仲裁庭纪律和监管场所规定、行政处理规则，不得有下列妨碍、干扰诉讼、仲裁或者行政处理活动正常进行的行为：

（一）会见在押犯罪嫌疑人、被告人时，违反有关规定，携带犯罪嫌疑人、被告人的近亲属或者其他利害关系人会见，将通讯工具提供给在押犯罪嫌疑人、被告人使用，或者传递物品、文件；

……

2.《律师办理刑事案件规范》（中华全国律师协会2017年9月20日发布）

第二十六条 辩护律师会见在押犯罪嫌疑人、被告人应当遵守看守所依法作出的有关规定。未经允许，不得直接向犯罪嫌疑人、被告人传递药品、财物、食物等物品，不得将通讯工具提供给犯罪嫌疑人、被告人使用，不得携犯罪嫌疑人、被告人亲友会见。

辩护律师可以接受犯罪嫌疑人、被告人提交的与辩护有关的书面材料，也可以向犯罪嫌疑人、被告人提供与辩护有关的文件与材料。

3.《律师会见监狱在押罪犯的规定》（司发通〔2017〕124号，2017年11月27日发布）

第十三条 律师会见在押罪犯，应当遵守监狱管理的有关规定，恪守律师执业道德和执业纪律，不得有下列行为：

……

（二）私自为在押罪犯传递书信、钱物；

……

40. 律师可以将通信工具借给在押犯罪嫌疑人、被告人使用吗？

【案例简介】

2018年8月21日，某市律师协会收到某市看守所的函及相关证据材料，反映某律师事务所律师梁某在会见在押犯罪嫌疑人李某时，将自己的手机借给李某使用并与亲属通话。经调查，在会见过程中，因李某称家中老人病重，恳求梁某将手机借给自己使用来联系家人以便家中老人能安心养病，梁某同情李某的处境，将自己的手机借给李某使用约五分钟。经某市律师协会调查认定，梁律师向犯罪嫌疑人提供手机，让李某与家人以微信视频方式进行通话的行为系违规行为。2018年12月29日，某市律师协会给予梁律师中止会员权利六个月的行业纪律处分。

【问题分析】

《宪法》第四十条规定了通信自由是宪法赋予公民的权利，但因国家安全或者追查刑事犯罪的需要，由公安机关或者检察机关依照法律规定的程序对通信进行检查除外。《刑事诉讼法》第三十九条规定，辩护人可以同在押的犯罪嫌疑人、被告人会见和通信。《看守所条例》第二十八条规定，经公安机关批准，在押犯罪嫌疑人、被告人可以与近亲属通信、会见。

为了惩治犯罪，维护社会公平正义，基于刑事诉讼目的，国家法律规定对涉嫌犯罪的在押犯罪嫌疑人、被告人的权利通过一定强制措施进行有限限制，如通信权、会见权，以使得国家侦查、起诉、审判和惩罚的权力得以顺利进行。具体而言，是为了防止在押的犯罪嫌疑人、被告人与他人进行串供、指使他人毁灭、伪造证据的情况发生。惩治犯罪的目的决定了限制或剥夺犯罪嫌疑人、被告人某些权利的必要性。而尊重和保障人权的目的决定了犯罪嫌疑人、辩护人可以委托辩护的权利。

因此，在押犯罪嫌疑人、被告人可以与辩护律师会见通信，但被限制与其他人会见通信。在押犯罪嫌疑人、被告人要求借用通信工具时，辩护律师应向其释明法律规定，告知其该行为是违法的，如果违反规定，律师将受到行业惩戒或被追究刑事责任。

【实务解答】

《律师执业管理办法》与《律师办理刑事案件规范》明确禁止律师将通信工具给犯罪嫌疑人、被告人使用。因此，律师在会见在押犯罪嫌疑人、被告人时，绝对不可以将通信工具借给在押犯罪嫌疑人、被告人使用。

【法规摘引】

1.《看守所条例》（国务院令第 52 号，1990 年 3 月 17 日发布）

第二十八条　人犯在羁押期间，经办案机关同意，并经公安机关批准，可以与近亲属通信、会见。

2.《律师执业管理办法》（司法部令第 134 号，2016 年 9 月 18 日发布）

第三十九条　律师代理参与诉讼、仲裁或者行政处理活动，应当遵守法庭、仲裁庭纪律和监管场所规定、行政处理规则，不得有下列妨碍、干扰诉讼、仲裁或者行政处理活动正常进行的行为：

（一）会见在押犯罪嫌疑人、被告人时，违反有关规定，携带犯罪嫌疑人、被告人的近亲属或者其他利害关系人会见，将通讯工具提供给在押犯罪嫌疑人、被告人使用，或者传递物品、文件；

……

3.《律师办理刑事案件规范》（中华全国律师协会 2017 年 9 月 20 日

发布）

第二十六条 辩护律师会见在押犯罪嫌疑人、被告人应当遵守看守所依法作出的有关规定。未经允许，不得直接向犯罪嫌疑人、被告人传递药品、财物、食物等物品，不得将通讯工具提供给犯罪嫌疑人、被告人使用，不得携犯罪嫌疑人、被告人亲友会见。

辩护律师可以接受犯罪嫌疑人、被告人提交的与辩护有关的书面材料，也可以向犯罪嫌疑人、被告人提供与辩护有关的文件与材料。

4.《律师会见监狱在押罪犯的规定》（司发通〔2017〕124号，2017年11月27日发布）

第十三条 律师会见在押罪犯，应当遵守监狱管理的有关规定，恪守律师执业道德和执业纪律，不得有下列行为：

……

（三）将通讯工具提供给在押罪犯使用；

……

41. 办案机关要求犯罪嫌疑人签署与案件无关文件，辩护律师如何处理？

【案例简介】

2017年5月19日，某派出所以刘某涉嫌集资诈骗罪、聚众斗殴罪、寻衅滋事罪对其采取强制措施，刘某家属收到拘留通知后立即找到某律师事务所的律师王某，请求其担任刘某的辩护律师。王某在办理相关手续后，前往某看守所会见，某看守所以该案需办案机关许可方可会见为由，拒绝安排会见。王律师找到办案机关反映情况，办案机关告知案件重大律师目前会见将有碍侦查，暂时不予会见。事后，王律师在检察院及时行使监督权下，与刘某成功会见。会见过程中，王律师向刘某讲解被采取强制措施期间的权利时，刘某反映其讯问期间不仅签署了讯问笔录，还被要求签署了一些材料，其并不了解材料内容。

【问题分析】

犯罪嫌疑人、被告人因涉嫌某案件被采取强制措施后，这并不意味着犯罪嫌疑人、被告人丧失所有权利。《刑事诉讼法》明确规定，尊重和保障人权，即犯罪嫌疑人、被告人的诉讼权利和其他合法权利是受到法律保护的。犯罪嫌疑人、被告人在涉案期间，依法接受办案机关围绕案件开展的侦查、审查起诉、审判活动。

换言之，办案机关的权力范围应当以案件为限，依照法定程序，收集证实犯罪嫌疑人、被告人有罪或者无罪，犯罪情节轻重的各种证据，而超出案件范围的，属于犯罪嫌疑人、被告人的合法权益范围，办案机关不得任意侵犯。同时，犯罪嫌疑人、被告人在被依法讯问时，办案机关应当制作笔录，笔录应该经犯罪嫌疑人核对无误后签字捺印，犯罪嫌疑人拒绝签字的，应当注明。可推之，签名系犯罪嫌疑人、被告人的权利，并非义务。与案件相关的证据材料，犯罪嫌疑人、被告人有签名的权利和拒绝签名的权利，与案件无关的其他材料，犯罪嫌疑人、被告人当然有签名权和拒绝签名权。辩护律师的职责是维护犯罪嫌疑人、被告人的诉讼权利和其他合法权益。办事机关要求在押的犯罪嫌疑人、被告人签署与案件无关的材料时，犯罪嫌疑人、被告人可以拒绝，律师应当告知这是当事人的权利，且在当事人被迫签署与案件无关文书时，要依法维护当事人的权利。

【实务解答】

在首次会见时，辩护律师需要向犯罪嫌疑人、被告人告知刑事诉讼程序、诉讼权利和义务以及刑事诉讼过程中应注意的法律规定，了解犯罪嫌疑人、被告人被采取强制措施的程序是否合法，手续是否完备，人身权利和诉讼权利是否受到侵犯。当犯罪嫌疑人、被告人的合法权益受到侵犯时，应该及时提供法律帮助，及时有效地保障犯罪嫌疑人、被告人的诉讼权益和其他合法权益。

【法规摘引】

1.《刑事诉讼法》（全国人民代表大会常务委员会 2018 年 10 月 26 日发布）

第三十八条　辩护律师在侦查期间可以为犯罪嫌疑人提供法律帮助；代

理申诉、控告；申请变更强制措施；向侦查机关了解犯罪嫌疑人涉嫌的罪名和案件有关情况，提出意见。

第五十二条 审判人员、检察人员、侦查人员必须依照法定程序，收集能够证实犯罪嫌疑人、被告人有罪或者无罪、犯罪情节轻重的各种证据。严禁刑讯逼供和以威胁、引诱、欺骗以及其他非法方法收集证据，不得强迫任何人证实自己有罪。必须保证一切与案件有关或者了解案情的公民，有客观地充分地提供证据的条件，除特殊情况外，可以吸收他们协助调查。

2.《公安机关办理刑事案件程序规定》（公安部令第159号，2020年7月20日发布）

第八条 公安机关办理刑事案件，应当重证据，重调查研究，不轻信口供。严禁刑讯逼供和以威胁、引诱、欺骗以及其他非法方法收集证据，不得强迫任何人证实自己有罪。

42. 犯罪嫌疑人要求查看案卷，辩护律师如何处理？

【案例简介】

2016年，王某因在山东省青岛市多次贩卖海洛因、冰毒等毒品被警方查获，以涉嫌销售毒品罪被山东省青岛市崂山区看守所刑事拘留，王某委托青岛市某律师事务所陈律师担任其辩护人。陈律师在看守所会见犯罪嫌疑人王某时，王某多次提出要求查看案卷，并提出如果不提供案卷就取消委托，陈律师在会见时通过手机将案卷材料告知王某，王某在得知案件证据材料后故意编造与案件其他证据不符的口供。后王某在公安机关审讯过程中透漏出其辩护人陈律师曾将案卷交与其查看。青岛市崂山区人民检察院以伪造证据罪对陈某提起公诉，在法院查明案件事实后，认为陈律师不具有伪造证据的故意，宣告其无罪。

【问题分析】

第九届全国律协常务理事会第八次会议审议通过了《律师办理刑事案件规范》，根据该规范第三十七条的规定，辩护律师在其所参与的刑事诉讼中所获取的案卷材料，不得向犯罪嫌疑人、被告人的亲友以及其他单位和个人提供。该项规定明确排除犯罪嫌疑人、被告人的亲友以及其他单位和个人的阅卷权资格，却并未明确被告人是否有阅卷权主体资格。该规范第二十六条第二款规定，辩护律师可以向犯罪嫌疑人、被告人提供与辩护有关的文件与材料。

辩护人可以向犯罪嫌疑人核实证据，《关于依法保障律师执业权利的规定》第十条规定："自案件移送审查起诉之日起，辩护律师会见犯罪嫌疑人、被告人，可以向其核实有关证据。"《刑事诉讼法》中也规定了辩护律师自案件移送审查起诉之日起，可以向犯罪嫌疑人、被告人核实有关证据。故根据以上法律法规，辩护律师可以和被告人核实案卷中有关证据的部分材料。

由于法律没有明确被告人是否可以阅卷，实践中引发律师将案卷给被告人阅卷而被提起关于泄露案件信息的诉讼，几乎都未被判定为泄露案件信息罪。值得称赞的是，北京市第三中级人民法院在一定程度上保障被告人的阅卷权，在开庭前，专门押解被告人到法院给予其两个小时的查阅案卷的时间。

【实务解答】

虽然在实务中已有法院通过实践体现了犯罪嫌疑人、被告人的阅卷权，但我国刑诉法和相关司法解释还没有对犯罪嫌疑人、被告人的阅卷权作出相关立法规定，辩护律师如果把案卷提供给犯罪嫌疑人查看，仍具有一定的执业风险。如犯罪嫌疑人表示想查看案卷，辩护人应当审慎处理。

【法规摘引】

1.**《刑事诉讼法》**（全国人民代表大会常务委员会2018年10月26日发布）

第四十条　辩护律师自人民检察院对案件审查起诉之日起，可以查阅、摘抄、复制本案的案卷材料。其他辩护人经人民法院、人民检察院许可，也可以查阅、摘抄、复制上述材料。

2.**《律师办理刑事案件规范》**（中华全国律师协会2017年09月20日发布）

第三十七条第一款　律师参与刑事诉讼获取的案卷材料，不得向犯罪嫌疑人、被告人的亲友以及其他单位和个人提供，不得擅自向媒体或社会公众披露。

43. 犯罪嫌疑人家属要求查看会见笔录，辩护律师如何处理？

【案例简介】

2010年9月20日，龙某等34人组织、领导、参加黑社会性质组织案由北京市人民检察院第一分院向北京市第一中级人民法院提起公诉。9月22日，龙某的家属与北京市某律师事务所签订了刑事案件代理委托协议，指派李某及马某担任龙某的一审辩护人。同年9月24日、9月26日、10月4日，李某在北京市朝阳区看守所前后共会见了龙某三次。在李某会见后，龙某母亲刘某多次向李某要求查看会见笔录，李某因是刘某代犯罪嫌疑人龙某委托的辩护律师而将会见笔录交给刘某查看，刘某在知悉会见笔录内容（包括证据材料）后通过多方关系告知龙某让其检举李某称李某教唆他编造“被刑讯逼供”的虚假口供。后北京市朝阳区人民检察院以犯罪嫌疑人李某涉嫌辩护人伪造证据、妨害作证罪向北京市朝阳区法院提起公诉。一审法院判决李某犯辩护人伪造证据、妨害作证罪，被判处有期徒刑两年六个月。李某提出上诉，二审改判有期徒刑一年六个月。

【问题分析】

犯罪嫌疑人家属出于对犯罪嫌疑人的关心，往往会向律师要求查看会见笔录以了解案件和会见情况，这是许多律师在办理刑事诉讼案件中都会遇到的问题。但辩护律师能否将会见笔录交给犯罪嫌疑人家属查看，答案是否定的。

根据《律师执业管理办法》第三十八条的规定，律师应当依照法定程序履行职责，不得以违反规定披露、散布不公开审理案件的信息、材料，或者本人、其他律师在办案过程中获悉的有关案件重要信息、证据材料的不正当方式影响依法办理案件。但许多辩护律师出于其是由嫌疑人家属委托或家属再三恳求或者其他原因而将会见笔录提供给家属查看，这一行为会使辩护律师违反法律规定的相关保密义务，进而使自身陷入执业风险。

【实务解答】

辩护律师如遇犯罪嫌疑人家属要求查看会见笔录的情况，律师应当将法律规定予以说明，辩护律师不能将律师会见笔录交给家属阅看。辩护律师应根据会见笔录的内容将笔录予以分类，对于不涉及案件信息的内容，如生活方面的情况以及需求，可以向嫌疑人家属予以告知；而对于涉及案件相关信息的内容，辩护律师应当严格履行保密义务，在向嫌疑人家属充分告知法律规定的基础上切实对其在过程中知悉的案件信息保密，不得因嫌疑人家属的要求而向其透露案件的重要信息和证据材料，以防面临执业风险。

【法规摘引】

《律师执业管理办法》（司法部令第134号，2016年9月18日发布）

第三十八条 律师应当依照法定程序履行职责，不得以下列不正当方式影响依法办理案件：

……

（四）违反规定披露、散布不公开审理案件的信息、材料，或者本人、其他律师在办案过程中获悉的有关案件重要信息、证据材料。

第三十九条 律师代理参与诉讼、仲裁或者行政处理活动，应当遵守法庭、仲裁庭纪律和监管场所规定、行政处理规则，不得有下列妨碍、干扰诉讼、仲裁或者行政处理活动正常进行的行为：

（一）会见在押犯罪嫌疑人、被告人时，违反有关规定，携带犯罪嫌疑人、被告人的近亲属或者其他利害关系人会见，将通讯工具提供给在押犯罪嫌疑人、被告人使用，或者传递物品、文件。

……

44. 律师能否向媒体披露会见信息及羁押信息？

【案例简介】

2010年9月，邢某因涉嫌故意杀人罪被内蒙古自治区包头市昆山区看守所刑事拘留，这一案件受到了社会大众和媒体的高度关注，在刘律师接受邢某委托担任其辩护人后，许多媒体记者找到刘律师，采访关于该案件的相关信息。并在刘律师于看守所会见犯罪嫌疑人邢某后，刘律师遭多名记者围追堵截要求告知会见的相关信息，但刘律师始终没有向媒体披露案件有关信息。

【问题分析】

辩护律师接受媒体采访本无可厚非，但辩护律师披露与被告人的谈话记录等案件信息的做法却值得商榷。近年来，在一些媒体关注度较高的刑事案件中，辩护律师向媒体披露大量案件信息的情况屡见不鲜。但律师向媒体披露信息应当谨慎披露，这既是对当事人合法权利和法庭权威的尊重，也是律师职业道德与法律的要求。

《律师法》在2007年修订版规定“律师应当保守在执业活动中知悉的国家秘密、商业秘密，不得泄露当事人的隐私”的基础上，增加了“律师对在执业活动中知悉的委托人和其他人不愿泄露的情况和信息，应当予以保密”的规定。这样的修改显然是加重了律师在执业过程中的保密义务，而进一步限缩了律师向外界披露信息的范围。立法机关之所以用法律的形式规范对律师信息披露的限制，一方面是为了使得当事人在与律师沟通交流中更放心、更信赖，以确保律师与当事人的沟通效果；另一方面也是从保护人格权、名誉权、隐私权等各项人身权利免受侵害的角度出发，有效维护当事人及其他人的合法权利。

在刑事诉讼阅卷权的分配上可以看出，对案件的各种证据材料拥有阅卷权的并非不特定的民众，也不包括新闻媒体，而是限定为案件的诉讼参与人，与案件无关的社会公众是不拥有阅卷权利的。社会公众包括新闻媒体可以旁听审判，是基于公开审判制度而设计的权利，不是法院要将证据内容向社会大众予以公示。在法庭审理结束后，哪些证据材料可以向社会公布，决定权依然在法院。

辩护律师在审理之前将会见信息和羁押信息向媒体披露，这是一方当事人单方面的披露，其中不可避免地带有主观色彩，一旦当事人一方的观点被媒体广为传播，很容易左右舆论的导向，会对案件的客观公正审理及社会效果带来不利的影响。

【实务解答】

辩护律师应当严格履行相关的保密义务，对于法律明确规定的不得向媒体披露的信息，应当保密。在刑事诉讼中，辩护人向媒体披露信息应当慎之又慎，因为不合适的信息披露也会给律师执业行为本身带来一定的风险。其中的风险在于，如何判断哪些信息是无关紧要的，哪些信息则有可能对社会的公共秩序、善良风俗产生负面影响，其道德标准不是律师所能把握与判断的，也不应由律师来判断，而是应该由作为中立的第三方机构的法院来判断。至于披露涉及当事人个人名誉和隐私相关信息的行为，不但与律师职业道德相违背，更为法律所明令禁止。

【法规摘引】

1.《律师办理刑事案件规范》（中华全国律师协会 2017 年 9 月 20 日发布）

第六条　辩护律师对在执业活动中知悉的委托人的有关情况和信息，对任何单位和个人有权予以保密。但是，委托人或者其他人准备或者正在实施危害国家安全、公共安全以及严重危害他人人身安全的犯罪事实和信息除外。

第三十七条　律师参与刑事诉讼获取的案卷材料，不得向犯罪嫌疑人、被告人的亲友以及其他单位和个人提供，不得擅自向媒体或社会公众披露。

辩护律师查阅、摘抄、复制的案卷材料属于国家秘密的，应当经过人民检察院、人民法院同意并遵守国家保密规定。律师不得违反规定，披露、散布案件重要信息和案卷材料，或者将其用于本案辩护、代理以外的其他用途。

第二百五十六条　律师对在执业活动中知悉的委托人和其他人不愿泄露的有关情况和信息，应当予以保密。

2.《律师法》（全国人民代表大会常务委员 2017 年 9 月 1 日发布）

第三十八条　律师应当保守在执业活动中知悉的国家秘密、商业秘密，不得泄露当事人的隐私。

律师对在执业活动中知悉的委托人和其他人不愿泄露的有关情况和信息，应当予以保密。但是，委托人或者其他人准备或者正在实施危害国家安全、公共安全以及严重危害他人人身安全的犯罪事实和信息除外。

45. 会见时，如看守所安排工作人员陪同会见，如何处理?

【案例简介】

2011 年 4 月，宁波市江北区法院组织强制腾退某房屋，在强制腾退房屋过程中，五名村民因涉嫌拒不执行判决、裁定罪被宁波市看守所刑事拘留，犯罪嫌疑人委托律师王某担任其辩护人。王律师在申请会见犯罪嫌疑人后，宁波市江北区公安分局派四名警察陪同王律师会见犯罪嫌疑人，王律师当即表示反对，但江北区公安分局并没有对王律师做出合理解释，也没有撤出四名陪同会见的警察。

【问题分析】

《律师法》规定，辩护律师会见犯罪嫌疑人、被告人时不被监听。之所以不被监听，是因为犯罪嫌疑人没有被最终确定有罪，为了保障控辩平衡，律师会见犯罪嫌疑人不被监听，这既是保障在押犯罪嫌疑人、被告人的权利，也是保障辩护律师的执业权利。《律师会见监狱在押罪犯规定》也规定了，辩护律师会见被立案侦查、起诉、审判的在押罪犯时，不被监听，监狱不得派警察在场。

但在实践中，许多律师在看守所会见当事人时，看守所安排了相关工作人员陪同。这使得会见的全过程处于司法机关的监视之下，看守所安排工作人员陪同会见实质上违反了辩护律师不被监听的规定，损害了辩护律师的合法诉讼权利。

【实务解答】

辩护律师在会见当事人时，如果发现有看守所工作人员在场的情况，应当区别对待，若为保证会见律师或犯罪嫌疑人、被告人的人身安全，建议应当允许看守所工作人员在场，若在场看守所工作人员涉嫌监督、监听律师会见过程，则辩护律师可以暂停会见，并向其所执业的律师事务所所在地的市级司法行政机关以及其所属的律师协会申请维护其合法的会见权。如果遇紧急情况，可以向事发地（看守所所在地）的司法行政机关、律师协会申请维护其会见权。辩护人还有权向同级或上一级人民检察院申诉或控告看守所及其工作人员阻碍其依法行使诉讼权利。

【法规摘引】

1.《律师法》(全国人民代表大会常务委员 2017 年 9 月 1 日发布)

第三十三条 律师担任辩护人的，有权持律师执业证书、律师事务所证明和委托书或者法律援助公函，依照刑事诉讼法的规定会见在押或者被监视居住的犯罪嫌疑人、被告人。辩护律师会见犯罪嫌疑人、被告人时不被监听。

2.《律师会见监狱在押罪犯规定》(司发通〔2017〕124 号，2017 年 11 月 27 日发布)

第十一条 律师会见在押罪犯时，监狱可以根据案件情况和工作需要决定是否派警察在场。

辩护律师会见被立案侦查、起诉、审判的在押罪犯时，不被监听，监狱不得派警察在场。

3.《关于依法保障律师执业权利的规定》(司发〔2015〕14 号，最高人民法院、最高人民检察院、公安部、国家安全部、司法部 2015 年 9 月 16 日印发)

第四十四条第一款 律师认为办案机关及其工作人员阻碍其依法行使执业权利的，可以向其所执业律师事务所所在地的市级司法行政机关、所属的律师协会申请维护执业权利。情况紧急的，可以向事发地的司法行政机关、律师协会申请维护执业权利。事发地的司法行政机关、律师协会应当给予协助。

46. 律师在办理认罪认罚案件时应当注意哪些事项?

【案例简介】

李某因涉嫌寻衅滋事、诈骗、虚假诉讼等被某公安局刑事拘留，后被逮捕。在审查起诉阶段，经辩护律师和检察官解释认罪认罚的法律规定后，李某为获得从轻处罚，自愿同意在审查起诉阶段签署认罪认罚具结书，并且在法院开庭审理期间表示认罪认罚。但是法院判决后，李某认为法院量刑过重，没有获得自己期望相对较轻的刑罚，遂提出上诉。

【问题分析】

认罪认罚从宽制度是2018年《刑事诉讼法》修改时正式确立的一项诉讼制度，是全面贯彻宽严相济刑事政策的重要举措，坚持罪责刑相适应原则。办理认罪认罚案件，既要考虑体现认罪认罚从宽，又要考虑犯罪嫌疑人、被告人所犯罪行的轻重、应负刑事责任和人身危险性的大小，依照法律规定提出量刑建议，准确裁量刑罚，确保罚当其罪。认罪认罚从宽制度中的“认罪”是指犯罪嫌疑人、被告人自愿如实供述自己的罪行，对指控的犯罪事实没有异议。认罪认罚从宽制度中的“认罚”是指犯罪嫌疑人、被告人真诚悔罪，愿意接受处罚。“认罚”在侦查阶段表现为表示愿意接受处罚；在审查起诉阶段表现为接受人民检察院拟作出的起诉或不起诉决定，认可人民检察院的量刑建议，签署认罪认罚具结书；在审判阶段表现为当庭确认自愿签署具结书，愿意接受刑罚处罚。“从宽处理”既包括实体上从宽处罚，也包括程序上从简处理。“可以从宽”是指一般应当体现法律规定和政策精神，予以从宽处理。但可以从宽不是一律从宽，对犯罪性质和危害后果特别严重、犯罪手段特别残忍、社会影响特别恶劣的犯罪犯罪嫌疑人、被告人，认罪认罚不足以从轻处罚的，依法不予从宽处罚。在刑罚评价上，主动认罪优于被动认罪，早认罪优于晚认罪，彻底认罪优于不彻底认罪，稳定认罪优于不稳定认罪。认罪认罚的从宽幅度一般应当大于仅有坦白，或者虽认罪但不认罚的从宽幅度。对犯罪嫌疑人、被告人具有自首、坦白情节，同时认罪认罚的，应当在法定刑幅度内给予相对更大的从宽幅度。认罪认罚与自首、坦白不做重复评价。

【实务解答】

在司法实践中，无论是公安机关还是检察机关在办理认罪认罚案件时，都要求辩护律师在场，并且在认罪认罚具结书签字确认，犯罪嫌疑人、被告人自愿在认罪认罚具结书签字。基于认罪认罚具结书需要辩护律师签字确认，在办理认罪认罚案件时，辩护律师应当全面详细地向犯罪嫌疑人、被告人解释法律规定，如实告知案件事实证据是否确实充分，证据是否形成完整证据链条，以及认罪认罚的法律后果，并形成书面笔录。如犯罪嫌疑人、被告人签署认罪认罚具结书，在法庭审理时，否认犯罪事实或主要事实，则认罪认罚不再做从宽处罚依据。再如，被告人当庭认罪认罚，一审判决后，若被告人认为量刑过重，提出上诉，一般情况下，检察机关一定提出抗诉，二审法院不再认定认罪认罚从宽处罚情节。因此，辩护律师在会见犯罪嫌疑人、被告人时，一定要讲清法律规定及证据所认定的犯罪事实，由犯罪嫌疑人、被告人自行决定是否签署认罪认罚具结书，辩护律师不能代替犯罪嫌疑人、被告人做出任何决定，否则将给辩护律师带来执业风险。辩护律师在办理认罪认罚案件时，应当制作谈话笔录，如实记录犯罪嫌疑人、被告人签署认罪认罚具结书全过程。

【法规摘引】

《刑事诉讼法》（全国人民代表大会常务委员会2018年10月26日发布）

第三十七条　辩护人的责任是根据事实和法律，提出犯罪嫌疑人、被告人无罪、罪轻或者减轻、免除其刑事责任的材料和意见，维护犯罪嫌疑人、被告人的诉讼权利和其他合法权益。

第一百二十条第二款　侦查人员在讯问犯罪嫌疑人的时候，应当告知犯罪嫌疑人享有的诉讼权利，如实供述自己罪行可以从宽处理和认罪认罚的法律规定。

第一百七十三条　人民检察院审查案件，应当讯问犯罪嫌疑人，听取辩护人或者值班律师、被害人及其诉讼代理人的意见，并记录在案。辩护人或者值班律师、被害人及其诉讼代理人提出书面意见的，应当附卷。

犯罪嫌疑人认罪认罚的，人民检察院应当告知其享有的诉讼权利和认罪认罚的法律规定，听取犯罪嫌疑人、辩护人或者值班律师、被害人及其诉讼代理人对下列事项的意见，并记录在案：

（一）涉嫌的犯罪事实、罪名及适用的法律规定；

（二）从轻、减轻或者免除处罚等从宽处罚的建议；

（三）认罪认罚后案件审理适用的程序；

（四）其他需要听取意见的事项。

人民检察院依照前两款规定听取值班律师意见的，应当提前为值班律师了解案件有关情况提供必要的便利。

第一百七十四条 犯罪嫌疑人自愿认罪，同意量刑建议和程序适用的，应当在辩护人或者值班律师在场的情况下签署认罪认罚具结书。

犯罪嫌疑人认罪认罚，有下列情形之一的，不需要签署认罪认罚具结书：

（一）犯罪嫌疑人是盲、聋、哑人，或者是尚未完全丧失辨认或者控制自己行为能力的精神病人的；

（二）未成年犯罪嫌疑人的法定代理人、辩护人对未成年人认罪认罚有异议的；

（三）其他不需要签署认罪认罚具结书的情形。

47. 值班律师办理认罪认罚案件时，应当防范哪些执业风险？

【案例简介】

某律师事务所刘律师受法律援助中心指派，经常在看守所、检察院值班，为没有委托辩护律师的犯罪嫌疑人、被告人提供法律帮助，经常办理犯罪嫌疑人认罪认罚案件，配合公安机关、检察机关签署犯罪嫌疑人认罪认罚具结书。由于值班律师不是犯罪嫌疑人、被告人的辩护律师，那么，在办理认罪认罚案件时，有哪些执业风险呢？又应当如何防范？

【问题分析】

认罪认罚从宽制度，是2018年刑事诉讼法修改时正式确立的一项诉讼制度。认罪认罚从宽制度中的“认罪”，是指犯罪嫌疑人、被告人自愿如实供述自己的罪行，对指控的犯罪事实没有异议。“认罚”是指犯罪嫌疑人、被告人真诚悔罪，愿意接受处罚。“认罚”在侦查阶段表现为表示愿意接受处罚；在审查起诉阶段表现为接受人民检察院拟作出的起诉或不起诉决定，认可人民检察院的量刑建议，签署认罪认罚具结书；在审判阶段表现为当庭确认自愿签署具结书，愿意接受刑罚处罚。“从宽处理”既包括实体上从宽处罚，也包括程序上从简处理。“可以从宽”不是一律从宽，对犯罪性质和危害后果特别严重、犯罪手段特别残忍、社会影响特别恶劣的犯罪犯罪嫌疑人、被告人，认罪认罚不足以从轻处罚的，依法不予从宽处罚。同时，认罪认罚案件，在证据标准上，仍然坚持以事实为依据，以法律为准绳，坚持证据裁判，贯彻法定证明标准。这一点充分说明，在没有证据证明犯罪嫌疑人、被告人有犯罪事实的前提下，即使犯罪嫌疑人、被告人认罪认罚，也不能处以刑罚。因此，值班律师在办理认罪认罚案件时，也应当充分了解指控事实的证据证明事实情况。

【实务解答】

在司法实践中，值班律师更多是在配合公安、检察院办案人员办理犯罪嫌疑人签署认罪认罚具结书，并在具结书上签字。值班律师签字主要是证明犯罪嫌疑人在认罪认罚具结书签字是本人自愿签署，不存在任何胁迫、被动签字情形。虽然如此，但因值班律师实质是以犯罪嫌疑人辩护人的身份参与认罪认罚案件，若值班律师不能够充分保障犯罪嫌疑人的合法权益，则可能给值班律师带来执业风险。建议：

1. 值班律师须明确告知犯罪嫌疑人、被告人认罪认罚从宽制度的法律规定及签署认罪认罚具结书的法律风险。

2. 询问犯罪嫌疑人对指控犯罪事实是否有异议，是否自愿认罪，是否清楚认罪的法律后果。

3. 值班律师办理认罪认罚案件一定要制作与犯罪嫌疑人谈话笔录，如实记录谈话内容并要求犯罪嫌疑人阅读和签字确认。

【法规摘引】

1.《刑事诉讼法》（全国人民代表大会常务委员会 2018 年 10 月 26 日发布）

第三十六条　法律援助机构可以在人民法院、看守所等场所派驻值班律师。犯罪嫌疑人、被告人没有委托辩护人，法律援助机构没有指派律师为其提供辩护的，由值班律师为犯罪嫌疑人、被告人提供法律咨询、程序选择建议、申请变更强制措施、对案件处理提出意见等法律帮助。

人民法院、人民检察院、看守所应当告知犯罪嫌疑人、被告人有权约见值班律师，并为犯罪嫌疑人、被告人约见值班律师提供便利。

第三十七条　辩护人的责任是根据事实和法律，提出犯罪嫌疑人、被告人无罪、罪轻或者减轻、免除其刑事责任的材料和意见，维护犯罪嫌疑人、被告人的诉讼权利和其他合法权益。

第一百二十条第二款 侦查人员在讯问犯罪嫌疑人的时候，应当告知犯罪嫌疑人享有的诉讼权利，如实供述自己罪行可以从宽处理和认罪认罚的法律规定。

第一百七十三条 人民检察院审查案件，应当讯问犯罪嫌疑人，听取辩护人或者值班律师、被害人及其诉讼代理人的意见，并记录在案。辩护人或者值班律师、被害人及其诉讼代理人提出书面意见的，应当附卷。

犯罪嫌疑人认罪认罚的，人民检察院应当告知其享有的诉讼权利和认罪认罚的法律规定，听取犯罪嫌疑人、辩护人或者值班律师、被害人及其诉讼代理人对下列事项的意见，并记录在案：

（一）涉嫌的犯罪事实、罪名及适用的法律规定；

（二）从轻、减轻或者免除处罚等从宽处罚的建议；

（三）认罪认罚后案件审理适用的程序；

（四）其他需要听取意见的事项。

人民检察院依照前两款规定听取值班律师意见的，应当提前为值班律师了解案件有关情况提供必要的便利。

第一百七十四条 犯罪嫌疑人自愿认罪，同意量刑建议和程序适用的，应当在辩护人或者值班律师在场的情况下签署认罪认罚具结书。

犯罪嫌疑人认罪认罚，有下列情形之一的，不需要签署认罪认罚具结书：

（一）犯罪嫌疑人是盲、聋、哑人，或者是尚未完全丧失辨认或者控制自己行为能力的精神病人的；

（二）未成年犯罪嫌疑人的法定代理人、辩护人对未成年人认罪认罚有异议的；

（三）其他不需要签署认罪认罚具结书的情形。

2.《关于适用认罪认罚从宽制度的指导意见》（最高人民法院、最高人民检察院、公安部、国家安全部、司法部 2019 年 10 月 11 日发布）

12. 值班律师的职责。值班律师应当维护犯罪嫌疑人、被告人的合法权益，确保犯罪嫌疑人、被告人在充分了解认罪认罚性质和法律后果的情况下，自愿认罪认罚。值班律师应当为认罪认罚的犯罪嫌疑人、被告人提供下列法律帮助：

（一）提供法律咨询，包括告知涉嫌或指控的罪名、相关法律规定，认罪认罚的性质和法律后果等；

（二）提出程序适用的建议；

（三）帮助申请变更强制措施；

（四）对人民检察院认定罪名、量刑建议提出意见；

（五）就案件处理，向人民法院、人民检察院、公安机关提出意见；

（六）引导、帮助犯罪嫌疑人、被告人及其近亲属申请法律援助；

（七）法律法规规定的其他事项。

值班律师可以会见犯罪嫌疑人、被告人，看守所应当为值班律师会见提供便利。危害国家安全犯罪、恐怖活动犯罪案件，侦查期间值班律师会见在押犯罪嫌疑人的，应当经侦查机关许可。自人民检察院对案件审查起诉之日起，值班律师可以查阅案卷材料、了解案情。人民法院、人民检察院应当为值班律师查阅案卷材料提供便利。

值班律师提供法律咨询、查阅案卷材料、会见犯罪嫌疑人或者被告人、提出书面意见等法律帮助活动的相关情况应当记录在案，并随案移送。

48. 法律援助律师办理认罪认罚案件如何防范执业风险？

【案例简介】

2019 年 3 月 10 日，贾某因涉嫌非法吸收公众存款罪被某市公安局刑事拘留，4 月 10 日被执行逮捕，6 月 9 日被移送检察机关。因其没有委托辩护人，经该市法律援助中心指派，某律师事务所杨律师担任其辩护人。杨律师通过会见了解到案件事实基本清楚，通过阅卷认为贾某非法吸收公众存款行为事实清楚，证据确实充分。审查起诉前，办案检察官提出对贾某做认罪认罚，并请法律援助律师配合办理认罪认罚程序。在看守所办理签署认罪认罚具结书时，检察官询问贾某是否自愿认罪、是否同意签署认罪认罚具结书，贾某表示愿意认罪并在认罪认罚具结书上签字，随后杨律师也在认罪认罚具结书上签字。

【问题分析】

认罪认罚从宽制度是一项诉讼制度，是全面贯彻宽严相济刑事政策的重要举措。法律援助中心指定的辩护人，实质上与当事人委托的辩护人具有相同性质和地位，二者的辩护职责完全一样，没有任何区别。因此，法律援助中心指定的律师担任辩护人在履行辩护职责过程中，应当完全依据委托辩护人职责，完全指定辩护任务，不能因是法律援助律师而放松自己的工作。

【实务解答】

司法实践中，在每个诉讼阶段，部分看守所要求法律援助律师只能会见一次在押犯罪嫌疑人、被告人，这给法律援助律师提出更高专业素质的要求。因此，法律援助律师在会见犯罪嫌疑人、被告人时，除询问案件事实，核实证据外，还要告知认罪认罚从宽制度的法律规定、签署认罪认罚具结书的法律风险、法律后果，结合案件证据及基本事实，让犯罪嫌疑人、被告人自己做出判断。律师还应当告知犯罪嫌疑人、被告人，律师在认罪认罚具结书签字，仅仅是证明犯罪嫌疑人、被告人是否自愿在认罪认罚具结书上签字。

【法规摘引】

《刑事诉讼法》（全国人民代表大会常务委员会2018年10月26日发布）

第三十五条　犯罪嫌疑人、被告人因经济困难或者其他原因没有委托辩护人的，本人及其近亲属可以向法律援助机构提出申请。对符合法律援助条件的，法律援助机构应当指派律师为其提供辩护。

犯罪嫌疑人、被告人是盲、聋、哑人，或者是尚未完全丧失辨认或者控制自己行为能力的精神病人，没有委托辩护人的，人民法院、人民检察院和公安机关应当通知法律援助机构指派律师为其提供辩护。

犯罪嫌疑人、被告人可能被判处无期徒刑、死刑，没有委托辩护人的，人民法院、人民检察院和公安机关应当通知法律援助机构指派律师为其提供辩护。

第三十七条　辩护人的责任是根据事实和法律，提出犯罪嫌疑人、被告人无罪、罪轻或者减轻、免除其刑事责任的材料和意见，维护犯罪嫌疑人、被告人的诉讼权利和其他合法权益。

第一百二十条第二款　侦查人员在讯问犯罪嫌疑人的时候，应当告知犯罪嫌疑人享有的诉讼权利，如实供述自己罪行可以从宽处理和认罪认罚的法律规定。

第一百七十三条　人民检察院审查案件，应当讯问犯罪嫌疑人，听取辩护人或者值班律师、被害人及其诉讼代理人的意见，并记录在案。辩护人或者值班律师、被害人及其诉讼代理人提出书面意见的，应当附卷。

犯罪嫌疑人认罪认罚的，人民检察院应当告知其享有的诉讼权利和认罪认罚的法律规定，听取犯罪嫌疑人、辩护人或者值班律师、被害人及其诉讼代理人对下列事项的意见，并记录在案：

（一）涉嫌的犯罪事实、罪名及适用的法律规定；

（二）从轻、减轻或者免除处罚等从宽处罚的建议；

（三）认罪认罚后案件审理适用的程序；

（四）其他需要听取意见的事项。

人民检察院依照前两款规定听取值班律师意见的，应当提前为值班律师了解案件有关情况提供必要的便利。

第一百七十四条　犯罪嫌疑人自愿认罪，同意量刑建议和程序适用的，应当在辩护人或者值班律师在场的情况下签署认罪认罚具结书。

犯罪嫌疑人认罪认罚，有下列情形之一的，不需要签署认罪认罚具结书：

（一）犯罪嫌疑人是盲、聋、哑人，或者是尚未完全丧失辨认或者控制自己行为能力的精神病人的；

（二）未成年犯罪嫌疑人的法定代理人、辩护人对未成年人认罪认罚有异议的；

（三）其他不需要签署认罪认罚具结书的情形。

第三部分　公安侦查阶段

49. 律师能否接受被害人委托报案?

【案例简介】

被害人王某发现家中门锁被换、财物被盗，遂报警。警方认为其与他人存在民间借贷关系，第三人在换锁、搬东西前已取得房本，且没有占有财物的故意（搬东西时有录像，物品存放于附近租赁房屋），故未予立案，也未出具不予立案书面通知。王某咨询律师，律师分析后认为其可能涉嫌被“套路贷”，帮其分析、整理材料，并陪同其去公安机关报案。公安机关对被害人进行询问登记，由被害人签字确认。

【问题分析】

虽然被害人依法有报案、控告、举报的权利，但刑事侦查权本质上属公权力，其启动与否不在于被害人的意志，从某种意义上讲，被害人的角色只是提供案件事实。

现实中被害人发现权利受到侵害后，对于案情比较简单清晰的自然犯案件，一般会第一时间自行报案，但对一些案件事实及法律关系复杂，尤其是涉及刑民交叉、案件性质争议较大的案件，被害人往往难以自行完成报案或控告，因而客观上还是存在较强的法律服务需求。由此产生了律师在侦查阶段能否为被害人提供法律服务的问题。

《刑事诉讼法》第四十六条规定：“公诉案件的被害人及其法定代理人或者近亲属，附带民事诉讼的当事人及其法定代理人，自案件移送审查起诉之日起，有权委托诉讼代理人。自诉案件的自诉人及其法定代理人，附带民事诉讼的当事人及其法定代理人，有权随时委托诉讼代理人。”可见，在公诉案件的侦查阶段，被害人没有委托诉讼代理人的权利，律师也自然不能以诉讼代理人的身份介入程序，但并不意味着律师就不能提供任何法律服务。律师虽不具有独立的诉讼地位，不能以诉讼代理人的身份介入公诉案件侦查程序，但依据《律师法》的相关规定，律师仍然可以根据被害人的需求，为被害人提供法律咨询、代书等法律服务。而在自诉案件中，根据《刑事诉讼法》的相关规定，被害人可以随时委托诉讼代理人，但由于自诉案件实际不存在实质意义上的公权力侦查阶段，律师实际是作为诉讼代理人调取证据、形成自诉材料后直接向人民法院提起刑事自诉，也不存在代为报案的问题。

【实务解答】

在公诉案件的侦查阶段，律师不能以诉讼代理人的身份介入侦查程序。但律师可以接受被害人的委托，提供法律咨询、代书等法律服务。在自诉案件中，律师可以随时接受被害人的委托，进行相应的调查取证、提起自诉的工作。但无论是公诉还是自诉案件，律师在提供咨询、代书或代理服务时，一定要忠于事实、忠于法律，不要伪造证据，不得诬告。

【法规摘引】

1.《律师法》（全国人民代表大会常务委员会2017年9月1日发布）

第二十八条 律师可以从事下列业务：

……

（三）接受刑事案件犯罪嫌疑人、被告人的委托或者依法接受法律援助机构的指派，担任辩护人，接受自诉案件自诉人、公诉案件被害人或者其近亲属的委托，担任代理人，参加诉讼；

……

（七）解答有关法律的询问、代写诉讼文书和有关法律事务的其他文书。

2.《刑事诉讼法》（全国人民代表大会常务委员会2018年10月26日发布）

第四十六条 公诉案件的被害人及其法定代理人或者近亲属，附带民事诉讼的当事人及其法定代理人，自案件移送审查起诉之日起，有权委托诉讼代理人。自诉案件的自诉人及其法定代理人，附带民事诉讼的当事人及其法定代理人，有权随时委托诉讼代理人。

3.《律师办理刑事案件规范》（中华全国律师协会2017年9月20日印发）

第八条 律师参与刑事诉讼，可以从事下列业务：

……

（三）接受公诉案件的被害人、其法定代理人或者近亲属的委托，接受自诉案件的自诉人、其法定代理人的委托，接受刑事附带民事诉讼的当事人、其法定代理人的委托，担任诉讼代理人；

……

（九）其他刑事诉讼活动中的相关业务。

第一百三十六条 律师可以接受公诉案件被害人、已死亡被害人的近亲属、无行为能力或限制行为能力被害人的法定代理人的委托，担任刑事案件的诉讼代理人。

律师可以担任刑事附带民事诉讼案件原告人或被告人的诉讼代理人。

50. 公安机关不予立案且拒绝出具不予立案通知，如何处理？

【案例简介】

被害人李某因生活琐事与张某发生口角，被张某打伤，经鉴定构成轻微伤。李某到公安机关报案，公安机关认为不属于刑事案件，建议李某自行和解或向法院起诉，因此不予立案，也不给李某出具不予立案通知书。李某坚持追究张某刑事责任，向法院提起自诉，法院要求李某提供公安机关不予立案的通知。后经法院立案部门与公安机关沟通，公安机关给李某出具了不予立案通知书。

【问题分析】

刑事案件的来源主要包括公民报案、举报、被害人及其法定代理人、近亲属控告、行政执法机关移送、办案单位自己发现等。而对于案件是否涉嫌犯罪，是否应当立案侦查，报案人、举报人、控告人、行政执法机关等可能会与公安机关存有不同认识，有时会出现公安机关审查后不予立案的情况。那么，对于被害人及其法定代理人、近亲属控告的案件，因其切实关系到控告人的人身、财产权益，控告人往往会对公安机关不予立案决定存有异议，甚至会依法向上一级办案机关申请复议，或向检察机关申请立案监督，又或者直接向法院提起自诉。但司法实践中，不论是申请复议、立案监督，还是提起自诉，有关机关往往会要求控告人出具公安机关不予立案通知书。但有时公安机关为了规避自身风险，会拒绝向控告人出具不予立案通知书，往往给控告人带来很多不便。

针对上述问题，《刑事诉讼法》有明确规定，公检法机关对于报案或控告材料审查后认为不构成犯罪或可以不追究刑事责任的，可以不予立案，但应将不予立案的原因告知控告人。《公安机关办理刑事案件程序规定》也规定，对有控告人的案件，决定不予立案的，公安机关应当制作不予立案通知书，并在三日以内送达控告人。

因此，遇到公安机关不立案且拒绝出具不予立案通知书的，律师应指导当事人依法维护自身权益。

【实务解答】

遇到公安机关对控告人的报案不予立案且拒绝出具不予立案通知书的情况，律师应指导当事人依法维护自身权益。可以就报案过程形成书面材料，并在材料中明确提出请公安机关依法出具不予立案通知书的请求，递交给公安机关，争取用法律说服公安机关立案或依法出具不予立案通知书。如果公安机关仍拒绝出具的，可以将上述书面材料邮寄至不予立案的机关，留存邮寄证明，以备今后提出申诉、立案监督或提起刑事自诉使用。

【法规摘引】

1.《刑事诉讼法》（全国人民代表大会常务委员会 2018 年 10 月 26 日发布）

第一百一十二条 人民法院、人民检察院或者公安机关对于报案、控告、举报和自首的材料，应当按照管辖范围，迅速进行审查，认为有犯罪事实需要追究刑事责任的时候，应当立案；认为没有犯罪事实，或者犯罪事实显著轻微，不需要追究刑事责任的时候，不予立案，并且将不立案的原因通知控告人。控告人如果不服，可以申请复议。

第一百一十三条 人民检察院认为公安机关对应当立案侦查的案件而不立案侦查的，或者被害人认为公安机关对应当立案侦查的案件而不立案侦查，向人民检察院提出的，人民检察院应当要求公安机关说明不立案的理由。人民检察院认为公安机关不立案理由不能成立的，应当通知公安机关立案，公安机关接到通知后应当立案。

2.《公安机关办理刑事案件程序规定》（公安部令第 159 号，2020 年 1 月 1 日发布）

第一百七十八条　公安机关接受案件后，经审查，认为有犯罪事实需要追究刑事责任，且属于自己管辖的，经县级以上公安机关负责人批准，予以立案；认为没有犯罪事实，或者犯罪事实显著轻微不需要追究刑事责任，或者具有其他依法不追究刑事责任情形的，经县级以上公安机关负责人批准，不予立案。

对有控告人的案件，决定不予立案的，公安机关应当制作不予立案通知书，并在三日以内送达控告人。

决定不予立案后又发现新的事实或者证据，或者发现原认定事实错误，需要追究刑事责任的，应当及时立案处理。

3.《人民检察院刑事诉讼规则》（高检发释字〔2019〕4号，最高人民检察院2019年12月30日发布）

第五百五十七条第一款　被害人及其法定代理人、近亲属或者行政执法机关，认为公安机关对其控告或者移送的案件应当立案侦查而不立案侦查，或者当事人认为公安机关不应当立案而立案，向人民检察院提出的，人民检察院应当受理并进行审查。

第二款　人民检察院发现公安机关可能存在应当立案侦查而不立案侦查情形的，应当依法进行审查。

第五百六十一条　公安机关说明不立案或者立案的理由后，人民检察院应当进行审查。认为公安机关不立案或者立案理由不能成立的，经检察长决定，应当通知公安机关立案或者撤销案件。

人民检察院认为公安机关不立案或者立案理由成立的，应当在十日以内将不立案或者立案的依据和理由告知被害人及其法定代理人、近亲属或者行政执法机关。

51. 办案单位收到材料不给出具回执，如何处理？

【案例简介】

李某公司与乙公司签订一份施工合同，向乙公司交纳保证金X万元，乙公司向李某公司出具保证金收据。后李某公司发现施工工程为乙公司经理丙虚构，款项已被丙全部转移，遂委托律师向公安机关报案。公安机关要求李某公司提交合同、收据及银行汇款单原件。律师提交材料后，要求公安机关出具回执，公安机关拒绝出具。

【问题分析】

律师代理当事人进行控告立案，需要向受案机关提交证明案件事实及被告人涉嫌犯罪的证据材料。律师进行辩护工作，有时也需要向办案机关提交自行调取的证明被告人无罪或罪轻的证据材料。办案人员为核实证据的真实性，都会要求律师提供证据原件。而这些证据材料，尤其是交易合同、发票收据、银行凭证等原件，又往往是单一证据，一旦丢失或灭失，就无法或难以补救。因此，律师在向办案机关提交证据原件时，一定要注意向受案机关索要“收到证据原件”的收据回执。收据回执是能够证明律师尽职工作的证明，更重要的是，它能够证明材料原件的去向，避免因材料灭失而导致律师代理纠纷，减免律师被投诉的风险。但是，实践中，有些办案机关收了律师提交的材料却拒不出具收据回执。

《刑事诉讼法》等法律对办案机关调取证据做出了明确的程序规定，但对于办案机关收取律师或当事人的材料后是否需要出具回执，没有明确规定。为保障律师执业权利，两高三部《关于保障律师执业权利的规定》明确规定：办案单位对于辩护律师提交的与案件有关的材料应当附卷，并出具回执。笔者认为，此条规定也应该适用于参与刑事诉讼的代理律师，即办案机关对代理律师提交的材料也应当出具回执。

【实务解答】

律师向办案单位提交与案件有关的材料，应尽量提交复印件，原件可以带去请办案单位核实。如果办案单位坚持要求律师提交原件的，律师应注意保存好提交材料的复印件，并应当根据两高三部的规定，要求办案人员出具接收材料回执，依次详细列明提交材料的名称。办案单位拒不出具回执的，律师应当对相关风险进行评估，不是必须提交原件的，应坚持提交复印件。如果经评估后认为应当提交原件的，最好请当事人或家属在场，并争得当事人或家属同意后再提交，并采取录像等形式来证明提交证据原件的事实。

【法规摘引】

1.《刑事诉讼法》（全国人民代表大会常务委员会 2018 年 10 月 26 日发布）

第五十二条　审判人员、检察人员、侦查人员必须依照法定程序，收集能够证实犯罪嫌疑人、被告人有罪或者无罪、犯罪情节轻重的各种证据。严禁刑讯逼供和以威胁、引诱、欺骗以及其他非法方法收集证据，不得强迫任何人证实自己有罪。必须保证一切与案件有关或者了解案情的公民，有客观地充分地提供证据的条件，除特殊情况外，可以吸收他们协助调查。

2.《公安机关办理刑事案件程序规定》（公安部令第 159 号，2020 年 9 月 1 日发布）

第六十条　公安机关必须依照法定程序，收集、调取能够证实犯罪嫌疑人有罪或者无罪、犯罪情节轻重的各种证据。必须保证一切与案件有关或者了解案情的公民，有客观地充分地提供证据的条件，除特殊情况外，可以吸收他们协助调查。

第六十二条　公安机关向有关单位和个人调取证据，应当经办案部门负责人批准，开具调取证据通知书，明确调取的证据和提供时限。被调取单位及其经办人、持有证据的个人应当在通知书上盖章或者签名，拒绝盖章或者签名的，公安机关应当注明。必要时，应当采用录音或者录像等方式固定证据内容及取证过程。

3.《关于依法保障律师执业权利的规定》（司发〔2015〕14 号，最高人民法院、最高人民检察院、公安部、国家安全部、司法部 2015 年 9 月 16 日印发）

第十五条　辩护律师提交与案件有关材料的，办案机关应当在工作时间和办公场所予以接待，当面了解辩护律师提交材料的目的、材料的来源和主要内容等有关情况并记录在案，与相关材料一并附卷，并出具回执。辩护律师应当提交原件，提交原件确有困难的，经办案机关准许，也可以提交复印件，经与原件核对无误后由辩护律师签名确认。辩护律师通过服务平台网上提交相关材料的，办案机关应当在网上出具回执。辩护律师应当及时向办案机关提供原件核对，并签名确认。

52. 律师掌握的哪些材料应及时提交办案机关?

【案例简介】

嫌疑人李某15岁时盗窃吴某1万元，多年后因其他案件被公安机关抓获，供述并承认了该起盗窃事实。户籍信息显示李某当时已满16周岁。辩护人接受委托后了解到李某实际年龄小于户籍年龄，当时未满16周岁。后律师将证明李某实际年龄的证明材料及时提交公安机关，公安机关经查实后，对李某依法予以释放，并以李某不具有刑事责任能力为由撤销了案件。

【问题分析】

从权力、人力、财力、物力等举证能力角度看，辩方处于天然的弱势地位。从嫌疑人的角度看，面对侦查机关，存在部分不敢辩解、辩解被忽视、不予采纳的情形。从实践角度看，存在辩方证人被侦查机关约谈后改变证词的案例。所以，实践中部分辩护人会采取将自己掌握的当事人无罪或罪轻的证据留至审查起诉或审判阶段提出，以避开侦查机关的辩护策略。但实际上，对于很多能够确定地证明当事人不应承担刑事责任的证据，例如未达到刑事责任年龄的证据等，只要提交给办案机关，经查证属实就可以达到相应的辩护效果，且刑事诉讼法也有相关的规定。因此，辩护律师应对相关的证据进行分析甄别，对于此类争议不大、且能够直接证明当事人不应承担刑事责任的证据，还是应及时提交，最大限度地维护当事人的合法权益。

【实务解答】

刑事诉讼法规定辩护人收集的有关犯罪嫌疑人不在犯罪现场、未达到刑事责任年龄、属于依法不负刑事责任的精神病人的证据，应当及时告知公安机关、人民检察院。辩护人收集的这三类证据应及时提交办案机关，这不仅是辩护人的义务，某种程度上也是辩护人的权利，因为提交后侦查机关、检察机关依法负有及时审查的义务。这三类证据直接关系到罪与非罪，是否承担刑事责任的根本性问题，在这类问题上辩护策略应服务于辩护目的。如能提前终止诉讼进程、解除强制措施，在最大化地维护嫌疑人合法权益的同时，也客观上降低了司法机关将来纠错的阻力和成本。

【法规摘引】

1.《刑事诉讼法》（全国人民代表大会常务委员会 2018 年 10 月 26 日发布）

第四十二条　辩护人收集的有关犯罪嫌疑人不在犯罪现场、未达到刑事责任年龄、属于依法不负刑事责任的精神病人的证据，应当及时告知公安机关、人民检察院。

2.《公安机关办理刑事案件程序规定》（公安部令第 159 号，2020 年 9 月 1 日发布）

第五十八条第二款　对辩护律师收集的犯罪嫌疑人不在犯罪现场、未达到刑事责任年龄、属于依法不负刑事责任的精神病人的证据，公安机关应当进行核实并将有关情况记录在案，有关证据应当附卷。

3.《律师办理刑事案件规范》（律发通〔2017〕51 号，中华全国律师协会 2017 年 9 月 20 日印发）

第五十条　辩护律师收集的有关犯罪嫌疑人、被告人不在犯罪现场、未达到刑事责任年龄、属于依法不负刑事责任的精神病人的证据，应当及时告知办案机关。辩护律师可以要求收取证据的办案机关出具回执。

53. 公安机关是否应听取律师意见？

【案例简介】

李某涉嫌抢劫，在李某被提请批准逮捕前，辩护人通过会见，听取了李某关于自己没有抢劫犯罪客观事实及犯罪故意的辩解。后辩护律师通过实地查看现场，认为李某的辩解可能成立，遂向侦查机关提交李某不构成抢劫罪的书面意见，侦查人员拒绝接受。后辩护律师在公安机关提请批准逮捕后，在检察机关审查逮捕期间，及时向审查批准逮捕的检察官提交了律师意见。最终，检察机关采纳了辩护律师的意见，对李某未予批准逮捕。

【问题分析】

《刑事诉讼法》及相关司法解释明确规定，在案件侦查终结前，辩护律师提出要求的，公安机关应当听取辩护律师的意见，根据情况进行核实并记录在案。提出书面意见的，应当附卷。但实践中，侦查机关更倾向于履行打击犯罪的职责，加之确实存在办案人员时间、精力均有限的客观原因，出现了部分办案机关承办人不愿听取辩护人意见或仅在侦查终结、移送审查起诉前形式上收取辩护人书面意见，不进行核实，直接附卷移送检察院的现象。这使得嫌疑人和辩护人的辩护权流于形式，没有实现侦查阶段的有效辩护。因此，对于那些确有希望在侦查阶段达到某些辩护效果的案件，如有可能实现不予批捕、变更强制措施、不移送审查起诉、改变在共同犯罪案件中的作用、地位等辩护效果的案件，辩护律师应通过各种合法方式与办案人员交换意见，以最大限度维护当事人的合法权益，为下阶段的辩护工作打下基础。

【实务解答】

虽然《刑事诉讼法》及相关司法解释确实赋予了侦查机关听取律师意见的义务，但司法实践中，如果办案人员从内心抵触听取律师意见，强行沟通并无实际意义和效果。因此，对于确有必要与侦查人员沟通的案件，辩护律师应着重消除办案人员的抵触心理，注意沟通技巧，当面或电话沟通时应抓住重点，尽量简明、扼要地阐述自己的观点。口头沟通后，律师应同时递交书面意见，对于案情复杂的案件，可以同时提交只阐述主要观点的简单意见和阐述具体理由的复杂意见，供办案人员选择查看。

【法规摘引】

1.《刑事诉讼法》（全国人民代表大会常务委员会 2018 年 10 月 26 日发布）

第一百六十一条 在案件侦查终结前，辩护律师提出要求的，侦查机关应当听取辩护律师的意见，并记录在案。辩护律师提出书面意见的，应当附卷。

2.《公安机关办理刑事案件程序规定》（公安部令第 159 号，2020 年 9 月 1 日发布）

第五十八条 案件侦查终结前，辩护律师提出要求的，公安机关应当听取辩护律师的意见，根据情况进行核实，并记录在案。辩护律师提出书面意见的，应当附卷。

对辩护律师收集的犯罪嫌疑人不在犯罪现场、未达到刑事责任年龄、属于依法不负刑事责任的精神病人的证据，公安机关应当进行核实并将有关情况记录在案，有关证据应当附卷。

3.《关于依法保障律师执业权利的规定》（司发〔2015〕14号，最高人民法院、最高人民检察院、公安部、国家安全部、司法部2015年9月16日印发）

第二十一条　侦查机关在案件侦查终结前，人民检察院、人民法院在审查批准、决定逮捕期间，最高人民法院在复核死刑案件期间，辩护律师提出要求的，办案机关应当听取辩护律师的意见。人民检察院审查起诉、第二审人民法院决定不开庭审理的，应当充分听取辩护律师的意见。

辩护律师要求当面反映意见或者提交证据材料的，办案机关应当依法办理，并制作笔录附卷。辩护律师提出的书面意见和证据材料，应当附卷。

54. 申请变更强制措施是否必须加盖律所公章？

【案例简介】

李某因涉嫌毁坏公私财物被刑事拘留。律师接受委托后认为涉嫌事件实为邻里纠纷，且所谓财物损失并未实际发生，嫌疑人符合取保候审的法定条件，故依法以律师的名义向公安机关提交取保候审申请。申请书由律师签字，但未加盖律所公章。公安机关办案人员以该取保候审申请书未加盖律师事务所公章为由拒绝接收。

【问题分析】

律师承办刑事业务，经常会向办案单位提交法律文书。像律所公函、会见在押人员介绍信等文书，加盖律师事务所公章是法律明确的要求，但取保候审申请书、羁押必要性审查申请书等，是否必须加盖律所公章？

律师提交取保候审申请书，是律师的法定权利。《刑事诉讼法》规定，犯罪嫌疑人、被告人及其法定代理人、近亲属或者辩护人有权申请变更强制措施；《律师办理刑事案件规范》规定，辩护律师向办案机关书面申请变更、解除强制措施或者释放犯罪嫌疑人、被告人的，应当写明律师事务所名称、律师姓名、通信地址及联系方式、犯罪嫌疑人、被告人姓名和所涉嫌或指控的罪名、申请事实及理由、保证方式等。但对于相关文书是否必须加盖律所公章，相关法律法规和律师行业规范均未作出明确规定。

律师提交的取保候审申请书，是律师基于案件事实和嫌疑人具体情况提出的个人意见，申请书中的“申请人”是律师个人，而不是律师事务所。虽然《律师办理刑事案件规范》要求申请书中应当写明律师事务所名称，但这里的律师事务所名称只是说明律师的单位归属，而不应理解为律师事务所是取保候审申请人。

正如律师提交的代理意见、辩护意见是律师的个人意见，无须加盖律所公章一样，办案单位不应强制要求取保候审申请书必须加盖律所公章。

【实务解答】

变更强制措施申请书，是以律师为申请人的个人意见，律师签字即可，不必需加盖律所公章。当然，律所愿意加盖公章，也不违反法律法规禁止性规定。

【法规摘引】

1.**《刑事诉讼法》**（全国人民代表大会常务委员会2018年10月26日发布）

第三十八条 辩护律师在侦查期间可以为犯罪嫌疑人提供法律帮助；代理申诉、控告；申请变更强制措施；向侦查机关了解犯罪嫌疑人涉嫌的罪名和案件有关情况，提出意见。

第九十七条 犯罪嫌疑人、被告人及其法定代理人、近亲属或者辩护人有权申请变更强制措施。人民法院、人民检察院和公安机关收到申请后，应当在三日以内作出决定；不同意变更强制措施的，应当告知申请人，并说明不同意的理由。

2.**《律师办理刑事案件规范》**（律发通〔2017〕51号，中华全国律师协会2017年9月20日印发）

第五十七条 辩护律师向办案机关书面申请变更、解除强制措施或者释放犯罪嫌疑人、被告人的，应当写明律师事务所名称、律师姓名、通信地址及联系方式、犯罪嫌疑人、被告人姓名和所涉嫌或指控的罪名、申请事实及理由、保证方式等。

辩护律师不宜为犯罪嫌疑人、被告人担任保证人。

55. 侦查阶段，辩护律师可否调查取证？调查取证是否可以一人进行？

【案例简介】

2017年底，某市公安机关侦查一件职务侵占案件，警方对犯罪嫌疑人王某采取刑事拘留。家属得知此事后找到了当地某律师事务所的方律师并委托其代为辩护。家属认为该案有很多疑点，希望律师到王某的公司调查了解。律师向家属说明侦查阶段律师调查取证的权利，如果有材料，可以提供给律师以助于律师提供更加充分和准确的法律咨询意见。王某的家属提供了公司股东股权变更的相关协议及有关材料。律师审查后认为这些材料可以一定程度上证明王某没有非法占有公司财物的故意，于是建议家属直接提交公安机关。另律师根据上述材料，撰写了侦查阶段法律意见书，提交到公安机关，并抄送检察机关。

【问题分析】

《刑事诉讼法》将侦查阶段的律师定位为辩护人，辩护律师应当享有调查权。但是，在侦查阶段，国家对犯罪行为展开调查，收集罪与非罪的证据，其侦查权是排他的。如果辩护律师在侦查阶段进行调查不受约束，将相关证据收集保管起来，那必将使侦查陷入困难。因此，现行法律法规赋予了辩护律师调查取证权，也对律师的调查取证权有所限制。例如，《刑事诉讼法》规定“辩护人收集的有关犯罪嫌疑人不在犯罪现场、未达到刑事责任年龄、属于依法不负刑事责任的精神病人的证据，应当及时告知公安机关、人民检察院”。应当注意的是，这里规定的是“应当及时告知”，即“必须告知”。再例如，“辩护律师向被害人或者其近亲属、被害人提供的证人调查取证，需经人民检察院或者人民法院许可”，这也是对律师调查取证权的限制。

为减免律师执业风险，建议律师在侦查阶段对调查取证持审慎态度。律师自行向有关单位或个人进行调查取证的，应尽量避免一人单独进行，至少在一名律师助理的陪同下展开调查取证工作，另尽可能请一名无利害关系的第三人陪同在场。调查取证要做好相关的书面记录，完整而准确地记录调查取证的全部过程，并要求所有参与调查取证的在场人员签字盖章。如条件允许，律师可以对调查取证的全过程进行录音录像，并制作多份视听资料。中华全国律师协会《律师办理刑事案件规范》第四十条规定辩护律师调查、收集与案件有关的证据材料，应当持律师事务所证明，出示律师执业证书，一般由二人进行。

侦查阶段律师需谨慎取证，不是说律师不可以进行相应的调查。“调查”和“取证”是有显著区别的。“调查”包括了解情况，也包括取证，而“取证”是指调取证据，在侦查阶段只要不是调取证据，其他对案件了解性质的“调查”都应当是允许的，这也是律师履行辩护职责的应有之义。如在侦查阶段，律师会见家属了解情况是一种调查，律师会见犯罪嫌疑人了解案情，也是一种调查，律师向侦查机关了解罪名和基本案情，同样也是一种调查。这些调查都是为了律师更准确地了解案情，更早找到有价值的辩护点，更好地维护当事人的合法权益。

律师在调查取证过程中应注意规范，不得伪造证据、不能非法改变证据的内容、形式或属性；在收集证据过程中，应当以客观求实的态度对待证据材料，不得以自己的主观想象去改变证据原有的形态及内容，不得威胁、利诱他人提供虚假证据等。

【实务解答】

律师在侦查阶段可以调查取证，但应持审慎态度。律师的调查取证工作不能影响侦查机关对案件的全面调查，不致妨害侦查诉讼的正常进行。

【法规摘引】

《刑事诉讼法》（全国人民代表大会常务委员会2018年10月26日发布）

第四十二条 辩护人收集的有关犯罪嫌疑人不在犯罪现场、未达到刑事责任年龄、属于依法不负刑事责任的精神病人的证据，应当及时告知公安机关、人民检察院。

第四十三条 辩护律师经证人或者其他有关单位和个人同意，可以向他们收集与本案有关的材料，也可以申请人民检察院、人民法院收集、调取证据，或者申请人民法院通知证人出庭作证。

辩护律师经人民检察院或者人民法院许可，并且经被害人或者其近亲属、被害人提供的证人同意，可以向他们收集与本案有关的材料。

56. 发现公安机关未调取对委托人有利的证据，律师应如何处理？

【案例简介】

2017 年，某市发生一起多人参与的抢劫案，犯罪嫌疑人张某的家属委托当地律所的王律师介入案件为张某进行辩护。王律师在会见犯罪嫌疑人张某时了解到：公安人员在抓获张某时，曾讯问其是否知道其他相关人员的联系电话，张某将自己手机中的电话号码提供给公安机关，并指认其中同案犯的电话，后其中一名同案犯被成功抓获。案件进入审查起诉阶段后，王律师通过阅卷发现这一情况没有在卷宗中记载。于是王律师向检察院提供调查申请，请求检方核实该同案犯的抓获经过。后经查证，公安机关确实是依靠该电话号码，通过技术侦查手段才得以锁定同案其他犯罪嫌疑人并成功实施了抓捕。检察院最终认定其构成立功情节。

【问题分析】

对犯罪嫌疑人有利的证据指的是有关犯罪嫌疑人不在犯罪现场、未达到刑事责任年龄、属于依法不负刑事责任的精神病人的证据、存在立功情节等能指向犯罪嫌疑人无罪、罪轻的证据等。

在刑事侦查阶段，如果存在对犯罪嫌疑人有利的证据，律师首先应申请侦查机关进行调取，申请方式建议使用书面便于备存。其次，如果证据是对犯罪嫌疑人绝对有利的，并且存在不及时调取就要灭失的风险，律师也可以直接调取，建议调取过程全程录音录像且二人协同办理，然后及时报送给侦查机关。最后，上述证据如果侦查机关不予接收，可以直接提交给检察机关，或者把反映证据全貌的情况、提取证据的过程等制作成图像、视频资料暂时存于己处，将复制材料寄交公安机关、检察机关，在完成律师合法取证义务的同时切实保障当事人的合法权益。

同时注意，如果律师发现可能对犯罪嫌疑人不利的证据，既不可以亲自调查取证，也不可以向侦查机关提出调查取证的申请。如果一份证据对犯罪嫌疑人是有利还是不利，律师难以做出判断时，要谨慎对待。因为，如果这份证据是不利于被告的，律师申请侦查机关调查取证或直接取证提供给侦查机关，结果变成指控犯罪嫌疑人不利的证据，则是违反刑事诉讼法规定的“律师应当为犯罪嫌疑人、被告人提出无罪、罪轻的材料和意见”这一律师职责的。

案例中，律师认为犯罪嫌疑人在被抓获后提供同案犯的联系方式时系主动行为，且侦查机关当时并未有效掌握同案人员的相关信息，如侦查机关借此抓获同案犯，应当属于《刑法》第六十八条中规定的“提供重要线索，从而得以侦破其他案件等”的立功表现。本案中因涉及多名犯罪嫌疑人共同作案，律师通过在侦查期间会见犯罪嫌疑人张某了解到张某可能存在立功情节，案件侦查终结移送审查起诉后，律师在阅卷中发现了问题并及时地向检察机关说明问题并递交书面申请，最终得以认定了张某的立功情节。

【实务解答】

发现公安机关未调取对委托人有利的证据，律师应当及时申请办案机关予以调取，或者律师可以自行调取后交给办案机关，但应当注意调取证据时的方式方法，减免执业风险。

【法规摘引】

1.《刑事诉讼法》（全国人民代表大会常务委员会2018年10月26日发布）

第四十一条　辩护人认为在侦查、审查起诉期间公安机关、人民检察院收集的证明犯罪嫌疑人、被告人无罪或者罪轻的证据材料未提交的，有权申请人民检察院、人民法院调取。

第四十二条　辩护人收集的有关犯罪嫌疑人不在犯罪现场、未达到刑事责任年龄、属于依法不负刑事责任的精神病人的证据，应当及时告知公安机关、人民检察院。

2.《最高人民法院关于适用〈中华人民共和国刑事诉讼法〉的解释》（法释〔2012〕21号，最高人民法院2012年12月20日发布）

第四十九条　辩护人认为在侦查、审查起诉期间公安机关、人民检察院收集的证明被告人无罪或者罪轻的证据材料未随案移送，申请人民法院调取的，应当以书面形式提出，并提供相关线索或者材料。人民法院接受申请后，应当向人民检察院调取。人民检察院移送相关证据材料后，人民法院应当及时通知辩护人。

57. 办案机关未将鉴定意见给付或告知犯罪嫌疑人，律师如何处理？

【案例简介】

2018年底某日，某市交管部门在依法查控酒后驾驶的过程中拦截一辆小轿车，驾驶员王某经呼气式酒精检测，其检测值达到81毫克/百毫升，因属于醉酒后驾驶机动车，王某被警方依法拘留。次日家属得到消息后第一时间委托律师进行会见。会见过程中王某表示自己当时意识不清，第二天清醒后被警方告知自己涉嫌醉酒后驾驶机动车，有关鉴定意见并没有被告知。律师得知此事后经与侦查人员反复确认，王某当时确实经过呼气式酒精检测并进行了抽血化验，两项结论均指认其血液内酒精含量超标。案件进入审查起诉后，律师发现抽血化验过程中出现问题，将书面法律意见书交给检方后，检方以存疑不起诉结案。

【问题分析】

鉴定意见是刑事诉讼领域的证据类型之一，是查明案情、解决案件中某些专门性问题的重要依据。用作证据的鉴定意见，直接关系到对案件事实的认定，对刑事诉讼主体各方而言意义重大，对犯罪嫌疑人和被害人更是有着直接的利害关系。因此，《刑事诉讼法》第一百四十八条规定，侦查机关应当将用作证据的鉴定意见告知犯罪嫌疑人、被害人。如果犯罪嫌疑人、被害人提出申请，可以补充鉴定或者重新鉴定。

将鉴定意见告知犯罪嫌疑人、被害人，使其有机会申请补充鉴定或者重新鉴定，体现了对犯罪嫌疑人、被害人诉讼权利的保障。但司法实践中，有的侦查机关往往只以鉴定意见通知书的形式，将鉴定意见结论部分书面告知犯罪嫌疑人和被害人，对于鉴定机构和鉴定人的资质、鉴定程序、鉴定过程和方法等内容，不予告知。而这些内容往往是审查鉴定意见是否真实可靠，是否具有证据资格的重要因素。与行政案件的鉴定意见告知内容相比，刑事诉讼鉴定意见告知内容亟待扩大。

《公安机关办理刑事案件程序规定》第二百五十四条、第二百五十五条分别规定了应当补充鉴定和重新鉴定的情形，比如：鉴定程序违法或者违反相关专业技术要求；鉴定机构、鉴定人不具备鉴定资质和条件的；等等。

上述规定列举的需要进行补充鉴定、重新鉴定的情形，是办案机关审查鉴定意见的重点内容，同时也应该是犯罪嫌疑人、被害人予以重点关注的内容，但这要建立在犯罪嫌疑人、被害人知晓有关鉴定意见内容的基础之上。如果不予完全告知鉴定意见相关内容，犯罪嫌疑人、被害人就难以有针对地提出重新鉴定申请，所谓申请补充鉴定或者重新鉴定的诉讼权利也就难以有效行使。

案例中，危险驾驶案通常会进行两次酒精（乙醇）含量鉴定，前一次为呼气酒精测试，后一次则为血液乙醇含量鉴定，即抽血化验。考虑到酒精含量是认定行为人是否醉酒驾驶的关键性证据，因此对于鉴定意见的真实性、合法性以及同一性要格外重视。本案律师通过会见了解到，王某未从警方得知自己的酒精鉴定结论，这一客观事实让律师对鉴定环节是否合法产生怀疑。后律师在阅卷过程中发现《血样提取登记表》中存在医务人员在抽血过程中采用了酒精（醇类）消毒液，且血样提取过程中无见证人等问题。经努力，检察院最终对王某作出存疑不起诉决定。

【实务解答】

办案机关未将鉴定意见给付或告知犯罪嫌疑人，律师应当及时与办案机关沟通，必要时要提交书面意见，明确要求办案机关告知犯罪嫌疑人鉴定意见，以保障犯罪嫌疑人的知情权和申请复议权等诉讼权利。

【法规摘引】

1.《刑事诉讼法》（全国人民代表大会常务委员会 2018 年 10 月 26 日发布）

第一百四十八条 侦查机关应当将用作证据的鉴定意见告知犯罪嫌疑人、被害人。如果犯罪嫌疑人、被害人提出申请，可以补充鉴定或者重新鉴定。

2.《公安机关办理刑事案件程序规定》（公安部令第159号，公安部2020年9月1日发布）

第二百五十二条 对鉴定意见，侦查人员应当进行审查。

对经审查作为证据使用的鉴定意见，公安机关应当及时告知犯罪嫌疑人、被害人或者其法定代理人。

第二百五十三条 犯罪嫌疑人、被害人对鉴定意见有异议提出申请，以及办案部门或者侦查人员对鉴定意见有疑义的，可以将鉴定意见送交其他有专门知识的人员提出意见。必要时，询问鉴定人并制作笔录附卷。

58. 侦查阶段，被害人可否委托律师代理？律师能做什么？

【案例简介】

2017年5月，某市发生一起故意伤害案，在某饭店内张某与饭店服务员李某因餐饮质量问题发生争执。张某借着酒劲抄起身边的空酒瓶砸向李某，造成李某头部外伤，当地民警出警后对张某采取刑事拘留。后经司法鉴定，李某受轻伤，结论为轻伤二级。

此事发生后，李某的医疗费用预估要几万元，李某的经济能力无法承担，其家属找到当地某律师事务所咨询，律所指派崔律师负责处理。崔律师在了解案情后，建议家属与犯罪嫌疑人进行沟通。后经刑事和解程序，李某及时获得医疗补偿及合理的赔偿款，犯罪嫌疑人张某被依法取保候审。

【问题分析】

我国现行法律法规并没有对于侦查阶段被害人及其法定代理人、近亲属能否聘请律师担任代理人作出明确规定，也没有作出明确的禁止。法无明文禁止即自由，律师与当事人之间的关系是委托与被委托的关系，是平等主体之间的民事关系。根据民事意思自治的原则，且在法律没有明文禁止被害人在侦查阶段不得聘请律师的情况下，没有理由否定被害人有权在侦查阶段聘请律师担任代理人。刑事诉讼专业化要求较高，被害人一般不具备相关的法律知识，如果律师缺位，则其合法权益的维护存在风险，且有使犯罪嫌疑人得不到应有制裁之虞。在侦查阶段，律师可以以被害人的名义对侦查机关和检察机关的工作进行监督，如存在侵害被害人权益或者包庇纵容犯罪嫌疑人的行为，或者认为对犯罪嫌疑人变更刑事强制措施不当的情形，可以担任代理人，及时向有关部门提出申诉或者控告。

就本案而言，律师的介入可以促成被害人与犯罪嫌疑人之间的和解。张某在犯罪后被警方依法刑事拘留，对自己所犯下的行为供认不讳，希望积极赔偿被害人从而争取取保候审。如能在检方批准逮捕前达成和解协议，取保候审的概率会很大。本案李某及其家属并不希望追究张某的刑事责任，希望获赔但不知如何操作才能确保自己的赔偿不遭受到损失。

【实务解答】

侦查阶段，被害人可以委托律师代理。律师以被害人代理人的身份参与案件，一方面可以帮助被害人研究分析案件预判，促成当事人之间的和解，帮助被害人获得赔偿，另一方面对办案机关进行有效监督 ，对有关违法违规行为进行控告或申诉。

【法规摘引】

1.**《刑事诉讼法》**（全国人民代表大会常务委员会 2018 年 10 月 26 日发布）

第四十六条　公诉案件的被害人及其法定代理人或者近亲属，附带民事诉讼的当事人及其法定代理人，自案件移送审查起诉之日起，有权委托诉讼代理人。自诉案件的自诉人及其法定代理人，附带民事诉讼的当事人及其法定代理人，有权随时委托诉讼代理人。

人民检察院自收到移送审查起诉的案件材料之日起三日以内，应当告知被害人及其法定代理人或者其近亲属、附带民事诉讼的当事人及其法定代理人有权委托诉讼代理人。人民法院自受理自诉案件之日起三日以内，应当告知自诉人及其法定代理人、附带民事诉讼的当事人及其法定代理人有权委托诉讼代理人。

2.**《最高人民法院关于适用〈中华人民共和国刑事诉讼法〉的解释》**（法释〔2012〕21 号，最高人民法院 2012 年 12 月 20 日由最高人民法院公布）

第五十四条　人民法院自受理自诉案件之日起三日内，应当告知自诉人及其法定代理人、附带民事诉讼当事人及其法定代理人，有权委托诉讼代理人，并告知如果经济困难的，可以申请法律援助。

第五十五条　当事人委托诉讼代理人的，参照适用刑事诉讼法第三十二条和本解释的有关规定。

第五十六条　诉讼代理人有权根据事实和法律，维护被害人、自诉人或者附带民事诉讼当事人的诉讼权利和其他合法权益。

59. 律师对侦查机关不当行为提出申诉，可以向哪些机关、部门提出？

【案例简介】

2018年6月1日，康某因涉嫌强奸罪被安徽省某市某公安分局刑事拘留，当地某律师事务所崔律师接受康某家属委托，展开辩护工作。在第一次会见过程中，康某告知律师：自己是因为和女友发生争执后失手打了女方，女方气不过报警并举报自己强奸，自己被带回派出所问话过程中否认了自己的强奸行为，但在被送往看守所的过程中，在警方的车内被蒙面殴打，殴打他的警官告诉自己尽快承认自己做过什么，否则还会面临殴打，进入看守所后迫于压力，自己承认在未取得女友同意的情况下实施了强奸行为。会见过程中康某将自己额头、牙齿等地方的伤痕展示给了律师。律师在得知此事后第一时间找到了驻所检察官，将康某的表述汇总成书面材料交给检察官。另外，律师在向侦查机关递交委托手续时与侦查人员核对此事，侦查人员矢口否认此事。后案件在侦查机关申请批捕过程中，律师在提交的不予逮捕的辩护意见中也客观地阐述了此事。检方最终未批捕逮捕，公安变更羁押措施后进行了撤案处理。

【问题分析】

申诉、控告是当事人、辩护人、诉讼代理人及利害关系人依法享有的一项诉讼权利，对特定违法侦查行为的申诉、控告是其应有的一项重要内容。首先，律师以辩护人的名义进行申诉和控告时，应以书面的形式将相关案情写进申诉书或控告书内，需特别注意的是，律师代理申诉和控告一定要严格按照法律规定，在法律允许的范围内，向办案公安机关的领导、督查或其上一级主管部门、检察机关控申部门驻看守所检察官、上一级检察机关等依法有权受理的机关提出。其次，在申诉和控告的内容上，反映的是当事人的控诉，一般没有形成确定的事实，比如犯罪嫌疑人反映被办案人员殴打、刑讯逼供等情况，作为律师是很难查实这些问题，故在申诉和控告时建议写明“据犯罪嫌疑人描述其遭受非法审讯，如情况属实则构成非法取证，对据此取得的相关供述的合法性、客观性存疑，要求予以纠正”。因控诉是否属实需司法机关予以查明核实，故律师所反映的意见必须是公允的，而不是犯罪嫌疑人控诉什么，律师就当成是事实。辩护律师需从一个法律人、独立辩护人的角度予以评判，让司法机关感觉到律师起到的作用是正面的，而非偏听偏信。

律师以犯罪嫌疑人或其家属的名义代书申诉书和控告书时，内容千万不要涉及律师因为担任辩护人所了解到的案情，例如犯罪嫌疑人的供述和辩解及办案机关介绍的案情。因此事是以家属的名义申诉、控告，家属是没有办法了解到相关案情的，一旦不注意就会成为律师泄露国家秘密的证据，风险很大。所以，代书仅限于家属了解到的情况，律师需从法律依据及措辞上下功夫。以律师名义向相关部门提供的申诉和控告材料是不可以给家属看的，因为涉及相关案情，而案件的侦查情况属于国家秘密，不可泄露。所以要做好风险防范。

犯罪嫌疑人及其亲属提出申诉要求，且律师根据工作认为案件符合申诉条件的，辩护律师可以代理其向有关机关提出申诉，要求予以纠正。本案中，康某因涉嫌强奸被警方依法刑事拘留，但在转送看守所的过程中遭到刑讯逼供，侦查人员在办案中违反了法律规定，侵犯了康某的人身权利，作为其辩护律师，在得知此事后有权向有关部门进行反映，但在反映问题的过程中切忌带入个人主观的判断，应实事求是地将问题进行反映，且采取书面形式为宜。

【实务解答】

律师对侦查机关的不当行为，可以向同级或上级检察机关提出控告或申诉，也可以向律师协会申请帮助、提出申诉。

【法规摘引】

1.《刑事诉讼法》（全国人民代表大会常务委员会 2018 年 10 月 26 日

发布）

第四十九条　辩护人、诉讼代理人认为公安机关、人民检察院、人民法院及其工作人员阻碍其依法行使诉讼权利的，有权向同级或者上一级人民检察院申诉或者控告。人民检察院对申诉或者控告应当及时进行审查，情况属实的，通知有关机关予以纠正。

第一百一十七条　当事人和辩护人、诉讼代理人、利害关系人对于司法机关及其工作人员有下列行为之一的，有权向该机关申诉或者控告：

（一）采取强制措施法定期限届满，不予以释放、解除或者变更的；

（二）应当退还取保候审保证金不退还的；

（三）对与案件无关的财物采取查封、扣押、冻结措施的；

（四）应当解除查封、扣押、冻结不解除的；

（五）贪污、挪用、私分、调换、违反规定使用查封、扣押、冻结的财物的。

受理申诉或者控告的机关应当及时处理。对处理不服的，可以向同级人民检察院申诉；人民检察院直接受理的案件，可以向上一级人民检察院申诉。人民检察院对申诉应当及时进行审查，情况属实的，通知有关机关予以纠正。

2.《关于依法保障律师执业权利的规定》（司发〔2015〕14号，最高人民法院、最高人民检察院、公安部、国家安全部、司法部2015年9月16日印发）

第四十三条　办案机关或者其上一级机关、人民检察院对律师提出的投诉、申诉、控告，经调查核实后要求有关机关予以纠正，有关机关拒不纠正或者累纠累犯的，应当由相关机关的纪检监察部门依照有关规定调查处理，相关责任人构成违纪的，给予纪律处分。

60. 侦查机关未按法律规定告知辩护律师犯罪嫌疑人涉嫌罪名和关押地点，律师如何处理？

【案例简介】

陈某的儿子小陈于前天送女朋友回家，之后就没回家，家人一直在找也没找到，今天才知道小陈在某派出所接受调查，但公安机关工作人员并没有告诉家人小陈涉嫌什么违法行为。且昨晚小陈被送进看守所羁押。陈某到律所咨询该怎么办？接谈案件的周律师听了陈某的陈述，分析了案件情况，建议陈某办理正式委托手续，周律师以辩护人身份介入案件，了解情况。陈某与律师事务所签订委托辩护协议，由周律师承办该案。周律师后来找到派出所咨询小陈涉嫌的案件罪名，但派出所以各种借口不给予答复。

【问题分析】

正常情况下，办案机关应当将犯罪嫌疑人的涉嫌罪名及关押处所告知被羁押犯罪嫌疑人家属，但如案例中办案机关不告知家属犯罪嫌疑人涉案罪名和羁押地的情况时有发生。这导致家属不知犯罪嫌疑人身居何处而心急如焚，甚至办案机关拒不告诉律师当事人涉嫌罪名和羁押地，律师不知案件罪名、不知嫌疑人在哪里，严重影响律师的执业声誉。

根据相关法律规定，辩护律师在侦查期间可以为犯罪嫌疑人提供法律帮助；代理申诉、控告；申请变更强制措施；向侦查机关了解犯罪嫌疑人涉嫌的罪名和案件有关情况，提出意见。辩护律师会见在押的犯罪嫌疑人、被告人，可以了解案件有关情况，提供法律咨询等；自案件移送审查起诉之日起，可以向犯罪嫌疑人、被告人核实有关证据。辩护律师会见犯罪嫌疑人、被告人时不被监听。

本案中小陈的行为到底构成何罪，公安机关应当告知家属和辩护律师，以方便家属知情及辩护律师会见。本案中小陈非国家机关工作人员，且其案件办理单位也非国家监察委员会，不适用留置措施等。除非小陈所犯案件涉嫌危害国家安全犯罪、恐怖活动犯罪，律师应经公安机关许可才可以会见。但不管怎样，公安机关都应该将小陈所涉嫌的罪名及关押处所告知家属。

【实务解答】

侦查机关未按法律规定告知辩护律师犯罪嫌疑人涉嫌罪名和关押地点，是剥夺律师知情权和辩护权的违法行为，律师可以依法向上级公安机关、同级检察院或上级检察院投诉或控告，也可以向律师协会申请维权。

【法规摘引】

《刑事诉讼法》（全国人民代表大会常务委员会2018年10月26日发布）

第三十八条　辩护律师在侦查期间可以为犯罪嫌疑人提供法律帮助；代理申诉、控告；申请变更强制措施；向侦查机关了解犯罪嫌疑人涉嫌的罪名和案件有关情况，提出意见。

第三十九条第三款　危害国家安全犯罪、恐怖活动犯罪案件，在侦查期间辩护律师会见在押的犯罪嫌疑人，应当经侦查机关许可。上述案件，侦查机关应当事先通知看守所。

第四款　辩护律师会见在押的犯罪嫌疑人、被告人，可以了解案件有关情况，提供法律咨询等；自案件移送审查起诉之日起，可以向犯罪嫌疑人、被告人核实有关证据。辩护律师会见犯罪嫌疑人、被告人时不被监听。

61. 案件移送检察机关，公安机关应否告知辩护律师？

【案例简介】

赵律师正在办理的一个聚众斗殴案件，犯罪嫌疑人为李某，侦查过程中，赵律师多次会见了李某。李某对其整个过程中的行为进行了否认，表示其是在现场拉架，并非是打架。后赵律师向公安机关递交法律意见，认为李某的行为不构成犯罪。自那以后，公安机关也就不再联系律师，包括案件向检察院移送审查起诉，也未告知律师。

【问题分析】

根据法律规定，在案件侦查终结前，辩护律师提出要求的，侦查机关应当听取辩护律师的意见，并记录在案。辩护律师提出书面意见的，应当附卷。公安机关侦查终结的案件，应当做到犯罪事实清楚，证据确实、充分，并且写出起诉意见书，连同案卷材料、证据一并移送同级人民检察院审查决定；同时将案件移送情况告知犯罪嫌疑人及其辩护律师。犯罪嫌疑人自愿认罪的，应当记录在案，随案移送，并在起诉意见书中写明有关情况。

本案中，因李某对自己涉嫌聚众斗殴罪进行了否认。在侦查阶段，辩护律师并不能看到全部案件材料，对案件情况主要是根据犯罪嫌疑人自己的陈述。而律师也正是基于犯罪嫌疑人自己的陈述，才向公安机关提供了律师意见，可能与公安机关调查的相关证据不一致。但公安机关不能因律师提出不同的意见，就剥夺律师的知情权。

【实务解答】

案件移送检察机关，公安机关应当告知辩护律师。公安机关未告知律师案件移送的，律师可以依法向公安机关的纪检部门或者检察院投诉、控告。

【法规摘引】

1.《刑事诉讼法》（全国人民代表大会常务委员会2018年10月26日发布）

第一百六十一条　在案件侦查终结前，辩护律师提出要求的，侦查机关应当听取辩护律师的意见，并记录在案。辩护律师提出书面意见的，应当附卷。

第一百六十二条第一款　公安机关侦查终结的案件，应当做到犯罪事实清楚，证据确实、充分，并且写出起诉意见书，连同案卷材料、证据一并移送同级人民检察院审查决定；同时将案件移送情况告知犯罪嫌疑人及其辩护律师。

2.《人民检察院刑事诉讼规则》（高检发释字〔2019〕4号，最高人民检察院2019年12月30日公布）

第二百六十一条　办理审查逮捕案件，犯罪嫌疑人已经委托辩护律师的，可以听取辩护律师的意见。辩护律师提出要求的，应当听取辩护律师的意见。对辩护律师的意见应当制作笔录，辩护律师提出的书面意见应当附卷。

办理审查起诉案件，应当听取辩护人或者值班律师、被害人及其诉讼代理人的意见，并制作笔录。辩护人或者值班律师、被害人及其诉讼代理人提出书面意见的，应当附卷。

对于辩护律师在审查逮捕、审查起诉阶段多次提出意见的，均应如实记录。

辩护律师提出犯罪嫌疑人不构成犯罪、无社会危险性、不适宜羁押或者侦查活动有违法犯罪情形等书面意见的，检察人员应当审查，并在相关工作文书中说明是否采纳的情况和理由。

62. 侦查阶段，办案机关认为律师收取的代理费属于赃款，如何处理？

【案例简介】

2017 年 4 月，山东德州余某因涉嫌合同诈骗罪被公安机关立案刑拘。余某妻子李某赶赴北京，聘请某律所张律师为其丈夫辩护。经双方协商，律所与李某签署委托合同，收取了律师费 30 万元并出具发票。一周后，德州办案民警突然光临律所，要求律所提供涉案合同和相关账目，声称李某所交的律师费属于涉案赃款，要依法查封扣缴。律所严词拒绝，同时申请律协权保委派员介入，帮助维权。警察又到律所驻地司法局要求协助查扣律所账目，被司法局有关人员拒绝。

【问题分析】

近年来，公安机关以律师费属于涉案赃款为由调查甚至查扣律所合同及账目的事件越来越多，此行为引起了律师界及社会各界的极大关注。

《刑事诉讼法》及有关法律赋予了侦查机关冻结犯罪嫌疑人的涉案财产的权力。《刑事诉讼法》第一百四十四条第一款规定：“人民检察院、公安机关根据侦查犯罪的需要，可以依照规定查询、冻结犯罪嫌疑人的存款、汇款、债券、股票、基金份额等财产，有关单位和个人应当配合。”《公安机关办理刑事案件程序规定》第二百三十七条规定：“公安机关根据侦查犯罪的需要，可以依照规定查询、冻结犯罪嫌疑人的存款、汇款、证券交易结算资金、期货保证金等资金，债券、股票、基金份额和其他证券，以及股权、保单权益和其他投资权益等财产，并可以要求有关单位和个人配合。”上述法律、法规明确规定，办案机关“查冻扣”涉案财产，仅仅是针对犯罪嫌疑人的涉案财产。

律师是依法执业的法律工作者，律师费是律师为犯罪嫌疑人提供法律服务的合理对价，是依据嫌疑人或其家属与律师事务所之间的委托合同而支付的，这是与刑事案件性质不同的民事行为。律师事务所在收到律师费之后会为嫌疑人提供法律服务，律所收取的律师费是律所的合法财产。如果公安机关直接将律师费用扣划，就等于利用公权力直接将律师事务所与嫌疑人之间的委托合同给解除掉了。所有刑事辩护律师的律师费都是犯罪嫌疑人或者其近亲属支付，都有可能被认定为犯罪所得，那么是不是所有刑辩律师的律师费都是可以随意追缴的？

律师制度是一个国家法律制度的重要组成部分，是法治文明进步的重要标志，刑事辩护制度更是我国司法体系中保障人权的重要机制，公安机关动辄以“律师费涉嫌赃款”为由调查、查扣律所的账目，这样的做法触动了律师制度的根基。

【实务解答】

公权力法无明文不可行。公安机关以律师费为涉案赃款进行查扣的行为，违法悖理。律师和律所应当坚决拒绝，申请律师协会维权，通过律协组织的力量与办案机关沟通处置，依法维护自己的合法权益。

【法规摘引】

1.**《刑事诉讼法》**（全国人民代表大会常务委员会 2018 年 10 月 26 日发布）

第一百四十四条 人民检察院、公安机关根据侦查犯罪的需要，可以依照规定查询、冻结犯罪嫌疑人的存款、汇款、债券、股票、基金份额等财产。有关单位和个人应当配合。

犯罪嫌疑人的存款、汇款、债券、股票、基金份额等财产已被冻结的，不得重复冻结。

2.**《公安机关办理刑事案件程序规定》**（公安部令第 159 号，2020 年 9 月 1 日发布）

第二百三十七条第一款 公安机关根据侦查犯罪的需要，可以依照规定查询、冻结犯罪嫌疑人的存款、汇款、证券交易结算资金、期货保证金等资金，债券、股票、基金份额和其他证券，以及股权、保单权益和其他投资权益等财产，并可以要求有关单位和个人配合。

3.《公安机关办理刑事案件适用查封、冻结措施有关规定》

第五十一条　当事人和辩护人、诉讼代理人、利害关系人对于公安机关及其侦查人员有下列行为之一的，有权向该机关申诉或者控告：

(一) 对与案件无关的财物采取查封、冻结措施的；

……

第四部分　检察院审查批捕、起诉

63. 检察院审查批捕阶段，辩护律师能否阅卷？

【案例简介】

河南王某涉嫌受贿，北京王律师接受王某家属委托，在案件侦查阶段就介入辩护工作。犯罪嫌疑人王某对涉案事实坚持认为不构成犯罪，辩护人经会见并与侦查机关办案人员数次交流后，也认为指控罪名无法律依据。王律师遂在检察机关审查批捕阶段与检察机关办案人员反复交涉，提出对提请批准逮捕相关证据材料进行查阅，检察机关认为此阶段律师阅卷无法律依据，不予许可。后王律师以书面方式提交了较为充分的论证意见，检察机关最终决定对王某不予逮捕，王某被取保候审。

【问题分析】

2019 年 2 月，最高人民检察院颁布《2018—2022 年检察改革工作规划》，明确规定“建立有重大影响案件审查逮捕听证制度”，全面提速审查逮捕诉讼化改革。审查逮捕听证制度是按照司法运行规律开展审查逮捕工作，有助于规范办案、提升司法公信力。通过听证推动审查批捕程序诉讼化，可以形成以侦查机关、犯罪嫌疑人及其辩护律师为两端，检察机关居中裁判的结构，保证检察官的相对中立性和独立性，切实保障人权，维护司法公正。

通过改革实行听证制度，从程序机制上保障正确行使逮捕权，符合批准逮捕行使的是一种司法权的属性。让当事者参与到决策过程中，发挥作用和影响，增加了人们对批捕决定的认同感，自然也提升了司法公信力。虽然目前法律并没有规定审查批捕阶段律师享有阅卷权，但随着审查批捕程序诉讼化改革的进一步推进，律师阅卷问题定能得到解决。

【实务解答】

目前，在有些试点地方，辩护人经与审查批捕人员充分沟通，是可以查阅相关卷宗材料的。但因为没有明确的法律依据，还需付出更多努力，才有可能最大限度地保护当事人合法权益。

【法规摘引】

1.《刑事诉讼法》（全国人民代表大会常务委员会 2018 年 10 月 26 日

发布）

第四十条 辩护律师自人民检察院对案件审查起诉之日起，可以查阅、摘抄、复制本案的案卷材料。其他辩护人经人民法院、人民检察院许可，也可以查阅、摘抄、复制上述材料。

2.**《人民检察院刑事诉讼规则》**（高检发释字〔2019〕4号，最高人民检察院2019年12月30日发布）

第三十九条 辩护人、诉讼代理人向人民检察院提出有关申请、要求或者提交有关书面材料的，负责案件管理的部门应当接收并及时移送办案部门或者与办案部门联系，具体业务由办案部门负责办理，本规则另有规定的除外。

64. 捕诉一体化改革背景下，对是否批捕，辩护律师能否提出书面意见并要求听证？

【案例简介】

某陶姓女子，因涉嫌虚开增值税专用发票被刑事拘留，律师在会见及与侦查机关交涉后，认为指控罪名缺乏证据支持。律师在“黄金救援37天”内，及时向侦查机关、检察院相关部门提出书面意见，并约见审查逮捕的相关人员，全面论证嫌疑人的行为不具有社会危害性，无逮捕必要。经辩护人全力争取，检察机关对侦查机关的逮捕申请不予批准，嫌疑人同时被取保候审。

【问题分析】

在捕诉一体化诉讼制度改革背景下，公诉人肩负批捕与起诉双重职能，会以更加严格的标准审查批捕。《刑事诉讼法》明确规定第八十八条第二款：“人民检察院审查批准逮捕，可以询问证人等诉讼参与人，听取辩护律师的意见；辩护律师提出要求的，应当听取辩护律师的意见。”《最高人民检察院、公安部关于逮捕社会危险性条件若干问题的规定（试行）》也明确规定，人民检察院办理审查逮捕案件，应当全面把握逮捕条件，应当严格审查是否具备社会危险性条件。人民检察院审查认定犯罪嫌疑人是否具有社会危险性，应当以公安机关移送的社会危险性相关证据为依据，并结合案件具体情况综合认定。必要时可以通过讯问犯罪嫌疑人、询问证人等诉讼参与人、听取辩护律师意见等方式，核实相关证据。依据在案证据不能认定犯罪嫌疑人符合逮捕社会危险性条件的，人民检察院可以要求公安机关补充相关证据，公安机关没有补充移送的，应当作出不批准逮捕的决定。

辩护人应充分了解和运用规定，在案件事实不清、证据不足、不符合逮捕条件的情况下，在法定时间内，积极介入，与侦查、公诉部门充分协商，提出书面建议，穷尽一切可能，为嫌疑人争取最有利的结果，为后续辩护打下坚实基础。

【实务解答】

捕诉一体化改革背景下，对是否批捕犯罪嫌疑人，辩护律师可以提出书面意见并要求听证，具体操作为：

1. 向侦查机关提出书面意见，充分论证可以不逮捕犯罪嫌疑人的各种有利因素，争取取保候审。

2. 向检察机关办案人员提出书面意见。

3. 约见办案人员，当面陈述理由。

4. 向检察机关申请召开审查逮捕听证会。

【法规摘引】

1.《刑事诉讼法》（全国人民代表大会常务委员会 2018 年 10 月 26 日发布）

第三十八条　辩护律师在侦查期间可以为犯罪嫌疑人提供法律帮助；代理申诉、控告；申请变更强制措施；向侦查机关了解犯罪嫌疑人涉嫌的罪名和案件有关情况，提出意见。

第八十八条　人民检察院审查批准逮捕，可以讯问犯罪嫌疑人；有下列情形之一的，应当讯问犯罪嫌疑人：

（一）对是否符合逮捕条件有疑问的；

（二）犯罪嫌疑人要求向检察人员当面陈述的；

（三）侦查活动可能有重大违法行为的。

人民检察院审查批准逮捕，可以询问证人等诉讼参与人，听取辩护律师的意见；辩护律师提出要求的，应当听取辩护律师的意见。

2.《最高人民检察院、公安部关于逮捕社会危险性条件若干问题的规定（试行）》（高检会〔2015〕9号，2015年10月9日印发）

第二条 人民检察院办理审查逮捕案件，应当全面把握逮捕条件，对有证据证明有犯罪事实、可能判处徒刑以上刑罚的犯罪嫌疑人，除刑诉法第七十九条第二、三款规定的情形外，应当严格审查是否具备社会危险性条件。公安机关侦查刑事案件，应当收集、固定犯罪嫌疑人是否具有社会危险性的证据。

第四条 人民检察院审查认定犯罪嫌疑人是否具有社会危险性，应当以公安机关移送的社会危险性相关证据为依据，并结合案件具体情况综合认定。必要时可以通过讯问犯罪嫌疑人、询问证人等诉讼参与人、听取辩护律师意见等方式，核实相关证据。依据在案证据不能认定犯罪嫌疑人符合逮捕社会危险性条件的，人民检察院可以要求公安机关补充相关证据，公安机关没有补充移送的，应当作出不批准逮捕的决定。

65. 辩护律师向检察院提出羁押必要性审查意见，检察院不接收材料，如何处理？

【案例简介】

王律师接受委托担任行贿罪一案的犯罪嫌疑人宋某的辩护律师。王律师阅卷后，发现犯罪嫌疑人有自首的情节，有悔罪表现，并且该犯罪嫌疑人的羁押期限已经届满，遂向检察院提出羁押必要性审查的申请，但检察院却拒绝接收辩护律师的申请材料，也未给出相应的答复。王律师随后多次向检察院提出申请，检察院均无理由拒绝接收材料。

【问题分析】

羁押必要性审查是指对于审查批准逮捕后的犯罪嫌疑人、被告人是否应该予以持续羁押。羁押必要性审查程序的合理运行是对犯罪嫌疑人、被告人人权的保障。2012年《刑事诉讼法》第二次修正首次正式提出了捕后羁押必要性审查制度，该制度的正式确立标志着我国对于解决超期羁押问题的决心，同时也意味着对于未决羁押的问题将在法律层面进行有效规制。刑事诉讼制度“以审判为中心”是针对以往的“以侦查为中心”“以逮捕为中心”而提出的，它强调在诉讼过程中要极力避免行政治罪模式的产生，而代之以司法审查制的建立。羁押必要性审查的诉讼化构建就是要克服原有的行政化审批模式，建立能够充分保障被追诉人权利的诉讼化模式，这种转变是以审判为中心的刑事诉讼制度改革的必然要求和合理延伸。

《刑事诉讼法》第二条明确规定了“尊重和保障人权”，第九十五条规定了犯罪嫌疑人、被告人被逮捕后，人民检察院仍应当对羁押的必要性进行审查，对不需要继续羁押的，应当建议予以释放或者变更强制措施。羁押必要性审查是尊重和保障人权原则的具体化。“减少羁押”“逮捕与羁押分离”理念的确立才能最终保障人权。

2016 年，最高人民检察院先后颁布了《人民检察院办理羁押必要性审查案件规定(试行)》和《最高人民检察院刑事执行检察厅关于贯彻执行〈人民检察院办理羁押必要性审查案件规定(试行)〉的指导意见》。以上两个文件的出台为羁押必要性审查工作的执行提供了较详细的指引。捕后羁押必要性审查除依职权启动外，还可以依申请启动。申请的主体应当与《刑事诉讼法》规定的申请变更或撤销强制措施的主体相同，即犯罪嫌疑人、被告人及其法定代理人、近亲属或者辩护人。辩护律师可以要求查看逮捕决定书、羁押必要性审查书等法律文书的复印件，了解犯罪嫌疑人、被告人被羁押的理由和与之有关的案情事实。

辩护律师想要提供犯罪嫌疑人、被告人不具有羁押必要性的证据材料，就需要充分了解其被逮捕时的理由说明，继而论证这一羁押理由是否还存在。案例中，律师屡次向检察机关申请羁押必要性审查，检察机关均拒绝接收申请材料，不但严重损害了律师的诉讼权利，也与尊重和保障人权的立法原则相悖。

【实务解答】

辩护律师向检察院提出羁押必要性审查意见，检察院不接收材料，律师可以依照《人民检察院刑事诉讼规则》第五十七条规定向同级或者上一级人民检察院申诉或者控告，也可以通过律师协会进行维权。

【法规摘引】

1.《刑事诉讼法》（全国人民代表大会常务委员会 2018 年 10 月 26 日发布）

第九十七条 犯罪嫌疑人、被告人及其法定代理人、近亲属或者辩护人有权申请变更强制措施。人民法院、人民检察院和公安机关收到申请后，应当在三日以内作出决定；不同意变更强制措施的，应当告知申请人，并说明不同意的理由。

第九十九条 人民法院、人民检察院或者公安机关对被采取强制措施法定期限届满的犯罪嫌疑人、被告人，应当予以释放、解除取保候审、监视居住或者依法变更强制措施。犯罪嫌疑人、被告人及其法定代理人、近亲属或者辩护人对于人民法院、人民检察院或者公安机关采取强制措施法定期限届满的，有权要求解除强制措施。

2.《人民检察院刑事诉讼规则》（高检发释字〔2019〕4 号，最高人民检察院 2019 年 12 月 30 日发布）

第五十七条 辩护人、诉讼代理人认为公安机关、人民检察院、人民法院及其工作人员具有下列阻碍其依法行使诉讼权利行为之一，向同级或者上一级人民检察院申诉或者控告的，人民检察院负责控告申诉检察的部门应当接受并依法办理，其他办案部门应当予以配合：

……

（五）在规定时间内不受理、不答复辩护人提出的变更强制措施申请或者解除强制措施要求的；

……

第八十八条 被羁押或者监视居住的犯罪嫌疑人及其法定代理人、近亲属或者辩护人向人民检察院申请取保候审，人民检察院应当在三日以内作出是否同意的答复。经审查符合本规则第八十六条规定情形之一的，可以对被羁押或者监视居住的犯罪嫌疑人依法办理取保候审手续。经审查不符合取保候审条件的，应当告知申请人，并说明不同意取保候审的理由。

第三百三十八条 对于人民检察院正在审查起诉的案件，被逮捕的犯罪嫌疑人及其法定代理人、近亲属或者辩护人认为羁押期限届满，向人民检察院提出释放犯罪嫌疑人或者变更强制措施要求的，人民检察院应当在三日以内审查决定。经审查，认为法定期限届满的，应当决定释放或者依法变更强制措施，并通知公安机关执行；认为法定期限未满的，书面答复申请人。

第五百七十三条　犯罪嫌疑人、被告人被逮捕后，人民检察院仍应当对羁押的必要性进行审查。

第五百七十四条第二款　犯罪嫌疑人、被告人及其法定代理人、近亲属或者辩护人可以申请人民检察院进行羁押必要性审查。申请时应当说明不需要继续羁押的理由，有相关证据或者其他材料的应当提供。

第五百八十二条　对于依申请审查的案件，人民检察院办结后，应当将提出建议的情况和公安机关、人民法院的处理情况，或者有继续羁押必要的审查意见和理由及时书面告知申请人。

66. 辩护律师提出书面意见，侦查机关、检察机关不接收怎么办?

【案例简介】

罗某因绑架罪被公安机关提请批准逮捕，区检察院以抢劫罪对其批准逮捕，公安机关以绑架罪、抢劫罪对罗某移送检察机关起诉。审查起诉阶段，辩护律师三次从外地赶来，积极动员罗某家属退赔被害人损失 6 万元。通过阅卷，律师发现对犯罪嫌疑人应以非法拘禁罪定罪量刑，遂向当地检察机关提出书面辩护意见，但检察机关却拒绝接收材料，律师随后多次向检察机关提出书面辩护意见，检察机关均未接收。

【问题分析】

律师向检察机关提出辩护意见主要有两种方式：一是提交法律意见书，二是通过电话或者与承办检察官面对面沟通。《刑事诉讼法》除了在审查批准逮捕（第八十八条）、侦查终结（第一百六十一条）、死刑复核（第二百五十一条），以及审查批准或者决定逮捕未成年人（第二百八十条）等诉讼环节确定听取辩护律师或者辩护人的意见外，还对审查起诉、认罪认罚程序（第一百七十三条）、审判等阶段听取辩护律师或者辩护人的意见做了重申。从两高三部《关于依法保障律师执业权利的规定》第八条的规定可以看出，提出辩护意见的形式与效果，主要是书面附卷和书面反馈。审查起诉阶段的律师辩护意见，既可能是针对实体性的定罪量刑问题，也可能是对于诉讼权利保障、非法证据排除、羁押必要性审查、变更或者解除强制措施以及侵权违法行为救济的程序性问题。

《人民检察院刑事诉讼规则》第二百六十一条第二款规定："办理审查起诉案件，应当听取辩护人或者值班律师、被害人及其诉讼代理人的意见，并制作笔录。辩护人或者值班律师、被害人及其诉讼代理人提出书面意见的，应当附卷。"在实践中，检察机关或者其他机关对律师意见的答复和处理存在不规范之处，导致律师表达意见权利受到阻碍时的救济不力。

在审查起诉阶段，辩护律师和检察官既相互对抗，又相互合作。在基层检察院的审查起诉阶段，辩护律师可以提出书面或口头辩护意见，对案件定性提出异议，动员犯罪嫌疑人认罪，参与调解、和解，配合检察机关正确处理案件。

在基层检察院，多数刑事案件是犯罪嫌疑人认罪的案件，在审查起诉过后，检察院对多数案件都作出了起诉的决定。因此，在当下实行量刑规范化、量刑建议、刑事和解以及认罪认罚从宽处理工作中，辩护律师及早提出量刑辩护意见，或者在起诉到法院之前争取减少指控犯罪嫌疑人犯罪事实的内容，形成有利于被告人的量刑合意，对被告人的权利保障覆盖面更大。

【实务解答】

辩护律师积极地参与辩护工作，提出其核心的辩护意见，检察机关却无故拒绝接收，严重损害了律师的诉讼权利，辩护律师可依照《人民检察院刑事诉讼规则》第五十四条、第五十七条的规定维护自己的合法权益。

【法规摘引】

《人民检察院刑事诉讼规则》（高检发释字〔2019〕4号，最高人民检察院2019年12月30日发布）

第五十四条 在人民检察院侦查、审查逮捕、审查起诉过程中，辩护人要求听取其意见的，办案部门应当及时安排。辩护人提出书面意见的，办案部门应当接收并登记。

听取辩护人意见应当制作笔录或者记录在案，辩护人提出的书面意见应当附卷。

辩护人提交案件相关材料的，办案部门应当将辩护人提交材料的目的、来源及内容等情况记录在案，一并附卷。

第五十七条　辩护人、诉讼代理人认为公安机关、人民检察院、人民法院及其工作人员具有下列阻碍其依法行使诉讼权利行为之一，向同级或者上一级人民检察院申诉或者控告的，人民检察院负责控告申诉检察的部门应当接受并依法办理，其他办案部门应当予以配合：

……

（十二）未依法听取辩护人、诉讼代理人意见的；

……

67. 审查批捕期间，对犯罪嫌疑人的无罪辩解，辩护律师应如何应对？

【案例简介】

吕某因涉嫌非法采矿被刑事拘留，律师在会见时，犯罪嫌疑人吕某提出有合法采矿手续，并提出了承包合同、矿产坐标等书面证据，不构成犯罪。辩护人根据上述证据，结合嫌疑人陈述，就相关问题向有关行政主管部门进行调查。调查显示，嫌疑人在采矿过程中超越开采范围并对邻矿造成损失，根据《刑法》第三百四十三条的规定，违反矿产资源法的规定，未取得采矿许可证擅自采矿，擅自进入国家规划矿区、对国民经济具有重要价值的矿区和他人矿区范围采矿，应对此结果承担责任。律师与犯罪嫌疑人再次沟通后，确认属实。在事实清楚的情况下，律师建议认罪认罚，争取从轻量刑。庭审中，公诉人出具证据证实被告人构成犯罪，因认罪态度好建议判处缓刑，法院同意，当事人服判未上诉。

【问题分析】

在审查批捕期间，律师无法看到卷宗材料，仅凭犯罪嫌疑人供述及部分证据，不可能得出准确结论。因此，对犯罪嫌疑人的无罪辩解，律师既要高度重视，避免犯罪嫌疑人失去认罪认罚从宽处理的机会，又不能不假思索全面接受。律师应当在法律允许的范围内进行调查取证，就相关法律适用进行充分研究论证，包括可能的变更强制措施、实体上从宽处理等。

在进行相关调查后无法准确判断相关事实、证据的情况下，可建议嫌疑人自行书写案件事实及辩解意见。辩护人可就相关法律适用与犯罪嫌疑人进行充分沟通，以保证在案件辩护策略上、实体及程序方面做出正确选择。

【实务解答】

审查批捕期间，对犯罪嫌疑人的无罪辩解，律师应当持慎重态度，应当依据所掌握的案件信息或必要的调查取证，做出独立的专业判断，并尽量与犯罪嫌疑人沟通，达成一致意见。

【法规摘引】

《公安机关办理刑事案件程序规定》（公安部令第159号，2020年9月1日发布）

第九条 公安机关在刑事诉讼中，应当保障犯罪嫌疑人、被告人和其他诉讼参与人依法享有的辩护权和其他诉讼权利。

第二百零七条 犯罪嫌疑人请求自行书写供述的，应当准许；必要时，侦查人员也可以要求犯罪嫌疑人亲笔书写供词。犯罪嫌疑人应当在亲笔供词上逐页签名、捺指印。侦查人员收到后，应当在首页右上方写明“于某年某月某日收到”，并签名。

第二百零九条 对犯罪嫌疑人供述的犯罪事实、无罪或者罪轻的事实、申辩和反证，以及犯罪嫌疑人提供的证明自己无罪、罪轻的证据，公安机关应当认真核查；对有关证据，无论是否采信，都应当如实记录、妥善保管，并连同核查情况附卷。

68. 辩护律师能否在批捕阶段为犯罪嫌疑人聘请法学专家做专家论证？应依法提供哪些材料，注意哪些事项？

【案例简介】

陕西刘某涉嫌非法吸收公众存款罪被公安机关立案侦查。在检察院审查批捕阶段，刘某家属提出刘某被刑拘后，债权人由于不了解实际情况，以不理智甚至违法方式维权，造成企业无法经营。家属希望检察机关不予批准逮捕或公安机关变更强制措施，让刘某能早点出来解决经济问题，要求律师就刘某是否符合逮捕条件组织专家论证会。

【问题分析】

通常情况下，专家论证的前提应该是掌握充分的事实、证据。但审查批捕阶段，辩护人并无阅卷权，无法掌握相关案件材料，专家论证可能较为困难，即使出具专家意见，也恐难有说服力。但本案的特殊性在于，如果犯罪嫌疑人能够取保候审，企业可以继续经营，将会对投资人利益有极大保障。

鉴于本案特殊情况，辩护人认为，专家论证并无规定应何时做出，无论就案件事实、证据、法律适用等任一方面，根据掌握的情况，都可以出具意见。尤其是本案涉案企业已无法经营，如果犯罪嫌疑人被取保候审，对保护债权人利益，对企业经营发展都是有利的。因此，就犯罪嫌疑人是否具有社会危险性、是否符合取保候审条件，辩护人组织了一场专家论证，根据掌握的相关材料、犯罪嫌疑人亲笔供述、保证人情况等，与会专家出具了可以不批捕的专家意见书。虽然办案机关当时未接受该意见，但在其后的检察机关羁押必要性审查中，对刘某变更了强制措施。

【实务解答】

辩护律师可以在批捕阶段为犯罪嫌疑人聘请法学专家做专家论证。在组织进行专家论证时，除了提供必要的资料，如犯罪嫌疑人亲笔供述、相关书证外，还应该充分注意犯罪嫌疑人是否存在具有社会危险性的因素，如是否存在故意实施新的犯罪行为；企图自杀、逃跑；逃避侦查、审查起诉；实施毁灭、伪造证据或者串供、干扰证人作证；对被害人、证人、举报人、控告人及其他人员实施打击报复等行为。

【法规摘引】

《人民检察院刑事诉讼规则》（高检发释字〔2019〕4号，最高人民检察院2019年12月30日发布）

第一百一十一条第一款　犯罪嫌疑人有下列违反监视居住规定的行为，人民检察院应当对犯罪嫌疑人予以逮捕：

（一）故意实施新的犯罪行为；

（二）企图自杀、逃跑；

（三）实施毁灭、伪造证据或者串供、干扰证人作证行为，足以影响侦查、审查起诉工作正常进行；

（四）对被害人、证人、鉴定人、举报人、控告人及其他人员实施打击报复。

69. 检察院不允许阅卷，辩护律师该如何维护自己的合法权益？

【案例简介】

律师在接受盗窃案犯罪嫌疑人刘某的委托后，待案件到审查起诉阶段后到当地检察机关阅卷，该检察机关以案卷还未整理完为由拒绝了辩护律师阅卷的申请。过了几日，律师再次来到检察机关申请阅卷，检察机关又以该律师未提前预约为由，拒绝了律师的阅卷申请。此后，检察机关继续以其他理由拒绝该名律师的阅卷申请。虽然后来律师通过与检察机关的不断交涉与沟通，最终拿到了案件的卷宗，但由于距离开庭时间比较接近，导致律师在庭前的准备工作做得不够充分，没能更好地为犯罪嫌疑人辩护。

【问题分析】

律师阅卷权是《刑事诉讼法》《律师法》等法律赋予律师的法定权利，律师依法执业受法律保护，不受任何组织和个人的侵害。根据《刑事诉讼法》第四十条的规定，辩护律师自人民检察院对案件审查起诉之日起，可以查阅、摘抄、复制本案的案卷材料。其他辩护人经人民法院、人民检察院许可，也可以查阅、摘抄、复制上述材料。我国现行刑事法律对律师阅卷权规定明确，赋予了辩护律师双重阅卷权和全面阅卷权。双重阅卷权是指辩护律师在审查起诉和审判两个阶段均享有阅卷权；全面阅卷权是指可查阅的范围系该案的全部诉讼文书和证据材料，但不同诉讼阶段可查阅案卷范围是有所差异的。在审查起诉阶段，可查阅案卷是侦查机关所制作的诉讼文书以及收集的全部证据材料；在审判阶段，除了侦查阶段移送的全部材料之外，也可查阅检察机关在审查起诉阶段自行收集的补充材料。

《刑事诉讼法》第四十九条规定："辩护人、诉讼代理人认为公安机关、人民检察院、人民法院及其工作人员阻碍其依法行使诉讼权利的，有权向同级或者上一级人民检察院申诉或者控告。人民检察院对申诉或者控告应当及时进行审查，情况属实的，通知有关机关予以纠正。”两高三部《关于依法保障律师执业权利的规定》第四十一条明确规定了律师可以就办案机关及其工作人员侵犯律师执业权利的行为向办案机关或者其上一级机关投诉，办案机关应当对投诉及时开展调查，情况属实的予以纠正，并做好答复律师的释法说理工作。对其他执法司法机关妨碍律师依法执业的法律监督职责，是刑事诉讼法赋予检察机关的重要任务。《关于依法保障律师执业权利的规定》第四十二条对上述职责进行了重申，律师可以就刑事诉讼中办案机关及其工作人员阻碍其依法执业的行为向同级或者上一级人民检察院申诉、控告，人民检察院应当在受理后十日以内进行审查，并将处理情况书面答复律师。情况属实的，通知有关机关予以纠正。情况不属实的，做好说明解释工作。此外，人民检察院在办案过程中发现有阻碍律师依法行使权利行为的，也应当依法、及时提出纠正意见。较之《刑事诉讼法》和相关司法解释，《关于依法保障律师执业权利的规定》增加了办案机关拒不纠正的追责机制，第四十三条规定：“办案机关或者其上一级机关、人民检察院对律师提出的投诉、申诉、控告，经调查核实后要求有关机关予以纠正，有关机关拒不纠正或者累纠累犯的，应当由相关机关的纪检监察部门依照有关规定调查处理，相关责任人构成违纪的，给予纪律处分。”第四十四条规定：“律师认为办案机关及其工作人员阻碍其依法行使执业权利的，可以向其所执业律师事务所所在地的市级司法行政机关、所属的律师协会申请维护执业权利。情况紧急的，可以向事发地的司法行政机关、律师协会申请维护执业权利。事发地的司法行政机关、律师协会应当给予协助。司法行政机关、律师协会应当建立维护律师执业权利快速处置机制和联动机制，及时安排专人负责协调处理。律师的维权申请合法有据的，司法行政机关、律师协会应当建议有关办案机关依法处理，有关办案机关应当将处理情况及时反馈司法行政机关、律师协会。司法行政机关、律师协会持有关证明调查核实律师权益保障或者违纪有关情况的，办案机关应当予以配合、协助，提供相关材料。”第四十五条规定：“人民法院、人民检察院、公安机关、国家安全机关、司法行政机关和律师协会应当建立联席会议制度，定期沟通保障律师执业权利工作情况，及时调查处理侵犯律师执业权利的突发事件。”这些规定在明确律师可以就司法机关及其工作人员的违法行为提出申诉、控告的同时，也明确了律师在辩护权利受到侵害时的救济途径，进而全方位地保障了律师有效行使刑事诉讼权利。

因此，阅卷权不仅是法律赋予律师的权利，而且律师通过阅卷获取案件相关信息，行使阅卷权也是其掌握证据、行使辩护权的必要前提。本案中，虽然辩护律师最后完成了阅卷，但由于距离开庭审理的时间比较近，导致辩护工作受到极大的限制。

【实务解答】

检察机关以各种理由拒绝律师的阅卷申请，已经侵害了律师阅卷权。检察院不允许辩护律师阅卷，律师可以依照《刑事诉讼法》第四十九条、两高三部《关于依法保障律师执业权利的规定》第四十二条、第四十三条、第四十四条、第四十五条规定进行维权。

【法规摘引】

1.《刑事诉讼法》（全国人民代表大会常务委员会 2018 年 10 月 26 日发布）

第四十条 辩护律师自人民检察院对案件审查起诉之日起，可以查阅、摘抄、复制本案的案卷材料。其他辩护人经人民法院、人民检察院许可，也可以查阅、摘抄、复制上述材料。

第四十九条 辩护人、诉讼代理人认为公安机关、人民检察院、人民法院及其工作人员阻碍其依法行使诉讼权利的，有权向同级或者上一级人民检察院申诉或者控告。人民检察院对申诉或者控告应当及时进行审查，情况属实的，通知有关机关予以纠正。

2.《人民检察院刑事诉讼规则》（高检发释字〔2019〕4 号，最高人民检察院 2019 年 12 月 30 日发布）

第五十七条第一款 辩护人、诉讼代理人认为公安机关、人民检察院、人民法院及其工作人员具有下列阻碍其依法行使诉讼权利行为之一，向同级或者上一级人民检察院申诉或者控告的，人民检察院负责控告申诉检察的部门应当接受并依法办理，其他办案部门应当予以配合：

……

（八）违法不允许辩护律师查阅、摘抄、复制本案的案卷材料的；

……

第三款 辩护人、诉讼代理人认为看守所及其工作人员有阻碍其依法行使诉讼权利的行为，向人民检察院申诉或者控告的，由负责刑事执行检察的部门接受并依法办理；其他办案部门收到申诉或者控告的，应当及时移送负责刑事执行检察的部门。

第五十八条 辩护人、诉讼代理人认为其依法行使诉讼权利受到阻碍向人民检察院申诉或者控告的，人民检察院应当及时受理并调查核实，在十日以内办结并书面答复。情况属实的，通知有关机关或者本院有关部门、下级人民检察院予以纠正。

70. 检察院不允许被害人诉讼代理律师阅卷，律师如何维权？

【案例简介】

在某故意伤害案件中，王律师接受被害人刘某的委托，担任被害人刘某的诉讼代理人。王律师为维护被害人的合法权益，在审查起诉阶段到当地检察机关申请阅卷，检察机关以该律师无权阅卷为由拒绝。此后，律师申请阅卷，均被检察机关拒绝，导致律师没能及时阅卷。

【问题分析】

现行《刑事诉讼法》进一步扩大了阅卷范围，自案件进入审查起诉之日起，律师就可以查阅该案的案卷材料。《最高人民法院关于适用〈中华人民共和国刑事诉讼法〉的解释》第五十六条规定："诉讼代理人有权根据事实和法律，维护被害人、自诉人或者附带民事诉讼当事人的诉讼权利和其他合法权益。"第五十七条规定："经人民法院许可，诉讼代理人可以查阅、摘抄、复制本案的案卷材料。律师担任诉讼代理人，需要收集、调取与本案有关的证据材料的，参照适用本解释第五十一条至第五十三条的规定。"《刑事诉讼法》第四十九条规定："辩护人、诉讼代理人认为公安机关、人民检察院、人民法院及其工作人员阻碍其依法行使诉讼权利的，有权向同级或者上一级人民检察院申诉或者控告。人民检察院对申诉或者控告应当及时进行审查，情况属实的，通知有关机关予以纠正。”

因此，就我国现状而言，保障律师真正有效行使诉讼权利的最重要的途径之一就是构建和完善律师诉讼权利救济机制，实现基本的控辩平衡，从而维护司法公正。

【实务解答】

律师诉讼权利救济机制是权利救济机制中的一种，即：律师在行使诉讼权利受到阻碍时向法律规定的机构寻求帮助，请求其通过审查作出裁决，从而维护自身权利，进而维护当事人权利的相关制度组成的有机整体。根据《刑事诉讼法》第四十九条的规定，当辩护人、诉讼代理人认为公安机关、检察机关、法院及其工作人员阻碍其依法行使诉讼权利时，有权向同级或者上一级检察机关申诉或者控告，检察机关对申诉或者控告应及时审查，情况属实的，应通知相关机关予以改正。

【法规摘引】

1.《刑事诉讼法》（全国人民代表大会常务委员会2018年10月26日发布）

第四十九条 辩护人、诉讼代理人认为公安机关、人民检察院、人民法院及其工作人员阻碍其依法行使诉讼权利的，有权向同级或者上一级人民检察院申诉或者控告。人民检察院对申诉或者控告应当及时进行审查，情况属实的，通知有关机关予以纠正。

2.《最高人民法院关于适用〈中华人民共和国刑事诉讼法〉的解释》（法释〔2012〕21号，最高人民法院2012年12月20日发布）

第五十四条 人民法院自受理自诉案件之日起三日内，应当告知自诉人及其法定代理人、附带民事诉讼当事人及其法定代理人，有权委托诉讼代理人，并告知如果经济困难的，可以申请法律援助。

第五十六条 诉讼代理人有权根据事实和法律，维护被害人、自诉人或者附带民事诉讼当事人的诉讼权利和其他合法权益。

第五十七条 经人民法院许可，诉讼代理人可以查阅、摘抄、复制本案的案卷材料。

律师担任诉讼代理人，需要收集、调取与本案有关的证据材料的，参照适用本解释第五十一条至第五十三条的规定。

71. 辩护律师对于案发经过光盘、审讯录像等证据，能否要求复制？

【案例简介】

律师接受交通肇事罪犯罪嫌疑人吴某及家属的委托，在审查起诉阶段核实证据时发现，检察机关提供的证据中没有案发过程的监控录像，该录像是犯罪嫌疑人是否构成犯罪的关键证据。辩护律师向检察机关申请复制该份证据，得到的回复是辩护人无权复制，拒绝提供。辩护律师在会见犯罪嫌疑人时，通过与犯罪嫌疑人沟通，了解到侦查机关有对犯罪嫌疑人刑讯逼供的嫌疑，犯罪嫌疑人也确认了这一点。辩护人遂向检察机关申请查看、复制审讯时的同步录音录像，检察机关再次以辩护人无权复制为由，拒绝了辩护律师的申请。

【问题分析】

《刑事诉讼法》完善了辩护人的阅卷权，扩大了律师阅卷的范围，辩护人自审查起诉之日起，有权查阅、摘抄、复制全部案卷材料。律师行使阅卷权利的范围不仅包括“诉讼文书”和“技术性鉴定材料”，还包括与案件有关的“案卷材料”，即律师能够全面查阅侦查机关和检察机关掌控的案件材料，为辩护权利的实现提供了保障。在实践中，一些司法机关通过多种手段限制律师的阅卷权利，有些机关只允许辩护律师选择查阅、摘抄、复制中的一种方式，并限制复制的数量；有些机关仅允许复制书面卷宗，对于光盘、审讯录像等证据，不允许复制，这其实都是对律师权利的一种侵犯。

《刑事诉讼法》第四十条规定：“辩护律师自人民检察院对案件审查起诉之日起，可以查阅、摘抄、复制本案的案卷材料。其他辩护人经人民法院、人民检察院许可，也可以查阅、摘抄、复制上述材料。”《人民检察院刑事诉讼规则》第四十七条第一款规定：“自人民检察院对案件审查起诉之日起，应当允许辩护律师查阅、摘抄、复制本案的案卷材料。案卷材料包括案件的诉讼文书和证据材料。”《刑事诉讼法》第五十条第二款规定：“证据包括：（一）物证；（二）书证；（三）证人证言；（四）被害人陈述；（五）犯罪嫌疑人、被告人供述和辩解；（六）鉴定意见；（七）勘验、检查、辨认、侦查实验等笔录；（八）视听资料、电子数据。”本案中，案发经过光盘、审讯录像属于上述证据种类中的视听资料类证据，辩护律师只有在全面了解控诉方所掌握的证明犯罪嫌疑人有罪的所有材料后，才能有针对性地辩护，从而提高辩护质量，维护犯罪嫌疑人、被告人的合法权益。各种形式证据的综合运用才能正确反映出整个案件的事实，才能证明所指控的犯罪嫌疑人或被告人是否有罪、是否可以减轻甚至免除处罚。

【实务解答】

检察机关以辩护人无权复制光盘为由拒绝辩护人的申请，是对律师阅卷权的剥夺和侵犯。律师可以依照《人民检察院刑事诉讼规则》第五十七条规定向同级或上一级人民检察院申诉或者控告，也可以通过律师协会进行维权。

【法规摘引】

1.《刑事诉讼法》（全国人民代表大会常务委员会 2018 年 10 月 26 日发布）

第四十条 辩护律师自人民检察院对案件审查起诉之日起，可以查阅、摘抄、复制本案的案卷材料。其他辩护人经人民法院、人民检察院许可，也可以查阅、摘抄、复制上述材料。

2.《最高人民法院关于适用〈中华人民共和国刑事诉讼法〉的解释》（法释〔2012〕21 号，最高人民法院 2012 年 12 月 20 日发布）

第四十七条 辩护律师可以查阅、摘抄、复制案卷材料。其他辩护人经人民法院许可，也可以查阅、摘抄、复制案卷材料。合议庭、审判委员会的讨论记录以及其他依法不公开的材料不得查阅、摘抄、复制。

辩护人查阅、摘抄、复制案卷材料的，人民法院应当提供方便，并保证必要的时间。

复制案卷材料可以采用复印、拍照、扫描等方式。

3.《人民检察院刑事诉讼规则》（高检发释字〔2019〕4 号，最高人民检察院 2019 年 12 月 30 日发布）

第四十七条　自人民检察院对案件审查起诉之日起，应当允许辩护律师查阅、摘抄、复制本案的案卷材料。案卷材料包括案件的诉讼文书和证据材料。

人民检察院直接受理侦查案件移送起诉，审查起诉案件退回补充侦查、改变管辖、提起公诉的，应当及时告知辩护律师。

第四十九条　辩护律师或者经过许可的其他辩护人到人民检察院查阅、摘抄、复制本案的案卷材料，由负责案件管理的部门及时安排，由办案部门提供案卷材料。因办案部门工作等原因无法及时安排的，应当向辩护人说明，并自即日起三个工作日以内安排辩护人阅卷，办案部门应当予以配合。

人民检察院应当为辩护人查阅、摘抄、复制案卷材料设置专门的场所或者电子卷宗阅卷终端设备。必要时，人民检察院可以派员在场协助。

辩护人复制案卷材料可以采取复印、拍照、扫描、刻录等方式，人民检察院不收取费用。

第五十七条　辩护人、诉讼代理人认为公安机关、人民检察院、人民法院及其工作人员具有下列阻碍其依法行使诉讼权利行为之一，向同级或者上一级人民检察院申诉或者控告的，人民检察院负责控告申诉检察的部门应当接受并依法办理，其他办案部门应当予以配合：

……

（八）违法不允许辩护律师查阅、摘抄、复制本案的案卷材料的。

……

72. 检察官不当面听取辩护律师意见，律师如何维权？

【案例简介】

王律师接受委托，担任挪用资金案犯罪嫌疑人丁某的辩护人。丁某系某厂的销售员，丁某几年中将销售款收款不入账，总计达人民币 50 余万元，大部分用于个人消费和借给他人；后丁某写信给厂长承认了上述事实。侦查机关遂立案侦查，但未认定丁某的自首情节。辩护律师决定当面向检察机关提出犯罪嫌疑人有自首情节的辩护意见，而检察人员对辩护人介入审查起诉阶段怀有抵触情绪，不愿听取辩护人的意见。辩护律师随后几次当面向检察机关提出辩护意见，均被无故拒绝。

【问题分析】

检察机关听取辩护律师意见是控辩双方交换案件信息，深化对案件事实认识的过程，对核实证据、准确定性以及在审查起诉环节做出何种处理决定具有重要影响。从以侦查为中心到以审判为中心的诉讼制度改革，其着眼点仅是主导诉讼进行的权力主体的更替，而忽视了权力主体之间的互动。从相关法律条文可知，检察机关可通过“听取犯罪嫌疑人、被告人及其法定代理人、辩护人的意见”“听取辩护律师意见”等方式来审查辩护律师提出的意见。这种“循环论证”的审查方式，一方面使得辩护意见得以全面展示；另一方面，也体现了辩护律师的参与程度和诉讼主体地位。

检察机关作为专门的法律监督机关，保证全面、客观、公正地审查案件，准确、及时地查明案件事实并正确适用法律，是其履行法律监督职责的重要体现。检察机关通过听取律师辩护意见，掌握辩护人提供的犯罪嫌疑人无罪、罪轻或者减轻、免除刑事处罚的相关证据或者线索，同时也能了解在侦查程序中是否存在刑讯逼供等违法办案行为，真正做到兼听则明。这不但可以使检察机关全方位地审查案件，客观、公正地作出起诉或不起诉决定，而且通过听取律师辩护意见，还可以发挥辩护权对检察权的制约功能，从而有助于检察机关不断改进审查起诉工作，提高办案质量，提高检察机关公信力。完善听取辩护人意见制度，为犯罪嫌疑人在审查起诉环节享有辩护权提供条件，为检察机关准确地核实案件事实和证据提供保障，促使检察机关对刑事案件作出客观、公正的审查决定，进而完善具有中国特色的刑事审查起诉制度。

【实务解答】

一般说来，辩护律师意见是基于在全面了解案件证据的基础上形成的，辩护律师就相关疑问及时向检察机关提出，检察机关应当对提出的意见及疑问与辩护律师无保留地交流。案例中，检察机关不当面听取律师的辩护意见，不仅损害了律师的合法权利，也与尊重和保障人权的立法原则不符。律师可依照《人民检察院刑事诉讼规则》第五十四条、第五十七条的规定，维护自己的合法权利。

【法规摘引】

1.《刑事诉讼法》（全国人民代表大会常务委员会 2018 年 10 月 26 日发布）

第四十九条 辩护人、诉讼代理人认为公安机关、人民检察院、人民法院及其工作人员阻碍其依法行使诉讼权利的，有权向同级或者上一级人民检察院申诉或者控告。人民检察院对申诉或者控告应当及时进行审查，情况属实的，通知有关机关予以纠正。

2.《人民检察院刑事诉讼规则》（高检发释字〔2019〕4 号，最高人民检察院 2019 年 12 月 30 日发布）

第五十四条 在人民检察院侦查、审查逮捕、审查起诉过程中，辩护人要求听取其意见的，办案部门应当及时安排。辩护人提出书面意见的，办案部门应当接收并登记。

听取辩护人意见应当制作笔录或者记录在案，辩护人提出的书面意见应当附卷。

辩护人提交案件相关材料的，办案部门应当将辩护人提交材料的目的、来源及内容等情况记录在案，一并附卷。

第五十七条 辩护人、诉讼代理人认为公安机关、人民检察院、人民法院及其工作人员具有下列阻碍其依法行使诉讼权利行为之一，向同级或者上一级人民检察院申诉或者控告的，人民检察院负责控告申诉检察的部门应当接受并依法办理，其他办案部门应当予以配合：

……

（十二）未依法听取辩护人、诉讼代理人意见的。

……

第二百六十一条 办理审查逮捕案件，犯罪嫌疑人已经委托辩护律师的，可以听取辩护律师的意见。辩护律师提出要求的，应当听取辩护律师的意见。对辩护律师的意见应当制作笔录，辩护律师提出的书面意见应当附卷。

办理审查起诉案件，应当听取辩护人或者值班律师、被害人及其诉讼代理人的意见，并制作笔录。辩护人或者值班律师、被害人及其诉讼代理人提出书面意见的，应当附卷。

对于辩护律师在审查逮捕、审查起诉阶段多次提出意见的，均应如实记录。

辩护律师提出犯罪嫌疑人不构成犯罪、无社会危险性、不适宜羁押或者侦查活动有违法犯罪情形等书面意见的，检察人员应当审查，并在相关工作文书中说明是否采纳的情况和理由。

第二百六十二条 直接听取辩护人、被害人及其诉讼代理人的意见有困难的，可以通过电话、视频等方式听取意见并记录在案，或者通知辩护人、被害人及其诉讼代理人提出书面意见。无法通知或者在指定期限内未提出意见的，应当记录在案。

73. 检察院审查起诉超过法定期限，律师如何处理？

【案例简介】

赵律师代理的一起故意伤害案件中，犯罪嫌疑人表示自愿认罪，家属对被害人进行了赔偿，拿到了被害人的谅解书。该案件案情简单明了、证据确实充分，适用法律没有较大争议，辩护律师认为该案件不属于重大、疑难案件，现移送检察院审查起诉已达三十多天，导致犯罪嫌疑人的羁押期限被延长。辩护律师遂向检察机关提出书面意见，虽然该意见最后被采纳，但审查起诉的期限已达四十多天。

【问题分析】

审查起诉是连接侦查和审判的独立的诉讼阶段，由公诉机关根据侦查收集的证据和查明的案件事实，审查案件是否符合起诉条件并作出是否起诉的决定。审查起诉作为公诉权的基本权能之一，正确、充分地行使直接关系到检察机关职能作用发挥的好坏和案件当事人合法权益的维护。《刑事诉讼法》第一百七十二条第一款对检察机关的审查起诉期限作出了明确规定："人民检察院对于监察机关、公安机关移送起诉的案件，应当在一个月以内作出决定，重大、复杂的案件，可以延长十五日；犯罪嫌疑人认罪认罚，符合速裁程序适用条件的，应当在十日以内作出决定，对可能判处的有期徒刑超过一年的，可以延长至十五日。”《人民检察院刑事诉讼规则》第三百五十一条第一款规定：“人民检察院对于移送起诉的案件，应当在一个月以内作出决定；重大、复杂的案件，一个月以内不能作出决定的，可以延长十五日。”审查起诉期限是刑事诉讼效率的保证，非重大、复杂案件延长期限或者以退回公安机关补充侦查延长时间等方式，不仅不符合法律的规定，还可能造成羁押期限过长等问题。

审查起诉阶段，犯罪嫌疑人多数已经被采取了强制措施，包括取保候审、监视居住、逮捕等。由于审查起诉环节延期或者非必要性退回补充侦查而致使犯罪嫌疑人在审查起诉环节羁押时限延长，对于嫌疑人特别是已经采取逮捕或者监视居住的嫌疑人是不公平的。

【实务解答】

本案中，犯罪嫌疑人表示自愿认罪，案情简单明了、证据确实充分，且已获得被害人的谅解，显然不具备重大、复杂的刑事案件的基本特征。对于不属于重大、复杂刑事案件，选择延长审查起诉期限，是不符合法律规定的，也不利于尊重和保障人权。律师可以依照《人民检察院刑事诉讼规则》第五十七条规定向同级或上一级人民检察院申诉或者控告。或者依照第十二条，申请启动人民监督员监督程序。

【法规摘引】

1.《刑事诉讼法》（全国人民代表大会常务委员会 2018 年 10 月 26 日发布）

第四十九条　辩护人、诉讼代理人认为公安机关、人民检察院、人民法院及其工作人员阻碍其依法行使诉讼权利的，有权向同级或者上一级人民检察院申诉或者控告。人民检察院对申诉或者控告应当及时进行审查，情况属实的，通知有关机关予以纠正。

2.《人民检察院刑事诉讼规则》（高检发释字〔2019〕4 号，最高人民检察院 2019 年 12 月 30 日发布）

第五十七条第一款　辩护人、诉讼代理人认为公安机关、人民检察院、人民法院及其工作人员具有下列阻碍其依法行使诉讼权利行为之一，向同级或者上一级人民检察院申诉或者控告的，人民检察院负责控告申诉检察的部门应当接受并依法办理，其他办案部门应当予以配合：

……

（十六）其他阻碍辩护人、诉讼代理人依法行使诉讼权利的。

第五十八条 辩护人、诉讼代理人认为其依法行使诉讼权利受到阻碍向人民检察院申诉或者控告的，人民检察院应当及时受理并调查核实，在十日以内办结并书面答复。情况属实的，通知有关机关或者本院有关部门、下级人民检察院予以纠正。

3.《中华人民共和国人民检察院组织法》（2018 修订）

第二十七条 人民监督员依照规定对人民检察院的办案活动实行监督。

4.《人民检察院办案活动接受人民监督员监督的规定》

第二条 人民检察院的办案活动依照法律和本规定接受人民监督员的监督。

第十七条 人民监督员通过其他方式对检察办案活动提出意见建议的，人民检察院人民监督员工作机构应当受理审查，及时转交办理案件的检察官办案组或者独任检察官审查处理。

74. 检察机关对辩护律师提出的向被害人等收集案件证据材料的申请不予回复，是否合理？

【案例简介】

陈律师接受故意伤害案刘某的委托，担任刘某的辩护人。在审查起诉阶段，辩护律师发现有几个问题需要跟被害人核实。根据相关法律的规定，陈律师向被害人一方调取证据不但要经被害人同意，还要经检察机关、法院的同意，故陈律师选择先向检察机关提出向被害人收集证据的申请。但检察机关却迟迟未给陈律师回复，导致陈律师未能在被害人处搜集相关证据，未能做好充分的辩护准备。

【问题分析】

根据《律师法》的相关规定，辩护律师基于自行取证困难的理由，有权向人民法院、人民检察院申请收集相关证据或者通知证人出庭作证。凭借司法程序获取证据材料，有利于辩护律师诉讼权利的实现。我国《刑事诉讼法》确立了两种形式的律师调查权：一是律师自行调查、搜集证据的权利，包括自行向有关单位或个人调取证据，或者自行要求证人、被害人、鉴定人提供证言或者出庭作证的权利；二是律师申请法院、检察院调查证据的权利，包括申请法院、检察院向有关单位或个人调取证据，或者通知证人、被害人、鉴定人提供证言或出庭作证的权利。实现律师调查取证权的最佳途径是律师通过公权力取得所需的证据，《刑事诉讼法》第四十三条规定："辩护律师经证人或者其他有关单位和个人同意，可以向他们收集与本案有关的材料，也可以申请人民检察院、人民法院收集、调取证据，或者申请人民法院通知证人出庭作证。辩护律师经人民检察院或者人民法院许可，并且经被害人或者其近亲属、被害人提供的证人同意，可以向他们收集与本案有关的材料。"根据上述法律规定，辩护律师可以向检察院、法院提出调查、搜集证据的申请。

【实务解答】

我国《律师法》和《刑事诉讼法》都确立了辩护律师的申请调查权。检察机关对辩护律师的申请不予回复的做法是不合理的，侵害了律师的调查取证权，有损司法公正。律师可以依照《人民检察院刑事诉讼规则》第五十七条规定向同级或上一级人民检察院申诉或者控告，也可以通过律师协会进行维权。

【法规摘引】

1.《刑事诉讼法》（全国人民代表大会常务委员会 2018 年 10 月 26 日发布）

第四十三条　辩护律师经证人或者其他有关单位和个人同意，可以向他们收集与本案有关的材料，也可以申请人民检察院、人民法院收集、调取证据，或者申请人民法院通知证人出庭作证。

辩护律师经人民检察院或者人民法院许可，并且经被害人或者其近亲属、被害人提供的证人同意，可以向他们收集与本案有关的材料。

2.《律师法》（全国人民代表大会常务委员会 2017 年 9 月 1 日发布）

第三十五条第一款 受委托的律师根据案情的需要，可以申请人民检察院、人民法院收集、调取证据或者申请人民法院通知证人出庭作证。

3.《人民检察院刑事诉讼规则》（高检发释字〔2019〕4号，最高人民检察院2019年12月30日发布）

第五十七条 辩护人、诉讼代理人认为公安机关、人民检察院、人民法院及其工作人员具有下列阻碍其依法行使诉讼权利行为之一，向同级或者上一级人民检察院申诉或者控告的，人民检察院负责控告申诉检察的部门应当接受并依法办理，其他办案部门应当予以配合：

……

（十）没有正当理由不同意辩护律师收集、调取证据或者通知证人出庭作证的申请，或者不答复、不说明理由的；

……

第五十八条 辩护人、诉讼代理人认为其依法行使诉讼权利受到阻碍向人民检察院申诉或者控告的，人民检察院应当及时受理并调查核实，在十日以内办结并书面答复。情况属实的，通知有关机关或者本院有关部门、下级人民检察院予以纠正。

75. 检察机关对辩护律师提出的排除非法证据的申请不予回复，是否合理?

【案例简介】

张律师担任一起入室盗窃案犯罪嫌疑人胡某的辩护人（胡某系未成年人）。张律师在会见犯罪嫌疑人时了解到，由于该案尚有同案犯一人在逃，为尽快抓获在逃犯，侦查机关连夜对胡某进行了讯问。依照《刑事诉讼法》的规定，讯问未成年犯罪嫌疑人时，应当通知其法定代理人到场，但胡某的法定代理人均在外地务工，无法到场，公安机关只能另行通知合适成年人到场。然而，由于讯问时系凌晨，当合适成年人驱车赶到公安机关办案场所时，讯问已经完成。辩护律师根据这一情况，向检察机关提出了排除非法证据的申请，检察机关却无故对张律师的申请不予回复。

【问题分析】

《刑事诉讼法》第五十六条确立了非法证据排除规则，并明确规定了检察机关排除非法证据的职责。《刑事诉讼法》第五十七条规定：“人民检察院接到报案、控告、举报或者发现侦查人员以非法方法收集证据的，应当进行调查核实。对于确有以非法方法收集证据情形的，应当提出纠正意见；构成犯罪的，依法追究刑事责任。”本案例涉及法定代理人或合适成年人未到场的情况下，未成年犯罪嫌疑人口供的合法性问题。根据《刑事诉讼法》第二百八十一条的规定，讯问和审判未成年人，应当有未成年犯罪嫌疑人、被告人的法定代理人或合适成年人在场。若讯问时，法定代理人或合适成年人不到场，该讯问即具有违法性。因此，有必要将未成年犯罪嫌疑人、被告人在合适成年人未到场情况下所作的口供视为非法证据予以排除。

《刑事诉讼法》明确规定了非法证据排除的范围和程序，推动了我国刑事司法的进步。我国对非法证据的排除主要区分为两大类：其中一类就是法律规定绝对排除的非法证据，即以法律明确禁止的方式取得的言词证据，如刑讯逼供、暴力取证等，分别体现在我国的《刑事诉讼法》第五十二条、第五十六条。《刑事诉讼法》对庭审阶段非法证据排除程序进行了部分规定，但相比较而言，对检察机关仅仅规定了审查起诉阶段的非法证据排除职责，如第五十六条条第二款规定了检察机关在审查起诉阶段应当依法排除非法证据，第五十七条规定了检察机关对非法收集证据的情形，负有法律监督的职责等。检察机关在接到非法取证的报案、控告、举报或者发现侦查人员非法取证时，应当进行调查核实，并且可以派检察官介入、引导案件的侦查取证。这样可以相对打破侦查机关封闭隐秘的侦查环境，保障侦查机关依法取证；同时也能为检察机关提前做好案件事实的证明准备工作，提高检察机关依法准确指控犯罪的能力。

【实务解答】

检察机关对于律师提出排除非法证据的申请不予回复，不仅侵害了律师的诉讼权利，也与尊重和保障人权的立法原则不符。《刑事诉讼法》第五十六条确立排除非法证据规则，目的是从制度上进一步遏制办案机关及其人员刑讯逼供和以其他非法的方式收集证据，维护司法公正和刑事诉讼参与人的合法权利。案例中，检察机关的做法严重不合法。

【法规摘引】

1.《刑事诉讼法》（全国人民代表大会常务委员会2018年10月26日发布）

第四十九条 辩护人、诉讼代理人认为公安机关、人民检察院、人民法院及其工作人员阻碍其依法行使诉讼权利的，有权向同级或者上一级人民检察院申诉或者控告。人民检察院对申诉或者控告应当及时进行审查，情况属实的，通知有关机关予以纠正。

第五十二条 审判人员、检察人员、侦查人员必须依照法定程序，收集能够证实犯罪嫌疑人、被告人有罪或者无罪、犯罪情节轻重的各种证据。严禁刑讯逼供和以威胁、引诱、欺骗以及其他非法方法收集证据，不得强迫任何人证实自己有罪。必须保证一切与案件有关或者了解案情的公民，有客观地充分地提供证据的条件，除特殊情况外，可以吸收他们协助调查。

第五十六条 采用刑讯逼供等非法方法收集的犯罪嫌疑人、被告人供述和采用暴力、威胁等非法方法收集的证人证言、被害人陈述，应当予以排除。收集物证、书证不符合法定程序，可能严重影响司法公正的，应当予以补正或者作出合理解释；不能补正或者作出合理解释的，对该证据应当予以排除。

在侦查、审查起诉、审判时发现有应当排除的证据的，应当依法予以排除，不得作为起诉意见、起诉决定和判决的依据。

第五十七条 人民检察院接到报案、控告、举报或者发现侦查人员以非法方法收集证据的，应当进行调查核实。对于确有以非法方法收集证据情形的，应当提出纠正意见；构成犯罪的，依法追究刑事责任。

2.《人民检察院刑事诉讼规则》（高检发释字〔2019〕4号，最高人民检察院2019年12月30日发布）

第五十七条第一款 辩护人、诉讼代理人认为公安机关、人民检察院、人民法院及其工作人员具有下列阻碍其依法行使诉讼权利行为之一，向同级或者上一级人民检察院申诉或者控告的，人民检察院负责控告申诉检察的部门应当接受并依法办理，其他办案部门应当予以配合：

……

（十六）其他阻碍辩护人、诉讼代理人依法行使诉讼权利的。

第七十二条第二款　当事人及其辩护人或者值班律师、诉讼代理人报案、控告、举报侦查人员采用刑讯逼供等非法方法收集证据，并提供涉嫌非法取证的人员、时间、地点、方式和内容等材料或者线索的，人民检察院应当受理并进行审查。根据现有材料无法证明证据收集合法性的，应当及时进行调查核实。

第二百六十五条　犯罪嫌疑人及其辩护人申请排除非法证据，并提供相关线索或者材料的，人民检察院应当调查核实。发现侦查人员以刑讯逼供等非法方法收集证据的，应当依法排除相关证据并提出纠正意见。

审查逮捕期限届满前，经审查无法确定存在非法取证的行为，但也不能排除非法取证可能的，该证据不作为批准逮捕的依据。检察官应当根据在案的其他证据认定案件事实和决定是否逮捕，并在作出批准或者不批准逮捕的决定后，继续对可能存在的非法取证行为进行调查核实。经调查核实确认存在以刑讯逼供等非法方法收集证据情形的，应当向公安机关提出纠正意见。以非法方法收集的证据，不得作为提起公诉的依据。

第二百六十六条第二款　审查起诉期间，犯罪嫌疑人及其辩护人又提出新的线索或者证据，或者人民检察院发现新的证据，经调查核实认为侦查人员存在以刑讯逼供等非法方法收集证据情形的，应当依法排除非法证据，不得作为提起公诉的依据。

第三款　排除非法证据后，犯罪嫌疑人不再符合逮捕条件但案件需要继续审查起诉的，应当及时变更强制措施。案件不符合起诉条件的，应当作出不起诉决定。

第三百三十条　人民检察院审查移送起诉的案件，应当查明：

……

（六）证据是否确实、充分，是否依法收集，有无应当排除非法证据的情形。

……

76. 辩护律师会见犯罪嫌疑人时核对证据的合法范围是什么?

【案例简介】

高律师担任涉黑案件犯罪嫌疑人刘某的辩护人。高律师在当地看守所会见犯罪嫌疑人，并与刘某就部分证据内容进行核实。然而，事情并没有按照高律师预设的方向发展。公安机关提讯刘某时，作为法律辩护受益者的刘某突然“反水”，揭发高律师有教唆其编造被刑讯逼供的行为。

【问题分析】

《刑事诉讼法》第三十九条第四款规定：“辩护律师会见在押的犯罪嫌疑人、被告人，可以了解案件有关情况，提供法律咨询等；自案件移送审查起诉之日起，可以向犯罪嫌疑人、被告人核实有关证据。辩护律师会见犯罪嫌疑人、被告人时不被监听。”此条规定在一定程度上解决了长期以来律师在会见时不敢向犯罪嫌疑人、被告人披露证据的问题。辩护律师核实证据的过程是律师与当事人之间信息互动交流的过程。在当事人对现有证据内容知情的基础上核实证据，辩护律师可以对证据的真实性、相关性乃至合法性予以确认或者提出反驳意见。核实证据的目的，是为了确认或消除律师在阅卷后或会见后对案件事实产生的内心疑问。显然，只有在辩护律师对案情、证据有疑问的情况下才产生核实的动因并有核实的必要。如果辩护律师对证据没有疑问，那就没有核实的必要，也就不属于证据核实的范围。这说明律师核实证据的范围是有限的，犯罪嫌疑人对证据的知悉范围和程度取决于辩护律师核实证据的范围和方式。

辩护律师进行辩护准备的实质是保证有效辩护。有效辩护客观需要律师与犯罪嫌疑人达成共同的辩护策略，形成一致的辩护意见，避免因辩护意见的冲突而产生辩护效果的消解。共同辩护意见的形成需要双方共同协商，这也是商议式辩护的应有之义。对辩护律师来说，通过审查起诉阶段的阅卷可以向犯罪嫌疑人核实任何有疑问的证据。

【实务解答】

证据核实不仅涉及律师辩护权的实现，犯罪嫌疑人、被告人权利的保障，还涉及查明事实真相等诸多价值问题。这极大地扩展了犯罪嫌疑人、被告人的证据知悉权，同时保障了辩护律师的辩护权。但从立法意图来看，核实证据权利的主体仅为辩护律师，不包括犯罪嫌疑人、被告人，法律也并没有赋予嫌疑人、被告人阅卷权。根据我国的独立辩护理论，不能从辩护人享有阅卷权推论出嫌疑人、被告人也享有阅卷权。为了避免诱发翻供、串供、泄露涉密信息等情形，对辩护律师核实证据的权利有所限制是必要的。但辩护律师行使核实证据的权利时，不应受到证据类别的限制。辩护律师应遵守“存疑核实”的原则，将涉密信息排除在核实之处，采用以口头交流为主的核实方式来核实证据。

【法规摘引】

1.《刑事诉讼法》（全国人民代表大会常务委员会2018年10月26日发布）

第三十九条 辩护律师可以同在押的犯罪嫌疑人、被告人会见和通信。其他辩护人经人民法院、人民检察院许可，也可以同在押的犯罪嫌疑人、被告人会见和通信。

辩护律师持律师执业证书、律师事务所证明和委托书或者法律援助公函要求会见在押的犯罪嫌疑人、被告人的，看守所应当及时安排会见，至迟不得超过四十八小时。

危害国家安全犯罪、恐怖活动犯罪案件，在侦查期间辩护律师会见在押的犯罪嫌疑人，应当经侦查机关许可。上述案件，侦查机关应当事先通知看守所。

辩护律师会见在押的犯罪嫌疑人、被告人，可以了解案件有关情况，提供法律咨询等；自案件移送审查起诉之日起，可以向犯罪嫌疑人、被告人核实有关证据。辩护律师会见犯罪嫌疑人、被告人时不被监听。

辩护律师同被监视居住的犯罪嫌疑人、被告人会见、通信，适用第一款、第三款、第四款的规定。

2.《人民检察院刑事诉讼规则》（高检发释字〔2019〕4号，最高人民检察院2019年12月30日发布）

第五十七条 辩护人、诉讼代理人认为公安机关、人民检察院、人民法院及其工作人员具有下列阻碍其依法行使诉讼权利行为之一，向同级或者上一级人民检察院申诉或者控告的，人民检察院负责控告申诉检察的部门应当接受并依法办理，其他办案部门应当予以配合：

……

（九）违法限制辩护律师收集、核实有关证据材料的；

……

77. 辩护律师在检察院阅卷，检察院是否可以收费？

【案例简介】

律师接受魏某的委托，担任非法组织他人偷越国边境罪犯罪嫌疑人魏某的辩护人。在案件审查起诉阶段，律师依法到当地的检察机关申请阅卷。检察机关告知该律师只能采取复印的方式进行阅卷。该案件由于涉及人数众多，整体案卷多达一百多本，这不仅占用了律师的大量时间，事后，律师还支付了高额的案卷复印费和办公耗材维护费用。

【问题分析】

根据现行《刑事诉讼法》以及相关法律、司法解释的规定，阅卷权作为律师的权利，与辩护权之间有着密切的关系。被追诉人在面对控诉方的指控时，因其自身力量单薄，难以真正实现控辩平等对抗。法律赋予辩护律师阅卷权，不仅可以实现证据材料共享、保障被追诉人的合法权益，也有利于实现控辩平衡。

律师阅卷权属于广义辩护权中的一项权利，也是律师辩护权的重要内容之一。在我国，辩护律师主要依靠阅卷来了解整个案件的基本信息和证据材料。赋予辩护律师阅卷权，就是为了使其充分了解案情，尽可能地还原案件真相。如果辩护律师享有充分的阅卷权，就会有足够的时间和材料准备辩护。同样，如果法律为律师提供充分的辩护权保障，也就保障了律师阅卷权的行使，有利于实现控辩双方之间的平衡。现行《刑事诉讼法》规定辩护律师阅卷的方式为查阅、摘抄和复制。随着电子时代的到来，辩护律师阅卷的方式逐渐呈现多样化。

《最高人民法院关于适用〈中华人民共和国刑事诉讼法〉的解释》规定

律师阅卷除了可以复制案卷材料之外，还可以通过拍照、扫描的方式来阅卷。为了更加便捷、高效地帮助辩护律师完成阅卷，2014 年《最高人民检察院关于依法保障律师执业权利的规定》要求检察院需要配备必要的速拍、复印、刻录等设施。2015 年两院三部《关于依法保障律师执业权利的规定》与 2015 年《最高人民法院关于依法切实保障律师诉讼权利的规定》要求有条件的法院，可以提供网上卷宗查阅服务或者推行电子化阅卷，允许刻录、下载材料，且要求人民检察院、人民法院应当为辩护律师阅卷提供场所和便利，配备必要的设备。

【实务解答】

辩护律师阅卷权设立的目的，是为了真正实现控辩平衡，保障被追诉人的合法权益。现行《刑事诉讼法》规定，自案件进入审查起诉之日起，刑事辩护律师可以行使阅卷权。我国辩护律师阅卷的方式由传统的查阅、摘抄、复制扩展到了拍照、扫描、速拍、复印、刻录、电子化阅卷等。阅卷方式逐渐趋于电子化或无纸化，提升了阅卷效率和质量。但在实践中，依然有部分地区的法院、检察院硬性要求辩护律师只能采用拍照或者复印的方式，这一行为侵犯了辩护律师权利的同时，也违背了立法的初衷。辩护律师因复制材料发生费用的，只收取工本费用。本案中，检察机关收取高额的复印费和耗材维护费显然是不合理的。

【法规摘引】

1.《最高人民法院关于适用〈中华人民共和国刑事诉讼法〉的解释》（法释〔2012〕21 号，2012 年 12 月 20 日发布）

第五十九条　辩护人、诉讼代理人复制案卷材料的，人民法院只收取工本费；法律援助律师复制必要的案卷材料的，应当免收或者减收费用。

2.《关于依法保障律师执业权利的规定》（司发〔2015〕14 号，最高人民法院、最高人民检察院、公安部、国家安全部、司法部 2015 年 9 月 16 日印发）

第十四条第一款　辩护律师自人民检察院对案件审查起诉之日起，可以查阅、摘抄、复制本案的案卷材料，人民检察院检察委员会的讨论记录、人民法院合议庭、审判委员会的讨论记录以及其他依法不能公开的材料除外。

人民检察院、人民法院应当为辩护律师查阅、摘抄、复制案卷材料提供便利，有条件的地方可以推行电子化阅卷，允许刻录、下载材料。侦查机关应当在案件移送审查起诉后三日以内，人民检察院应当在提起公诉后三日以内，将案件移送情况告知辩护律师。案件提起公诉后，人民检察院对案卷所附证据材料有调整或者补充的，应当及时告知辩护律师。辩护律师对调整或者补充的证据材料，有权查阅、摘抄、复制。辩护律师办理申诉、抗诉案件，在人民检察院、人民法院经审查决定立案后，可以持律师执业证书、律师事务所证明和委托书或者法律援助公函到案卷档案管理部门、持有案卷档案的办案部门查阅、摘抄、复制已经审理终结案件的案卷材料。

第三款 人民检察院、人民法院应当为辩护律师阅卷提供场所和便利，配备必要的设备。因复制材料发生费用的，只收取工本费用。律师办理法律援助案件复制材料发生的费用，应当予以免收或者减收。辩护律师可以采用复印、拍照、扫描、电子数据拷贝等方式复制案卷材料，可以根据需要带律师助理协助阅卷。办案机关应当核实律师助理的身份。

78. 检察院要求辩护律师不能做无罪辩护怎么办?

【案例简介】

张律师接受委托担任合同诈骗罪犯罪嫌疑人王某的辩护人。辩护律师通过阅卷发现犯罪嫌疑人有可能不构成犯罪，双方是单纯的民事合同关系，随后向检察机关提出自己的辩护意见。当地检察机关以会影响内部考核为由，要求辩护律师不能为犯罪嫌疑人做无罪辩护，导致辩护律师在审查起诉阶段只能放弃做无罪辩护。

【问题分析】

我国刑事案件绝大部分是公诉案件，在进入审判程序之前一般均经过公安机关、检察机关的侦查和审查起诉，在进入诉讼程序后又须经过人民法院的立案审查与庭前审查才开庭审理，对于案件的定性错误，将无罪认定为有罪而加以控诉和审判的情况并不多见。加之由于前述机关在我国刑事司法程序中占据了绝对的优势地位，如果辩护律师在审判过程中做无罪辩护，无疑就是对三机关办案能力和公信力的质疑与否定，这最终导致了无罪辩护在实际司法中的尴尬境地。《刑事诉讼法》第三十七条规定："辩护人的责任是根据事实和法律，提出犯罪嫌疑人、被告人无罪、罪轻或者减轻、免除其刑事责任的材料和意见，维护犯罪嫌疑人、被告人的诉讼权利和其他合法权益。"该规定明确了辩护人在刑事诉讼程序中的职责，同时为辩护人具体行使辩护权指明了方向，即辩护人在刑事诉讼程序中维护犯罪嫌疑人、被告人合法权益的途径是为其进行无罪或罪轻辩护。在审查起诉阶段，辩护律师比侦查阶段有了更多权利。法律明确了律师的辩护人身份，并规定自审查起诉之日起，辩护律师可以与被告人通信、阅读卷宗以及调查取证等。在这个阶段，辩护律师有机会获取大量信息，因此提出无罪辩护意见的条件更为充分。

《刑事诉讼法》和《律师法》都明确规定严禁弄虚作假和诋毁法律，必须依据事实和法律，脚踏实地、实事求是地为犯罪嫌疑人、被告人进行辩护；积极耐心查找犯罪嫌疑人、被告人无罪、罪轻或者减轻、免除其刑事责任的证据材料和线索意见，不放过任何一个证明犯罪嫌疑人、被告人清白的依据。选择合理、可行的辩护方案是律师搞好刑事辩护的关键。而律师选择刑事辩护方案应该遵循维护委托人合法权益、择优以及以事实为根据、以法律为准绳等三大基本原则。如果被告人符合无罪辩护条件，律师就应该选择无罪辩护方案。

【实务解答】

检察院因其内部考核的问题要求辩护律师不能做无罪辩护，严重损害了辩护律师的诉讼权利。律师可以依照《人民检察院刑事诉讼规则》第五十七条规定向同级或上一级人民检察院申诉或者控告，也可以通过律师协会进行维权。

【法规摘引】

1.《刑事诉讼法》（全国人民代表大会常务委员会 2018 年 10 月 26 日发布）

第三十七条　辩护人的责任是根据事实和法律，提出犯罪嫌疑人、被告人无罪、罪轻或者减轻、免除其刑事责任的材料和意见，维护犯罪嫌疑人、被告人的诉讼权利和其他合法权益。

第四十九条 辩护人、诉讼代理人认为公安机关、人民检察院、人民法院及其工作人员阻碍其依法行使诉讼权利的，有权向同级或者上一级人民检察院申诉或者控告。人民检察院对申诉或者控告应当及时进行审查，情况属实的，通知有关机关予以纠正。

2.《人民检察院刑事诉讼规则》（高检发释字〔2019〕4号，最高人民检察院2019年12月30日发布）

第五十七条第一款 辩护人、诉讼代理人认为公安机关、人民检察院、人民法院及其工作人员具有下列阻碍其依法行使诉讼权利行为之一，向同级或者上一级人民检察院申诉或者控告的，人民检察院负责控告申诉检察的部门应当接受并依法办理，其他办案部门应当予以配合：

……

（十六）其他阻碍辩护人、诉讼代理人依法行使诉讼权利的。

第五十八条 辩护人、诉讼代理人认为其依法行使诉讼权利受到阻碍向人民检察院申诉或者控告的，人民检察院应当及时受理并调查核实，在十日以内办结并书面答复。情况属实的，通知有关机关或者本院有关部门、下级人民检察院予以纠正。

79. 检察机关对辩护律师提出的回避要求不予受理怎么办?

【案例简介】

齐某等34人涉黑案由当地市检察院第一分院向市第一中级人民法院提起公诉。辩护律师李某作为被告人齐某的辩护人，接手案件仅十几天后，当地区检察院就以李某涉嫌在看守所会见犯罪嫌疑人时，为帮助齐某开脱罪责，诱导、唆使齐某编造公安机关对其刑讯逼供，并向齐某宣读同案犯的供述，指使齐某推脱罪责，涉嫌伪造证据、妨害作证罪为由对李某提起公诉。在审查起诉阶段，李某的辩护律师以区检察院的办案人员与李某有明显的利害关系为由向该机关提出回避申请，该检察机关却迟迟不受理辩护律师的申请。

【问题分析】

现代法治社会以确认、保障公民权利和控制、约束国家权力为根本任务。其中，以外在可见的方式控制、约束国家权力是现代法治社会的核心目标，也是法治和人治的最大区别。刑事诉讼中的回避制度，对于保证案件客观公正，消除当事人疑虑，提高司法公信力具有重要的制度价值。

刑事回避是指与案件或案件的当事人具有利害关系或者其他特殊关系的侦查人员、检察人员、审判人员以及书记员、翻译人员、鉴定人等，不得参与该案诉讼活动的一项诉讼制度。实行回避制度，可以防止有关人员因同案件具有特定的关系而先入为主、主观臆断，确保当事人在刑事诉讼中受到公正的对待。依法对有关办案人员和某些诉讼参与人进行有条件的选择，体现刑事诉讼制度的民主性。刑事回避制度是现代刑事诉讼中一项很重要的制度，是衡量程序正义的标准。该制度不仅符合诉讼机制本身的要求，也是符合诉讼双方趋利避害心理所做的理性分析与妥协的结果。由于每个人都存在主观判断，刑事诉讼中回避制度的设置在维持侦查人员、检察人员和审判人员中立的同时，也为他们规避价值冲突提供了合理的路径。回避制度不仅是为了实现刑事诉讼中各方当事人的真正平等，更是维护司法公正的需要。

根据刑事诉讼法的规定，司法人员回避有六种情形：（1）是本案当事人或者是当事人的近亲属；（2）本人或他的近亲属和本案有利害关系；（3）担任过本案的证人、鉴定人、辩护人、诉讼代理人；（4）与本案有其他关系，可能影响公正处理案件；（5）接受当事人及其委托的人请客送礼；（6）违反规定会见当事人及其委托的人。本案例涉及情况就属于上述的第四种情形，辩护律师提出回避申请，是依法行使其诉讼权利。

【实务解答】

根据《检察人员任职回避和公务回避暂行办法》第十六条、第十七条的规定，检察人员在检察活动中具有以下情形的，视情予以批评教育、组织调整或者给予相应的纪律处分：（1）明知具有本办法第九条或者第十条规定的情形，故意不依法自行回避或者对符合回避条件的申请故意不作出回避决定的；（2）明知诉讼代理人、辩护人具有本办法第十五条规定情形，故意隐瞒的；（3）拒不服从回避决定，继续参与办案或者干预办案的。当事人、诉讼代理人、辩护人或者其他知情人认为检察人员有违反纪律、法规有关回避规定行为的，可以向检察人员所在人民检察院监察部门举报。受理举报的部门应当及时处理，并将意见反馈给举报人。

【法规摘引】

1.《刑事诉讼法》（全国人民代表大会常务委员会 2018 年 10 月 26 日发布）

第二十九条 审判人员、检察人员、侦查人员有下列情形之一的，应当自行回避，当事人及其法定代理人也有权要求他们回避：

（一）是本案的当事人或者是当事人的近亲属的；

（二）本人或者他的近亲属和本案有利害关系的；

（三）担任过本案的证人、鉴定人、辩护人、诉讼代理人的；

（四）与本案当事人有其他关系，可能影响公正处理案件的。

第三十条 审判人员、检察人员、侦查人员不得接受当事人及其委托的人的请客送礼，不得违反规定会见当事人及其委托的人。

审判人员、检察人员、侦查人员违反前款规定的，应当依法追究法律责任。当事人及其法定代理人有权要求他们回避。

第四十九条 辩护人、诉讼代理人认为公安机关、人民检察院、人民法院及其工作人员阻碍其依法行使诉讼权利的，有权向同级或者上一级人民检察院申诉或者控告。人民检察院对申诉或者控告应当及时进行审查，情况属实的，通知有关机关予以纠正。

2.《人民检察院刑事诉讼规则》（高检发释字〔2019〕4 号，最高人民检察院 2019 年 12 月 30 日发布）

第五十七条第一款 辩护人、诉讼代理人认为公安机关、人民检察院、人民法院及其工作人员具有下列阻碍其依法行使诉讼权利行为之一，向同级或者上一级人民检察院申诉或者控告的，人民检察院负责控告申诉检察的部门应当接受并依法办理，其他办案部门应当予以配合：

（一）违反规定，对辩护人、诉讼代理人提出的回避要求不予受理或者对不予回避决定不服的复议申请不予受理的；

……

第五十八条 辩护人、诉讼代理人认为其依法行使诉讼权利受到阻碍向人民检察院申诉或者控告的，人民检察院应当及时受理并调查核实，在十日以内办结并书面答复。情况属实的，通知有关机关或者本院有关部门、下级人民检察院予以纠正。

80. 检察机关在规定时间内不受理、不答复辩护律师提出的变更强制措施申请或者解除强制措施要求的，律师应怎么办？

【案例简介】

王律师接受委托，担任合同诈骗罪犯罪嫌疑人刘某的辩护律师。检察机关在审查起诉时发现缺少构成合同诈骗罪的关键证据，故退回侦查机关补充侦查。该案件检察机关已批准逮捕，根据法律规定，审查起诉阶段逮捕的羁押期限为一个月，重大、复杂的案件可以延长半个月。此时对犯罪嫌疑人的羁押期限已长达两个月之久，羁押期限已届满。辩护律师向检察机关提出变更强制措施的申请，检察机关在接收了申请材料后却迟迟未给律师答复。

【问题分析】

《刑事诉讼法》规定了以限制或者剥夺人身自由为特征的不同种类的强制措施。强制措施既具有保证刑事诉讼顺利进行的一面，也有限制或剥夺被适用人人身自由的一面。如果适用得当，自有其积极意义；而如果适用不当，则可能侵犯被适用人的合法权益。为了保证刑事诉讼强制措施能被适当地使用，立法规定了不同种类、程度各异的强制措施，供公安、司法机关在司法实际中根据具体情况选择适用。

刑事诉讼强制措施在实践中运用十分普遍，而且又具有限制或剥夺人身自由的作用，因此立法除规定了强制措施的适用条件外，还规定了对强制措施进行调节的机制，即强制措施的变更、解除和撤销。强制措施的变更是指公、检、法机关在刑事诉讼中因所适用的强制措施不当或者因法定的强制措施期限届满等原因，将已经适用的强制措施变更为另一种强制措施的行为。由于对犯罪嫌疑人、被告人采用强制措施限制或剥夺了他们的人身自由，所以在适用的强制措施的强度大于保证诉讼顺利进行的实际需要的情况下，或在强制措施的法定适用期限届满和发现不应当追究刑事责任的情况下，及时对已经采用了的强制措施进行变更、解除或撤销，能保障被适用人的合法权益，使其人身自由脱离不该具有的限制或剥夺的状态。

根据《刑事诉讼法》第九十七条、第九十九条的规定，犯罪嫌疑人、被告人及其法定代理人、近亲属或者辩护人有权申请变更强制措施。人民法院、人民检察院和公安机关收到申请后，应当在三日以内作出决定；不同意变更强制措施的，应当告知申请人，并说明不同意的理由。人民法院、人民检察院或者公安机关对被采取强制措施法定期限届满的犯罪嫌疑人、被告人，应当予以释放、解除取保候审、监视居住或者依法变更强制措施。犯罪嫌疑人、被告人及其法定代理人、近亲属或者辩护人对于人民法院、人民检察院或者公安机关采取强制措施法定期限届满的，有权要求解除强制措施。

【实务解答】

犯罪嫌疑人羁押的期限已届满，辩护律师向检察机关提出变更强制措施的申请，按照法律规定，检察机关无论是否同意变更，都应当给予辩护律师答复。检察机关不受理、不答复的做法不仅损害了律师的诉讼权利，更严重损害了犯罪嫌疑人的合法权益。律师可以依照《人民检察院刑事诉讼规则》第五十七条的规定向同级或上一级人民检察院申诉或者控告，也可以通过律师协会进行维权。

【法规摘引】

1.《刑事诉讼法》（全国人民代表大会常务委员会 2018 年 10 月 26 日发布）

第四十九条 辩护人、诉讼代理人认为公安机关、人民检察院、人民法院及其工作人员阻碍其依法行使诉讼权利的，有权向同级或者上一级人民检察院申诉或者控告。人民检察院对申诉或者控告应当及时进行审查，情况属实的，通知有关机关予以纠正。

第九十九条 人民法院、人民检察院或者公安机关对被采取强制措施法定期限届满的犯罪嫌疑人、被告人，应当予以释放、解除取保候审、监视居住或者依法变更强制措施。犯罪嫌疑人、被告人及其法定代理人、近亲属或者辩护人对于人民法院、人民检察院或者公安机关采取强制措施法定期限届满的，有权要求解除强制措施。

2.《人民检察院刑事诉讼规则》（高检发释字〔2019〕4号，最高人民检察院2019年12月30日发布）

第五十七条　辩护人、诉讼代理人认为公安机关、人民检察院、人民法院及其工作人员具有下列阻碍其依法行使诉讼权利行为之一，向同级或者上一级人民检察院申诉或者控告的，人民检察院负责控告申诉检察的部门应当接受并依法办理，其他办案部门应当予以配合：

……

（五）在规定时间内不受理、不答复辩护人提出的变更强制措施申请或者解除强制措施要求的；

……

第五十八条　辩护人、诉讼代理人认为其依法行使诉讼权利受到阻碍向人民检察院申诉或者控告的，人民检察院应当及时受理并调查核实，在十日以内办结并书面答复。情况属实的，通知有关机关或者本院有关部门、下级人民检察院予以纠正。

第八十八条　被羁押或者监视居住的犯罪嫌疑人及其法定代理人、近亲属或者辩护人向人民检察院申请取保候审，人民检察院应当在三日以内作出是否同意的答复。经审查符合本规则第八十六条规定情形之一的，可以对被羁押或者监视居住的犯罪嫌疑人依法办理取保候审手续。经审查不符合取保候审条件的，应当告知申请人，并说明不同意取保候审的理由。

第一百五十条　犯罪嫌疑人及其法定代理人、近亲属或者辩护人认为人民检察院采取强制措施法定期限届满，要求解除、变更强制措施或者释放犯罪嫌疑人的，人民检察院应当在收到申请后三日以内作出决定。

经审查，认为法定期限届满的，应当决定解除、变更强制措施或者释放犯罪嫌疑人，并通知公安机关执行；认为法定期限未满的，书面答复申请人。

81. 公诉机关或侦查机关未依法提交证明犯罪嫌疑人、被告人无罪或者罪轻的证据材料，辩护律师该怎么办？

【案例简介】

刘律师接受委托后，担任妨害公务案犯罪嫌疑人徐某的辩护人。辩护律师在会见时，通过与犯罪嫌疑人沟通，发现犯罪嫌疑人有自首情节，依法可以从轻或减轻处罚。刘律师阅卷时，发现检察机关没有提供犯罪嫌疑人到案经过的证据材料，而这些证据是证明犯罪嫌疑人罪轻的关键性证据。辩护律师遂向检察机关多次提出调取证据的申请，检察机关向侦查机关调取了该证据。庭审中，合议庭采纳了辩护律师的辩护意见，依法对徐某从轻处罚。

【问题分析】

查阅、摘抄、复制案卷及有关材料，是律师全面、详细地了解案情的手段，是《律师法》赋予执业律师的基本诉讼权利。辩护律师在审查起诉和审判阶段都依法享有阅卷权。但是，由于法律对律师阅卷的规则没有更具体的规定，各地司法机关自行制定的具体规则给律师的阅卷造成了不少困难和不便，甚至反过来成为限制律师阅卷范围的借口。部分公诉机关故意将一些关键证据隐瞒不移送，然后在庭审中当作“秘密武器”抛出，搞所谓的“证据突袭”，让辩护律师措手不及，处于被动地位，导致本已失衡的控辩双方地位更加悬殊，直接影响辩护职能和削弱辩护效果。

律师权利是律师依法独立执行职务的基本前提和保障。我国涉及律师权利的规定主要分布于《律师法》《刑事诉讼法》《民事诉讼法》《行政诉讼法》等实体法和程序法中。这些法律切实保障律师的基本权利、维护当事人的合法权益，进而保证司法公正和司法民主。《刑事诉讼法》第四十一条规定：“辩护人认为在侦查、审查起诉期间公安机关、人民检察院收集的证明犯罪嫌疑人、被告人无罪或者罪轻的证据材料未提交的，有权申请人民检察院、人民法院调取。”《刑事诉讼法》对律师开展刑事辩护在诸多方面进行了完善，在明确了律师可以就司法机关及其工作人员的违法行为提出申诉控告的同时，也明确了律师在辩护权利受到侵害时的救济途径。

【实务解答】

检察机关未依法提交证明犯罪嫌疑人罪轻的证据材料，是检察机关的失职行为，该行为也侵犯了辩护律师的阅卷权。2015年两高三部《关于依法保障律师执业权利的规定》要求相关部门建立健全律师执业权利救济机制，拓宽辩护律师的救济渠道。在权利遭受侵犯时，辩护律师可以向办案机关或者其上一级机关投诉或者申诉、控告。办案机关接到投诉后要及时展开调查，发现确实存在违法行为，立即更正，并将处理结果予以通报。如果辩护律师投诉未果，可以向同级或者上一级人民检察院提出申诉或者控告；如若办案机关仍不纠正或者纠正后再犯的，可以将责任落实到个人。辩护律师可以根据上述规定维护自身权利。

【法规摘引】

1.**《刑事诉讼法》**（全国人民代表大会常务委员会2018年10月26日发布）

第四十条 辩护律师自人民检察院对案件审查起诉之日起，可以查阅、摘抄、复制本案的案卷材料。其他辩护人经人民法院、人民检察院许可，也可以查阅、摘抄、复制上述材料。

第四十一条 辩护人认为在侦查、审查起诉期间公安机关、人民检察院收集的证明犯罪嫌疑人、被告人无罪或者罪轻的证据材料未提交的，有权申请人民检察院、人民法院调取。

2.**《最高人民法院关于适用〈中华人民共和国刑事诉讼法〉的解释》**（法释〔2012〕21号，最高人民法院2012年12月20日发布）

第四十九条 辩护人认为在侦查、审查起诉期间公安机关、人民检察院收集的证明被告人无罪或者罪轻的证据材料未随案移送，申请人民法院调取的，应当以书面形式提出，并提供相关线索或者材料。人民法院接受申请后，应当向人民检察院调取。人民检察院移送相关证据材料后，人民法院应当及时通知辩护人。

3.**《人民检察院刑事诉讼规则》**（高检发释字〔2019〕4号，最高人民检察院2019年12月30日发布）

第五十条 案件提请批准逮捕或者移送起诉后，辩护人认为公安机关在侦查期间收集的证明犯罪嫌疑人无罪或者罪轻的证据材料未提交，申请人民检察院向公安机关调取的，人民检察院负责捕诉的部门应当及时审查。经审查，认为辩护人申请调取的证据已收集并且与案件事实有联系的，应当予以调取；认为辩护人申请调取的证据未收集或者与案件事实没有联系的，应当决定不予调取并向辩护人说明理由。公安机关移送相关证据材料的，人民检察院应当在三日以内告知辩护人。

人民检察院办理直接受理侦查的案件，适用前款规定。

82. 检察机关未依法向辩护律师、诉讼代理人及时送达法律文书或者及时告知案件移送情况的，律师该怎么办？

【案例简介】

王律师接受委托，担任故意伤害案被害人刘某的诉讼代理人。当地检察机关经审查起诉后认为该案为犯罪嫌疑人可能判处无期徒刑以上刑期的案件，要移送具有管辖权的上级检察院。由于上级检察院所在地与最初受理案件的基层检察院不在同一地，加之路途遥远，上级检察院未向被害人及其诉讼代理人告知案件移送的情况，从而导致诉讼代理人的诉讼工作准备不充分。

【问题分析】

知情权是诉讼当事人了解和掌握自己在诉讼中应享有的权利义务内容、诉讼活动的进展及其结果和其他相关信息的一项极为重要的诉讼权利，是维护实体公正和程序公正的重要保证。审查起诉程序作为承接侦查终结程序并启动刑事审判程序以确认犯罪嫌疑人（被告人）是否应当受到刑事追究及应负刑事责任大小、被害人是否应当得到救济补偿的一个重要程序，其能否准确依据刑事诉讼法之精髓和基调以切实确保诉讼当事人的诉讼权利就显得尤为重要。

告知作为刑事诉讼中信息传递的一种表达方式，既是刑事诉讼当事人、参与人的基础权利，也是国家赋予司法机关及其司法工作人员向犯罪嫌疑人、被告人、被害人、被害单位及其他诉讼当事人、参与人告知与犯罪行为相关的事实、理由及权利的程序，还是国家司法机关在刑事诉讼中承担关照、帮助诉讼当事人在知情情形下实现其权利的一项特别义务。在审查起诉阶段，诉讼当事人的知情权集中体现在检察机关的“告知”上，而告知无疑是刑事诉讼中检察机关履行检务公开义务的一个基本要求。告知在刑事诉讼中是诉讼当事人获取与自身密切相关、涉及实体及程序信息的一个重要路径和方式。

目前，在审查起诉阶段，为切实保护诉讼当事人的合法权益，《刑事诉讼法》规定了较为系统规范的告知程序。作为维护犯罪嫌疑人、被告人、被害人及其他诉讼当事人的一个重要诉讼程序，告知程序在刑事诉讼中具有不可或缺的诉讼价值。如果作为强势追诉权力、具有诉讼关照义务的司法机关，不告知或者是简单告知当事人案件的事实、理由及相关的权利义务，那么当事人可能就会难以采取措施来捍卫其权利，这会导致当事人、参与人在不知悉或者是不完全知悉自己权利的情况下做出不利于自己的行为选择，从而会削弱当事人的主体地位，销蚀刑事诉讼程序的正当性。

【实务解答】

检察机关未将案件移送情况告知被害人及诉讼代理人，这不仅损害了律师的诉讼权利，也与尊重和保障人权的立法原则不符，有违程序公正。律师可以依照《人民检察院刑事诉讼规则》第五十七条的规定，向同级或上一级人民检察院申诉或者控告，也可以通过律师协会进行维权。

【法规摘引】

1.《刑事诉讼法》（全国人民代表大会常务委员会 2018 年 10 月 26 日发布）

第四十九条　辩护人、诉讼代理人认为公安机关、人民检察院、人民法院及其工作人员阻碍其依法行使诉讼权利的，有权向同级或者上一级人民检察院申诉或者控告。人民检察院对申诉或者控告应当及时进行审查，情况属实的，通知有关机关予以纠正。

2.《人民检察院刑事诉讼规则》（高检发释字〔2019〕4 号，最高人民检察院 2019 年 12 月 30 日发布）

第五十七条　辩护人、诉讼代理人认为公安机关、人民检察院、人民法院院及其工作人员具有下列阻碍其依法行使诉讼权利行为之一，向同级或者上一级人民检察院申诉或者控告的，人民检察院负责控告申诉检察的部门应当接受并依法办理，其他办案部门应当予以配合：

……

（十四）未依法向辩护人、诉讼代理人及时送达本案的法律文书或者及时告知案件移送情况的；

……

第五十八条 辩护人、诉讼代理人认为其依法行使诉讼权利受到阻碍向人民检察院申诉或者控告的，人民检察院应当及时受理并调查核实，在十日以内办结并书面答复。情况属实的，通知有关机关或者本院有关部门、下级人民检察院予以纠正。

第二百三十九条第四款 案件侦查终结移送起诉时，人民检察院应当同时将案件移送情况告知犯罪嫌疑人及其辩护律师。

3.《关于依法保障律师执业权利的规定》（司发〔2015〕14号，最高人民法院、最高人民检察院、公安部、国家安全部、司法部2015年9月16日印发）

第六条 辩护律师接受犯罪嫌疑人、被告人委托或者法律援助机构的指派后，应当告知办案机关，并可以依法向办案机关了解犯罪嫌疑人、被告人涉嫌或者被指控的罪名及当时已查明的该罪的主要事实，犯罪嫌疑人、被告人被采取、变更、解除强制措施的情况，侦查机关延长侦查羁押期限等情况，办案机关应当依法及时告知辩护律师。

办案机关作出移送审查起诉、退回补充侦查、提起公诉、延期审理、二审不开庭审理、宣告判决等重大程序性决定的，以及人民检察院将直接受理立案侦查案件报请上一级人民检察院审查决定逮捕的，应当依法及时告知辩护律师。

第五部分　法庭审理阶段

83. 律师进入法庭是否应当接受安检?

【案例简介】

案例一：2010年，北京多位律师在河北保定某法院开庭时被要求安检，律师以最高院有规定不得对律师安检为由拒绝接受安检，后在该院刑庭庭长的协调下，律师得以在未接受安检的情况下进入法庭参加庭审。

案例二：2013年，湖北某律师进法院时被要求接受安检，律师称最高法院有规定不得对律师进行安检，故拒绝接受安检，争执中与法警发生冲突，后律师被行政拘留。

案例三：2017年12月中旬，云南省律师协会维权中心接到部分律师的维权申请，律师反映在云南省高级人民法院办理业务时，被要求对车辆后备厢进行开箱安检。云南省律师协会接到维权申请后，按程序启动了维权工作，及时与省高级人民法院取得联系，省高院相关领导对此事高度重视。同年12月21日，云南省律协秘书长带领维权中心工作人员到省高院，与省高院党组成员、执行局局长及法警总队负责人就此事进行沟通座谈。云南省律协希望省高院能保证律师在执业过程中享受与公诉人同等待遇，在条件允许下为律师执业提供便利。经协调努力，云南省高院已为律师到省高院办理业务开通了绿色通道，下一步将加大安检系统投入，改善安检程序，简化安检流程。

【问题分析】

律师进入法院时是否应当接受安检，看似是一个很小的问题，但却是律师在法律职业共同体中是否具有平等地位的具体体现。早在2004年最高人民法院发布的《人民法院司法警察安检检查规则》中，就明确规定了对于出庭履职的律师，进行证件查验和登记即可，对于其他诉讼参与人才需要进行安检。该规则的出台也为律师争取平等诉讼地位提供了重要的依据。

但固有的观念以及做法不可能因为一部规则的出台立即有所改变，在规则出台的前几年，律师因安检问题与法院安检人员发生冲突的事件时有发生，实践中各地法院对此问题的处理方法也各不相同。近几年，随着律师对自身权益的不断争取以及社会对律师法律职业共同体地位的认识，各地法院基本都设置了专门的律师通道，律师可以在出示证件后从专门通道不经安检进入法庭。但在律师与法院之间因安检而发生的冲突仍然存在，有人也提出对于那些非因履职原因需要进到法院的律师仍然应当进行安检，这本身其实也是相关规定的应有之义。

2016年，最高法修订《人民法院法庭规则》，该规则中再次明确：持有效工作证件和出庭通知履行职务的检察人员、律师可以通过专门通道进入法庭；需要安全检查的，人民法院对检察人员和律师平等对待。各地法院也陆续出台了相应的细则。

由此可见，律师进入法庭是否需要接受安检，这一改变确实被当作是律师是否享有平等诉讼地位的标志。简单地说，通常情况下，律师和检察人员一样，出示证件即可进入法庭。对于特殊情况需要安检的，对律师和检察人员也要同等对待。

【实务解答】

通常情况下，律师进入法庭，只需要出示有效证件，即可从律师专门通道不经安检进入法庭，对于没有律师专门通道的法院或法庭，同样只需出示有效证件，无须接受安检。但需要注意的是，对于非因履职原因需要进入法庭的律师，如单纯参与旁听的律师，确实不属于相关规定中无须接受安检的律师的范围，因此对于此类律师，如果安检人员要求安检的，仍应依法接受安检后方可进入法庭。除此之外，对于一些安保工作有特殊要求的案件，法庭要求对检察人员和律师都进行安检的，律师也应当依法接受安检。

【法规摘引】

1.《人民法院司法警察安全检查规则》（法发〔2004〕14号，2004年5月24日发布）

第六条 司法警察执行安全检查时：

（一）对公诉人、律师等依法出庭履行职务的人员，应进行有效证件查验和登记；

（二）对参加庭审活动的诉讼参与人、第三人和参加旁听的人员，在进行证件查验和登记的同时，还应进行人身安全检查、随身携带物品的安全检查。

2.《人民法院法庭规则》（法释〔2016〕7号，2016年4月13日发布）

第六条　进入法庭的人员应当出示有效身份证件，并接受人身及携带物品的安全检查。

持有效工作证件和出庭通知履行职务的检察人员、律师可以通过专门通道进入法庭。需要安全检查的，人民法院对检察人员和律师平等对待。

3.《北京市关于依法保障律师执业权利实施细则》（京司发〔2015〕91号，2015年12月3日发布）

第四十四条　人民法院应当建立律师参与诉讼专门通道，律师经查验和登记有效证件后即可进入法院，禁止对律师进行歧视性安检；确需安全检查的，应当与出庭履行职务的检察人员同等对待。

人民法院应当在审判区设置律师更衣室，配备桌椅、饮水，提供资料查询终端、上网等设备设施和业务书籍、诉讼资料等材料，为律师提交材料、庭前准备、休息，更换律师袍等提供便利。

84. 辩护律师因不同案件的开庭日期冲突，能否申请法院调整开庭日期?

【案例简介】

北京某律师于2019年3月4日接到河北秦皇岛市中院开庭通知：其辩护的王某涉嫌贪污、受贿案定于3月10日上午开庭；3月6日，该律师又接到河北衡水新河县法院开庭通知：其承办的李某涉嫌诈骗一案定于3月10日下午开庭。该律师与新河县法院主审法官联系延期开庭未果，又与秦皇岛市中院承办法官联系调整开庭日期遭拒，无奈，律师向朝阳律师协会反映情况，请求协助处理。朝阳律师协会转交律师权益保障委员会处理。权保委启动应急快速维权程序，值班副主任紧急呈报北京市律师协会权保委。北京律师协会权保委通过河北省律师协会、秦皇岛律师协会、衡水市律师协会，与两家法院沟通协调。最后衡水新河县法院同意延期开庭。

【问题分析】

律师受理的不同案件的开庭日期冲突，是实践中确实无法避免的问题，通常情况下，律师经过与法官沟通协调，基本都能解决，但实践中也确实存在各案件的法官都表示不能调整开庭时间的情况。因此，为了解决实践中出现的类似问题，保障律师的出庭权，同时也为了保障被告人的辩护权，两高三部及最高法于2015年相继出台了相关规定，明确律师因开庭日期冲突等正当理由申请变更开庭日期的，人民法院应当在不影响案件审理期限的情况下，予以调整。

【实务解答】

律师遇到开庭日期冲突的情况，应当及时与案件承办法官沟通协调，必要时应及时提交书面的调整开庭日期的申请，并附上在先通知开庭案件的出庭通知。如通过上述方法仍不能协调解决的，可以向当地律师协会律师权益保障委员会申请维权，协调解决。

【法规摘引】

1.**《关于依法保障律师执业权利的规定》**（最高人民法院、最高人民检察院、公安部、国家安全部、司法部2015年9月16日印发）

第二十五条第一款 人民法院确定案件开庭日期时，应当为律师出庭预留必要的准备时间并书面通知律师。律师因开庭日期冲突等正当理由申请变更开庭日期的，人民法院应当在不影响案件审理期限的情况下，予以考虑并调整日期，决定调整日期的，应当及时通知律师。

2.**《最高人民法院关于依法切实保障律师诉讼权利的规定》**（法发〔2015〕16号，2015年12月29日）

三、依法保障律师出庭权。确定开庭日期时，应当为律师预留必要的出庭准备时间。因特殊情况更改开庭日期的，应当提前三日告知律师。律师因正当理由请求变更开庭日期的，法官可在征询其他当事人意见后准许。律师带助理出庭的，应当准许。

3.**《北京市关于依法保障律师执业权利实施细则》**（京司发〔2015〕91号，2015年12月3日）

第四十二条 人民法院确定案件开庭日期时，应当为律师出庭预留必要的准备时间并书面通知律师。律师因开庭日期冲突等正当理由申请变更开庭日期的，人民法院应当在不影响案件审理期限的情况下，予以考虑并调整日期，决定调整日期的，应当及时通知律师。

85. 实习律师或律师能否作为庭审辅助人员同辩护律师参加庭审?

【案例简介】

案件一：江苏史律师及实习律师卢某、李某前往安徽省某法院办理某盗窃犯罪案件时，实习律师被拒绝出庭并且被告知案件延期 3 天开庭。经安徽省阜阳市律师协会积极协商，案件于当日下午成功开庭。

案例二：绍兴某建设公司与陆某、朱某以及绍兴某服饰公司的建设工程合同纠纷一案，一审判决作出后，原告绍兴某建设公司不服，提出上诉。其中上诉理由之一为，一审法院在庭审过程中，允许实习律师作为代理人参加庭审并发表代理意见，违反程序性法律规定。二审法院经审理后认为：一审庭审中，不存在实习律师单独执业情形，并且是由执业律师发言，而非实习律师发言；再者，实习律师在庭审中发言，并没有损害上诉人的权利；另外，实习律师与其他执业律师一起参加庭审及发言，并没有违反法律法规规定。因此，二审法院认为一审法院允许实习律师参加庭审，并没有违反程序性法律规定，维持了一审判决。后该案又进入再审程序。法院经审理后仍然认为，一审法院允许实习律师作为代理人参加庭审并发表代理意见，并无禁止性的程序法规定。

【问题分析】

以上两案例，一个为刑事诉讼案例，另一个为民事诉讼案例，但在该问题上，民事诉讼与刑事诉讼并无差别。这个问题实际又包含两个小问题：一是辩护律师能否带其他律师（包括实习律师）作为辅助人员参加庭审？二是辩护律师带实习律师参加庭审时，实习律师能否发表意见？

由于《刑事诉讼法》规定每名被告人只能委托 1—2 名辩护人，因此，对于第一个问题，过去实践中做法不一，在被告人已有 2 名辩护人的情况下，有的法庭允许辩护人带律师助理作为辅助人员参与庭审，有的法庭则不允许。2015 年，两高三部出台了《关于依法保障律师执业权利的规定》，明确规定律师可以根据需要申请带律师助理参加庭审，但律师助理只能从事相关辅助工作，不能发表辩护、代理意见。可见，这里的律师助理应当是不占用辩护人名额的助理人员，可以是律师，也可以是实习律师。2019 年 5 月 16 日最高人民法院办公厅对十三届全国人大二次会议第 6263 号建议的答复（法办函〔2019〕205）中，就明确回复了上述问题，被告人可以委托一至二名辩护律师，而每名辩护律师可以向人民法院申请带一名律师助理（包括律师和实习律师）参与庭审。

对于第二个问题，该问题不仅关系到实习律师的执业权利问题，还关系到实习律师的执业纪律问题。根据《律师法》的相关规定，《律师法》中所称律师是实习满一年，依法取得律师执业证书的执业人员。可见，实习律师因未取得律师执业证书，并不属于律师，根据《律师法》的相关规定，不能从事诉讼代理或者辩护业务。另中华全国律协 2010 年发布的《申请律师执业人员实习管理规则》中也明确规定，实习律师不能以律师名义在法庭、仲裁庭上发表辩护或者代理意见。基于上述规定，各地多数法院均不允许实习律师在法庭上发表意见，并出台了相应的细则。例如，北京市律协 2018 年发布的《北京市律师协会申请律师执业人员实习管理实施细则》中也明确规定，实习律师不能以律师名义在法庭、仲裁庭上发表辩护或者代理意见。但实践中对此也有不同意见，有人从实习律师的成长角度出发，提出如果一律不允许实习律师在法庭上发言，对实习律师的成长是十分不利的。嘉兴市司法局 2013 年就曾联合嘉兴市中级人民法院下发过《关于规范实习律师参与诉讼活动的意见》，其中明确规定，实习律师可以和律师同时出席庭审活动，可以发表辩护意见和代理意见，但实习律师发言完毕后，法庭应当征询律师意见。

可见，对于实习律师能否在法庭上发表意见，各地法院做法、标准不一。由案例所见，实习律师在法庭上发言虽不会被认定为诉讼程序违法的理由，但此问题还关系到实习律师执业纪律的问题，要慎重对待。可以肯定的是，实习律师不能单独出庭，且即便是和执业律师一起出庭，多数法院也均倾向于不允许实习律师在法庭上发表意见，实习律师应服从法庭的安排。

【实务解答】

根据相关规定以及律师工作需要，律师申请带助理参与庭审从事辅助性工作，人民法院应当允许。但需要注意，以助理身份参与庭审的律师，即便具有律师执业资格，也不能发表意见。对于实习律师，如果是以两名辩护人之外的律师助理身份参与庭审，当然同样不能发表意见。如果没有突破人数限制，实践中也倾向于认为实习律师不应在庭审中发表意见，除非法庭明确许可。而即便是法庭明确许可实习律师发言的情况下，也应注意实习律师必须与执业律师一同出庭，不能单独参与诉讼活动，且应表明实习律师的身份。

【法规摘引】

1.《关于依法保障律师执业权利的规定》（2015 年 9 月 16 日印发）

第二十五条第二款　律师可以根据需要，向人民法院申请带律师助理参加庭审。律师助理参加庭审仅能从事相关辅助工作，不得发表辩护、代理意见。

2.《北京市关于依法保障律师执业权利实施细则》（京司发〔2015〕91 号，2015 年 12 月 3 日印发）

第四十三条　人民法院应当允许律师根据需要带律师助理参加庭审。律师助理参加庭审从事相关辅助工作，不得发表辩护，代理意见。

3.《申请律师执业人员实习管理规则》（律发通〔2010〕19 号，2010 年 6 月 12 日印发）

第二十三条　律师事务所及实习指导律师不得指使或者放任实习人员有下列行为：

(一) 独自承办律师业务；

(二) 以律师名义在委托代理协议或者法律顾问协议上签字，对外签发法律文书；

(三) 以律师名义在法庭、仲裁庭上发表辩护或者代理意见；

(四) 以律师名义洽谈、承揽业务；

(五) 以律师名义印制名片及其他相关资料；

(六) 其他依法应以律师名义从事的活动。

86. 辩护律师是否可以为不同案审理的同案被告人担任辩护人？

【案例简介】

浙江律师王某于2012年担任被告人陈某犯强奸罪（共同犯罪）二审阶段辩护人后，2017年1月，又担任李某犯强奸罪（陈某同案犯）侦查阶段和一审阶段的辩护人，并收取律师费14000元。在法院作出一审判决后，2018年1月，王某再次接受委托担任李某二审阶段辩护人，并收取律师费8000元。杭州市中级人民法院受理李某的上诉后，作出（2018）浙01刑终174号刑事裁定书，认为王某违反了一名辩护人不得为两名以上的同案被告人辩护的禁止性规定，裁定撤销一审判决，发回重审。同时，杭州中院就王某接受犯罪嫌疑人、被告人委托后，再次接受同一案件或者未同案处理但实施的犯罪存在关联的其他犯罪嫌疑人、被告人的委托担任辩护人一案，向杭州市司法局发送司法建议。杭州市司法局审查后作出行政处罚决定书，认定王某违反法律禁止性规定，担任李某的辩护人，严重影响了被告人辩护权的实现，导致了整个司法诉讼活动的程序不公正，可能影响案件的公正处理，属于情节严重，依法应当从重处罚。最终对王某作出停止执业二个月，没收违法所得13207.54元（税后）的行政处罚。

【问题分析】

对于该问题，在2012年刑事诉讼法司法解释出台之前，相关规定并不十分明确，1998年的刑事诉讼法司法解释只是规定："在共同犯罪的案件中，一名辩护人不得为两名以上的同案被告人辩护。"对此，实践中存在不同理解，有人认为，"同案被告人"中的"同案"应是共同犯罪中同案犯的意思；但也有人认为，"同案"是指同一案件审理。但从维护被告人辩护权的角度出发，对于未同案处理的犯罪事实有关联的同案犯，尽管不存在利益的根本对立，但各被告人之间在共同犯罪中的地位、作用等诸多方面仍然可能存在一定程度的此消彼长、相互制衡的情况，不宜由同一律师担任辩护人。而从刑事诉讼程序公正、防止串供的角度出发，即使未同案处理，律师也不应同时担任犯罪事实有关联的同案犯的辩护人。因此，从以上两方面来看，对于犯罪事实有关联的嫌疑人或被告人，即便未同案处理，同一律师也不应接受两名以上嫌疑人或被告人的委托。

随着2012年刑事诉讼法解释的出台，该解释明确规定了对于犯罪事实有关联的同案被告人，即使未同案处理，律师也不能接受两名以上同案犯的委托，可以说是明确澄清了上述问题。这既是维护程序公正和维护被告人权益的需要，也是防范律师自身执业风险的需要。

【实务解答】

司法实践中，辩护律师应严格遵守上述规定，禁止担任两名以上同案犯的辩护人。这种禁止性规定，既适用于犯罪事实有关联但未同案处理的被告，也同样适用于同一案件的不同诉讼阶段及审级。律师在不知情的情况下接受委托后，一旦发现犯罪事实存在关联，应及时告知委托人，并解除委托。同时，需要特别提醒的是，律师在不知情的情况下接受了同案犯的委托，如果律师在见到同案嫌疑人或被告人时才得知系同案的，应立即停止会见，并注意对从同案犯处得知的相关案件信息保密，防止串供，引发不必要的执业风险。

【法规摘引】

1.《最高人民法院关于适用〈中华人民共和国刑事诉讼法〉的解释》（法释〔2012〕21号，2012年12月20日印发）

第三十八条第二款　一名辩护人不得为两名以上的同案被告人，或者未同案处理但犯罪事实存在关联的被告人辩护。

2.《最高人民法院、最高人民检察院、公安部、国家安全部、司法部、全国人大常委会法制工作委员会关于实施刑事诉讼法若干问题的规定》（2012年12月26日印发）

第二条第四项第二款　一名辩护人不得为两名以上的同案犯罪嫌疑人、被告人辩护，不得为两名以上的未同案处理但实施的犯罪存在关联的犯罪嫌疑人、被告人辩护。

3.《律师执业管理办法》（司法部令第134号，2016年9月18日发布）

第二十八条第一款　律师不得在同一案件中为双方当事人担任代理人，或者代理与本人及其近亲属有利益冲突的法律事务。律师接受犯罪嫌疑人、被告人委托后，不得接受同一案件或者未同案处理但实施的犯罪存在关联的其他犯罪嫌疑人、被告人的委托担任辩护人。

4.**《律师法》**（全国人大常委会 2017 年 9 月 1 日发布）

第四十七条 律师有下列行为之一的，由设区的市级或者直辖市的区人民政府司法行政部门给予警告，可以处五千元以下的罚款；有违法所得的，没收违法所得；情节严重的，给予停止执业三个月以下的处罚：

……

（三）在同一案件中为双方当事人担任代理人，或者代理与本人及其近亲属有利益冲突的法律事务的；

……

5.**《律师和律师事务所违法行为处罚办法》**（司法部令第 122 号，2010 年 4 月 8 日发布）

第七条 有下列情形之一的，属于《律师法》第四十七条第三项规定的律师“在同一案件中为双方当事人担任代理人，或者代理与本人及其近亲属有利益冲突的法律事务的”违法行为：

……

（二）在同一刑事案件中同时为被告人和被害人担任辩护人、代理人，或者同时为二名以上的犯罪嫌疑人、被告人担任辩护人的；

……

87. 同一律所的律师是否可以为同案审理的不同被告人担任辩护人？

【案例简介】

某合同诈骗案件，共四名被告人，其中三名被告分别委托北京同一家律师事务所三名律师担任辩护人。辩护律师在向法院递交委托手续时，法官提出同一律师事务所的律师不应为同一案件的被告人担任辩护人。后律师通过详细分析《刑事诉讼法》《律师法》等相关规定，认为现有法律法规并未禁止同一律师事务所的不同律师为同案不同被告人辩护，并与法官进行了充分沟通。后法官采纳了律师意见，接受了律师的委托手续。

【问题分析】

禁止双方代理、防止利益冲突，是律师委托代理制度的基本原则。《律师法》明确禁止律师和律师事务所违反规定接受有利益冲突的案件。另根据2010年司法部发布的《律师和律师事务所违法行为处罚办法》的相关规定，在刑事诉讼中，律师“在同一案件中为双方当事人担任代理人，或者代理与本人及其近亲属有利益冲突的法律事务的”违法行为，包含同一律师在同一刑事案件中同时为被告人和被害人担任辩护人、代理人，或者同时为二名以上的犯罪嫌疑人、被告人担任辩护人的行为。律师事务所“违反规定接受有利益冲突的案件的”违法行为，包含律师事务所指派本所律师担任同一刑事案件被告人辩护人和被害人代理人的行为。可见，从现有法律法规来看，同一律师担任同案不同被告人的辩护人是明确禁止的，同所不同律师担任同一案件的被告人辩护人和被害人代理人也是明确禁止的，但同所不同律师担任刑事案件同案不同被告的辩护人并未禁止。根据2018年中华全国律协发布的《律师执业行为规范》，在极特殊情形下，即在该县区域内只有一家律师事务所且事先争得当事人同意的情况下，同一律师事务所的不同律师甚至可以同时担任同一刑事案件的被害人代理人和犯罪嫌疑人、被告人的辩护人。

【实务解答】

如前分析，目前法律法规没有禁止同所不同律师担任同一刑事案件不同被告人的辩护人。在委托代理私法领域，法无禁止即可为，因此可以肯定的是，同一律师事务所的不同律师可以分别担任同一刑事案件中不同被告人的辩护人，且目前司法实践也基本都是这么把握的。但需要注意的是，根据中华全国律协2017年发布的《律师办理刑事案件规范》，同一律师事务所在接受两名或两名以上的同案犯罪嫌疑人、被告人的委托，分别指派不同的律师担任辩护人的，须告知委托人并经其同意。且由于同案被告人之间在犯罪中的地位、作用、某些事实认定等方面确实不可避免地会存在此消彼长、相互制衡的情况，有些甚至会直接影响被告人的定罪量刑。因此，基于此种客观情况，同所不同律师在接受委托承担同案不同被告人的辩护工作时，应尽到更多的注意义务。一方面一定要基于事实和法律，切实充分维护自身当事人的合法权益。另一方面要注意严格把握诉讼程序，即便是同所律师之间，也要注意对因自身的辩护人身份及辩护行为所获知的独有案件信息予以保密，杜绝充当同案不同被告人之间的传话筒，坚决杜绝为同案被告人串供提供便利或创造条件。

【法规摘引】

1.《律师法》（全国人大常务委员会2017年9月1日发布）

第五十条 律师事务所有下列行为之一的，由设区的市级或者直辖市的区人民政府司法行政部门视其情节给予警告、停业整顿一个月以上六个月以下的处罚，可以处十万元以下的罚款；有违法所得的，没收违法所得；情节特别严重的，由省、自治区、直辖市人民政府司法行政部门吊销律师事务所执业证书：

……

（五）违反规定接受有利益冲突的案件的；

……

2.《律师和律师事务所违法行为处罚办法》（司法部令第122号，2010年4月8日发布）

第二十七条 有下列情形之一的，属于《律师法》第五十条第五项规定的律师事务所“违反规定接受有利益冲突的案件的”违法行为：

（一）指派本所律师担任同一诉讼案件的原告、被告代理人，或者同一刑事案件被告人辩护人、被害人代理人的；

……

3.《律师执业行为规范（试行）》（中华全国律协2018年12月13日发布）

第五十一条 有下列情形之一的，律师及律师事务所不得与当事人建立或维持委托关系：

……

(四)同一律师事务所的不同律师同时担任同一刑事案件的被害人的代理人和犯罪嫌疑人、被告人的辩护人，但在该县区域内只有一家律师事务所且事先征得当事人同意的除外；

……

4.《律师办理刑事案件规范》（律发通〔2017〕51号，中华全国律协2017年9月20日发布）

第十三条　同一名律师不得为两名或两名以上的同案犯罪嫌疑人、被告人辩护，不得为两名或两名以上的未同案处理但涉嫌的犯罪存在关联的犯罪嫌疑人、被告人辩护。

同一律师事务所在接受两名或两名以上的同案犯罪嫌疑人、被告人的委托，分别指派不同的律师担任辩护人的，须告知委托人并经其同意。

88. 辩护律师能否将案卷材料复制给家属或非律师身份的辩护人查阅？

【案例简介】

2000年8月21日，河南律师于某与助理律师卢某共同担任马某涉嫌贪污一案的辩护人。同年11月3日，于某安排卢某到法院复印了马某贪污案的有关案卷材料。马某亲属知道后，向卢某提出看复印材料的要求。卢某电话请示于某后，将有关复印材料留给了马某的亲属。当晚，马某亲属详细翻看了复印的案卷材料，并针对起诉书进行研究。次日，马某亲属根据案卷材料反映的情况，对有关证人逐一进行寻找和联系，并做了工作，致使相关证人出具了虚假的证明材料。后检察机关以涉嫌故意泄露国家秘密罪将于某诉至法院，一审法院认定于某构成故意泄露国家秘密罪，判处于某一年有期徒刑。于某不服提出上诉，二审法院经审理认为，本案中于某让马某亲属查阅的案卷材料，是其履行律师职责时，通过合法手续，在法院复印的。这些材料，虽然在检察机关的保密规定中被规定为机密级国家秘密，但当案件进入审判阶段后，审判机关没有将检察机关随案移送的证据材料规定为国家秘密。于某不是国家机关工作人员，也不属于检察机关保密规定中所指的国家秘密知悉人员。作为刑事案件被告人的辩护人，于某没有将法院同意其复印的案件证据材料当作国家秘密加以保守的义务。检察机关在移送的案卷上，没有标明密级；整个诉讼活动过程中，也没有人告知于某，马某贪污案的案卷材料是国家秘密，不得泄露给马某亲属，故也无法证实于某明知这些材料是国家秘密而故意泄露。因此，于某不构成故意泄露国家秘密罪，二审改判于某无罪。

【问题分析】

家属要求查阅卷宗材料，几乎是每一个刑事辩护律师都曾经碰到、正在面临或将来一定会遇到的问题。案卷材料能否交给家属查阅，答案显然是否定的。

首先，根据《保守国家秘密法》的规定，维护国家安全活动和追查刑事犯罪中的秘密事项，泄露后可能损害国家在政治、经济、国防、外交等领域的安全和利益的，应当确定为国家秘密。因此，对于标识有“秘密”“机密”“绝密”字样的案卷材料，因其属于国家秘密，绝对禁止向家属提供，否则，情节严重的，极有可能构成泄露国家秘密罪。

其次，对于没有明确标识“秘密”“机密”“绝密”字样的案卷材料，同样要妥善保管，不应提供给家属，这本身也是维护刑事司法程序公正的应有之义。对此，中华全国律协 2017 年发布的《律师办理刑事案件规范》就明确规定，律师参与刑事诉讼获取的案卷材料，不得向犯罪嫌疑人、被告人的亲友以及其他单位和个人提供，不得擅自向媒体或社会公众披露。此规定可以说是对刑事辩护律师的保护，是辩护律师可以用来拒绝当事人家属查阅案卷要求的依据。在上面的案例中，向家属提供案卷材料的律师，虽然二审被改判无罪，但律师因此已经被羁押及停止执业一年之久，这本身对律师的执业生涯就是十分沉重的打击。

再次，2015 年《刑法修正案（九）》增设了一项罪名，即泄露案件信息罪，是指司法工作人员、辩护人、诉讼代理人或者其他诉讼参与人，泄露依法不公开审理的案件中不应当公开的信息，造成信息公开传播或者其他严重后果的犯罪。因此，对于不公开审理的案件，辩护律师也应当注意，即使案件材料未被确定为国家秘密，也应注意严格保密，防止泄露。

最后，根据《刑事诉讼法》的规定，除律师可以担任辩护人外，人民团体或者犯罪嫌疑人、被告人所在单位推荐的人以及犯罪嫌疑人、被告人的监护人、亲友，同样可以接受委托担任被告人的辩护人。那么，对于上述不具有律师身份的辩护人，辩护律师是否可以向他们提供案卷材料，对于这一问题同样要慎重对待。因为根据《刑事诉讼法》以及相关司法解释的规定，对于非律师辩护人，其查阅、摘抄、复制案卷材料，需要经过人民法院和人民检察院的许可。可见，非律师辩护人的阅卷权并不是当然和绝对的。因此，对于非律师辩护人，即使他们已经受被告人委托取得了辩护人身份，辩护律师也不能当然地将案卷材料提供给他们。

【实务解答】

辩护律师对于在刑事诉讼中获取的案卷材料，是辩护律师基于被告人的委托及自身律师身份获取的，是辩护律师行使辩护权的基础。但辩护律师没有义务向家属提供案卷材料，且为了避免对刑事诉讼程序造成不应有的妨害，辩护律师也不应将在执业活动中获取的案卷材料提供给家属查阅。因此，对于家属提出的查阅案卷材料的要求，辩护律师应当明确拒绝。对于其他不具有律师身份的辩护人，则只有得到检察院或法院的许可之后，才能将案卷材料提供给他们。

【法规摘引】

1.《刑事诉讼法》（全国人大常委会2018年10月26日发布）

第三十三条　犯罪嫌疑人、被告人除自己行使辩护权以外，还可以委托一至二人作为辩护人。下列的人可以被委托为辩护人：

（一）律师；

（二）人民团体或者犯罪嫌疑人、被告人所在单位推荐的人；

（三）犯罪嫌疑人、被告人的监护人、亲友。

正在被执行刑罚或者依法被剥夺、限制人身自由的人，不得担任辩护人。

被开除公职和被吊销律师、公证员执业证书的人，不得担任辩护人，但系犯罪嫌疑人、被告人的监护人、近亲属的除外。

第四十条　辩护律师自人民检察院对案件审查起诉之日起，可以查阅、摘抄、复制本案的案卷材料。其他辩护人经人民法院、人民检察院许可，也可以查阅、摘抄、复制上述材料。

2.《最高人民法院关于适用〈中华人民共和国刑事诉讼法〉的解释》（法释〔2012〕21号，最高人民法院2012年12月20日发布）

第四十七条 辩护律师可以查阅、摘抄、复制案卷材料。其他辩护人经人民法院许可，也可以查阅、摘抄、复制案卷材料。合议庭、审判委员会的讨论记录以及其他依法不公开的材料不得查阅、摘抄、复制。

辩护人查阅、摘抄、复制案卷材料的，人民法院应当提供方便，并保证必要的时间。

复制案卷材料可以采用复印、拍照、扫描等方式。

3.《刑法》

第三百零八条之一 司法工作人员、辩护人、诉讼代理人或者其他诉讼参与人，泄露依法不公开审理的案件中不应当公开的信息，造成信息公开传播或者其他严重后果的，处三年以下有期徒刑、拘役或者管制，并处或者单处罚金。

有前款行为，泄露国家秘密的，依照本法第三百九十八条的规定定罪处罚。

公开披露、报道第一款规定的案件信息，情节严重的，依照第一款的规定处罚。

单位犯前款罪的，对单位判处罚金，并对其直接负责的主管人员和其他直接责任人员，依照第一款的规定处罚。

第三百九十八条 国家机关工作人员违反保守国家秘密法的规定，故意或者过失泄露国家秘密，情节严重的，处三年以下有期徒刑或者拘役；情节特别严重的，处三年以上七年以下有期徒刑。

非国家机关工作人员犯前款罪的，依照前款的规定酌情处罚。

4.《保守国家秘密法》（全国人大常委会 2010 年 4 月 29 日发布）

第九条 下列涉及国家安全和利益的事项，泄露后可能损害国家在政治、经济、国防、外交等领域的安全和利益的，应当确定为国家秘密：

……

（六）维护国家安全活动和追查刑事犯罪中的秘密事项；

……

5.《律师办理刑事案件规范》（律发通〔2017〕51 号，中华全国律协 2017 年 9 月 20 日发布）

第三十七条　律师参与刑事诉讼获取的案卷材料，不得向犯罪嫌疑人、被告人的亲友以及其他单位和个人提供，不得擅自向媒体或社会公众披露。

辩护律师查阅、摘抄、复制的案卷材料属于国家秘密的，应当经过人民检察院、人民法院同意并遵守国家保密规定。律师不得违反规定，披露、散布案件重要信息和案卷材料，或者将其用于本案辩护、代理以外的其他用途。

89. 合议庭能否以超过申请期限为由，对辩护律师在庭前会议上或之后的庭审中提出的排除非法证据申请不予受理？

【案例简介】

2018年3月，在河北保定某法院审理的夏某涉嫌合同诈骗、职务侵占一案的庭前会议上，根据夏某提供的公安机关非法取证线索及夏某提出的排除非法证据的要求，夏某的辩护人向合议庭提出了排除非法证据的申请，并同时提交了书面申请。辩护人提出排除非法证据的申请后，审判长表示，被告人及辩护人申请排除非法证据的，应当在召开庭前会议三日前提出，因此对辩护人及被告人提出的排除非法证据申请不予受理。辩护人当庭表示，审判长对被告人及辩护人必须在召开庭前会议三日前提出排除非法证据申请的要求没有法律依据。审判长在查阅了相关法律规定后，接受了辩护人提出的排除非法证据申请，并于正式开庭时启动了非法证据排除程序。

【问题分析】

申请排除非法证据是《刑事诉讼法》规定的被告人及辩护人享有的一项重要的诉讼权利，也是保障人权、防范冤假错案的重要程序保障。根据两高三部《关于办理刑事案件严格排除非法证据若干问题的规定》，被告人及辩护人申请排除非法证据，应当在开庭审理前提出，开庭审理前未提出，在法庭审理过程中提出申请的，应当说明理由，法庭经审查，对证据收集的合法性有疑问的，应当进行调查，没有疑问的，应当驳回申请。上述规定显然是出于保障诉讼程序顺利进行，不过分拖延的角度做出的要求。但这并不意味着对被告人及辩护人在庭审中提出的排除非法证据申请，合议庭就可以以超过期限为由驳回或不予受理。在辩护人及被告人说明理由后，合议庭仍然应当对排除非法证据的申请进行审查。审查后，合议庭对证据收集的合法性有疑问的，仍然应当进行调查，没有疑问的，才能驳回申请。值得强调的是，法庭作为审判组织，肩负着查明事实、惩罚犯罪分子、保障无罪的人不受刑事追究的责任。因此，这里的“没有疑问”，显然应当是合议庭经过审查后，有充分理由认为相关证据收集不存在非法情形的情况下才能做出，而绝不能不经审查成为合议庭简单驳回申请的理由。

2017 年 11 月 27 日，最高人民法院发布的三项规程《人民法院办理刑事案件庭前会议规程（试行）》《人民法院办理刑事案件排除非法证据规程（试行）》《人民法院办理刑事案件第一审普通程序法庭调查规程（试行）》正式实施。其中《人民法院办理刑事案件庭前会议规程》和《人民法院办理刑事案件排除非法证据规程》均规定：被告人及其辩护人在开庭审理前申请排除非法证据的，人民法院应当在召开庭前会议三日前，将申请书及相关线索或者材料的复制件送交人民检察院。上述规程开始实施后，有人认为，根据上述规定，辩护律师及被告人提出排除非法证据申请，至少应在庭前会议召开三日前提出。基于这种认识，实践中就出现了案例中所述的情形。辩护律师在庭前会议上提出排除非法证据申请，合议庭以超过期限为由不予受理，此种做法显然严重侵害了被告人及辩护律师的辩护权。好在案例中审判长慎重研读相关条文后，采纳了律师意见，启动了非法证据排除程序。

可见，申请排除非法证据是被告人及辩护律师重要的辩护权利，一旦发现有涉嫌非法取证的相关线索或者材料的，都可以提出非法证据排除申请，办案机关应当慎重审查。两高三部关于排除非法证据的规定以及上述两项规程均不应看作是对排除非法证据申请期限的规定。

【实务解答】

辩护律师在承办案件过程中，如发现存在刑事诉讼法规定的非法取证情形的，应在开庭审理前及时提出排除非法证据的书面申请，并提供相关线索或材料。如果在庭审中才发现相关线索或者材料的，也应及时提出排除非法证据的申请。如果出现合议庭以超过申请期限为由不予审查的，辩护律师应在说明理由的基础上，坚持提出排除非法证据的申请，并要求书记员将相关申请情况记录在案。如果合议庭不对辩护人提出的排除非法证据申请进行审查，并以有关证据作为定案根据，可能影响公正审判的，在二审中，辩护人可以此为由请求二审法院发回重审。

【法规摘引】

1.《刑事诉讼法》（全国人大常委会2018年10月26日发布）

第五十八条　法庭审理过程中，审判人员认为可能存在本法第五十六条规定的以非法方法收集证据情形的，应当对证据收集的合法性进行法庭调查。

当事人及其辩护人、诉讼代理人有权申请人民法院对以非法方法收集的证据依法予以排除。申请排除以非法方法收集的证据的，应当提供相关线索或者材料。

2.《关于办理刑事案件严格排除非法证据若干问题的规定》（法发〔2017〕15号）

第二十三条第二款　被告人及其辩护人申请排除非法证据，应当在开庭审理前提出，但在庭审期间发现相关线索或者材料等情形除外。人民法院应当在开庭审理前将申请书和相关线索或者材料的复制件送交人民检察院。

第二十九条　被告人及其辩护人在开庭审理前未申请排除非法证据，在法庭审理过程中提出申请的，应当说明理由。

对前述情形，法庭经审查，对证据收集的合法性有疑问的，应当进行调查；没有疑问的，应当驳回申请。

法庭驳回排除非法证据申请后，被告人及其辩护人没有新的线索或者材料，以相同理由再次提出申请的，法庭不再审查。

第四十条第一款　第一审人民法院对被告人及其辩护人排除非法证据的申请未予审查，并以有关证据作为定案根据，可能影响公正审判的，第二审人民法院可以裁定撤销原判，发回原审人民法院重新审判。

3.《人民法院办理刑事案件庭前会议规程（试行）》（最高人民法院2017年11月27日发布）

第八条第二款　被告人及其辩护人在开庭审理前申请排除非法证据的，人民法院应当在召开庭前会议三日前，将申请书及相关线索或者材料的复制件送交人民检察院。

4.《**人民法院办理刑事案件排除非法证据规程（试行）**》（最高人民法院2017年11月27日发布）

第十条第一款 被告人及其辩护人申请排除非法证据，并提供相关线索或者材料的，人民法院应当召开庭前会议，并在召开庭前会议三日前将申请书和相关线索或者材料的复制件送交人民检察院。

第十七条第一款 被告人及其辩护人在开庭审理前未申请排除非法证据，在庭审过程中提出申请的，应当说明理由。人民法院经审查，对证据收集的合法性有疑问的，应当进行调查；没有疑问的，应当驳回申请。

90. 检察机关不移交对被告人有利的证据，辩护人能否申请调取？

【案例简介】

某省某市审理的韩某涉嫌贪污一案，案件侦查机关在同案被告人处扣押了一份重要证据U盘，能够证明公诉机关指控的涉案款项中包含大量被告人个人收入所得，属于对被告人有利的证据，且可能对被告人的定罪量刑产生重大影响。但公诉机关仅打印了其中部分内容移送给法院，一直未将原始U盘移送。一审法院在公诉机关没有移送全部证据的情况下对被告人作出了有罪判决。二审阶段，辩护人提交了书面申请，要求公诉机关移送原始完整U盘，并要求查阅U盘全部内容。虽困难重重，但在辩护人的一再要求与坚持下，最终辩护人取得了对被告人有利的全部证据，并在二审庭审中进行了出示。

【问题分析】

根据《刑事诉讼法》第二条的规定，刑事诉讼法的基本任务既包括打击犯罪，也包括尊重和保障人权，保障无罪的人不受刑事追究。在这样的基本原则指导下，尽管在刑事诉讼中，公、检、法、辩扮演着不同的角色，承担着不同的诉讼职能，但公、检、法作为国家司法公权力机关，《刑事诉讼法》也明确规定，审判人员、检察人员和侦查人员必须依照法定程序，既要收集能够证实犯罪嫌疑人、被告人有罪的证据，同时也要收集能够证明犯罪嫌疑人、被告人无罪、罪轻的各种证据。这是保障人权、保障无罪的人不受错误的刑事追究，保障对被告人罚当其罪的重要基础。但司法实践中，受到自身诉讼角色、地位的影响，尤其是侦查机关和公诉机关，更多地承担着侦查、打击、指控犯罪的职能，不可避免地会出现侦查、检察人员忽视犯罪嫌疑人、被告人无罪、罪轻证据，甚至对无罪、罪轻证据不移送的情形。对此，《刑事诉讼法》明确规定，辩护人认为在侦查、审查起诉期间，公安机关、人民检察院收集的证明犯罪嫌疑人、被告人无罪或者罪轻的证据材料未提交的，有权申请人民检察院、人民法院调取。辩护人的这项权利是律师辩护权的重要内容，既是律师履行辩护职责的基础，也是律师进行有效辩护的重要执业权益，辩护人只有用好这一权利，才能更好地行使辩护职能。在上面的案例中，就是在辩护人的一再坚持和要求下，对被告人有利的证据才得以出现在二审的法庭上，依法保障了被告人的辩护权。

【实务解答】

司法实践中，辩护人不仅要全面查阅侦查、检察机关已经移送的案卷材料，还要注意通过会见等辩护活动发现并主动调取能够证明被告人无罪、罪轻的证据。一旦发现侦查、检察机关已经调取了相关证据却没有移送的，要及时提出调取证据的申请。如果法院不同意调取的，可以要求说明理由。如果辩护律师认为公安机关、人民检察院、人民法院拒绝调取相关证据阻碍行使辩护权的，可以通过向办案机关或其上一级机关投诉，向检察机关申诉、控告或者申请律师协会维权等渠道，来依法维护自己的合法权益。

【法规摘引】

1.《刑事诉讼法》（全国人大常委会 2018 年 10 月 26 日发布）

第四十一条　辩护人认为在侦查、审查起诉期间公安机关、人民检察院收集的证明犯罪嫌疑人、被告人无罪或者罪轻的证据材料未提交的，有权申请人民检察院、人民法院调取。

2.《人民检察院刑事诉讼规则》（2019 年 12 月 30 日起施行）

第五十七条　辩护人、诉讼代理人认为公安机关、人民检察院、人民法院及其工作人员具有下列阻碍其依法行使诉讼权利的行为之一的，向同级或者上一级人民检察院申诉或者控告，人民检察院负责控告申诉检察的部门应当接受并依法办理，其他办案部门应当予以配合：

……

（十一）未依法提交证明犯罪嫌疑人、被告人无罪或者罪轻的证据材料的；

……

第五十八条 辩护人、诉讼代理人认为其依法行使诉讼权利受到阻碍向人民检察院申诉或者控告的，人民检察院应当及时受理并调查核实，在十日以内办结并书面答复。情况属实的，通知有关机关或者本院有关部门、下级人民检察院予以纠正。

3.《关于依法保障律师执业权利的规定》（司发〔2015〕14 号，2015 年 9 月 16 日印发）

第十六条 在刑事诉讼审查起诉、审理期间，辩护律师书面申请调取公安机关、人民检察院在侦查、审查起诉期间收集但未提交的证明犯罪嫌疑人、被告人无罪或者罪轻的证据材料的，人民检察院、人民法院应当依法及时审查。经审查，认为辩护律师申请调取的证据材料已收集并且与案件事实有联系的，应当及时调取。相关证据材料提交后，人民检察院、人民法院应当及时通知辩护律师查阅、摘抄、复制。经审查决定不予调取的，应当书面说明理由。

第四十一条 律师认为办案机关及其工作人员明显违反法律规定，阻碍律师依法履行辩护、代理职责，侵犯律师执业权利的，可以向该办案机关或者其上一级机关投诉。

办案机关应当畅通律师反映问题和投诉的渠道，明确专门部门负责处理律师投诉，并公开联系方式。

办案机关应当对律师的投诉及时调查，律师要求当面反映情况的，应当当面听取律师的意见。经调查情况属实的，应当依法立即纠正，及时答复律师，做好说明解释工作，并将处理情况通报其所在地司法行政机关或者所属的律师协会。

第四十二条 在刑事诉讼中，律师认为办案机关及其工作人员的下列行为阻碍律师依法行使诉讼权利的，可以向同级或者上一级人民检察院申诉、控告：

……

（三）对律师依法提出的申请，不接收、不答复的；

（四）依法应当许可律师提出的申请未许可的；

……

律师依照前款规定提出申诉、控告的，人民检察院应当在受理后10日以内进行审查，并将处理情况书面答复律师。情况属实的，通知有关机关予以纠正。情况不属实的，做好说明解释工作。

人民检察院应当依法严格履行保障律师依法执业的法律监督职责，处理律师申诉控告。在办案过程中发现有阻碍律师依法行使诉讼权利行为的，应当依法、及时提出纠正意见。

第四十四条　律师认为办案机关及其工作人员阻碍其依法行使执业权利的，可以向其所执业律师事务所所在地的市级司法行政机关、所属的律师协会申请维护执业权利。情况紧急的，可以向事发地的司法行政机关、律师协会申请维护执业权利。事发地的司法行政机关、律师协会应当给予协助。

司法行政机关、律师协会应当建立维护律师执业权利快速处置机制和联动机制，及时安排专人负责协调处理。律师的维权申请合法有据的，司法行政机关、律师协会应当建议有关办案机关依法处理，有关办案机关应当将处理情况及时反馈司法行政机关、律师协会。

司法行政机关、律师协会持有关证明调查核实律师权益保障或者违纪有关情况的，办案机关应当予以配合、协助，提供相关材料。

91. 合议庭能否以超期为由拒绝接收辩护律师提交的证明被告人罪轻或无罪的证据？

【案例简介】

某省某市法院审理的吴某涉嫌受贿一案，辩护人在开庭前一天取得了两份对被告人有利的证据，在开庭当天开庭审理前向合议庭说明了情况并在开庭审理举证质证阶段，当庭出示了相关证据。辩护人出示证据后，公诉人表示相关证据在开庭前未提交，不发表质证意见，审判长也认为辩护人没有在开庭审理前提交相关证据，超出了法律规定的时间。在此情况下，辩护人再次当庭说明了情况，坚持提交并出示了相关证据，并明确表示如果公诉人需要质证准备期限，可以再次开庭就相关证据进行质证。后合议庭采纳了律师意见，在对其他证据举证质证完毕后宣布休庭，几日后再次开庭对辩护人提交的证据进行了举证质证。

【问题分析】

根据《刑事诉讼法》的相关规定，辩护律师具有收集、调取证据的权利，且在法庭审理过程中，辩护人也可以出示能够证明被告人无罪或罪轻的证据。根据刑事诉讼法司法解释的规定，开庭审理前，人民法院应当通知当事人、法定代理人、辩护人、诉讼代理人在开庭五日前提供证人、鉴定人名单，以及拟当庭出示的证据。据此，司法实践中有人主张辩护律师提交证据应至少在开庭五日前提出，否则合议庭有权对律师逾期提交的证据不予接收。以上观点显然是错误的，其严重混淆了刑事诉讼与民事诉讼中的举证责任及举证期限问题。从刑事诉讼惩罚犯罪、保障人权、保障无罪的人不受刑事追究的基本任务来看，对于能够证明被告人无罪或罪轻的证据，无论什么时候发现并提交法庭，法庭都不应拒之门外，而应当依法对相关证据进行审查。经审查，具有客观真实性，能够证明案件事实的证据，法庭均应当采纳，并依法作出公正的判决。

【实务解答】

辩护律师在履行辩护职责过程中，应依法及时收集、调取对被告人有利的证据，且为了保障庭审的顺利进行，辩护律师应在取得相关证据后及时提交给办案机关，严禁搞证据突袭。而如果是在邻近庭审前或庭审过程中，甚至是庭审结束后一审判决前或二审期间才发现相关证据的，辩护律师仍有权并应当及时提交法庭，以维护被告人的辩护权。如果合议庭以超过期限为由不接受相关证据的，显然是对被告人及辩护人辩护权利的剥夺，辩护律师一方面可以要求书记员将辩护人提交证据的情况记录在案，并在提交相关法律意见时写明提交证据的情况。另一方面，辩护律师也可以通过向办案机关或其上一级机关投诉，向检察机关申诉、控告或者申请律师协会维权等渠道，依法维护自己的合法权益。

【法规摘引】

1.《最高人民法院关于适用〈中华人民共和国刑事诉讼法〉的解释》（法释〔2012〕21号）

第一百八十二条　开庭审理前，人民法院应当进行下列工作：

……

（三）通知当事人、法定代理人、辩护人、诉讼代理人在开庭五日前提供证人、鉴定人名单，以及拟当庭出示的证据；申请证人、鉴定人、有专门知识的人出庭的，应当列明有关人员的姓名、性别、年龄、职业、住址、联系方式；

……

第二百二十一条　公诉人申请出示开庭前未移送人民法院的证据，辩护方提出异议的，审判长应当要求公诉人说明理由；理由成立并确有出示必要的，应当准许。

辩护方提出需要对新的证据作辩护准备的，法庭可以宣布休庭，并确定准备辩护的时间。

辩护方申请出示开庭前未提交的证据，参照适用前两款的规定。

2.《人民法院办理刑事案件第一审普通程序法庭调查规程（试行）》（最高人民法院2017年11月27日发布）

第三十七条　控辩双方申请出示庭前未移送或提交人民法院的证据，对方提出异议的，申请方应当说明理由，法庭经审查认为理由成立并确有出示必要的，应当准许。

对方提出需要对新的证据作辩护准备的，法庭可以宣布休庭，并确定准备的时间。

92. 公诉人当庭出示新证据，辩护律师是否可以要求质证准备时间？

【案例简介】

案例一：某市中级人民法院审理的张某涉嫌非法储存爆炸物、非国家工作人员受贿、职务侵占一案，第一次庭审结束后，检察机关又调取了几份证据材料并移送给法院。法院通知辩护人再次开庭，但并未告知辩护人公诉机关移送了新的证据材料。第二次庭审中，公诉人出示了新移送的证据材料，辩护人查看证据材料后，认为公诉人新移交的证据材料对被告人的定罪量刑影响重大，需要向被告人核实后才能发表质证意见，遂向合议庭提出需要质证准备时间，合议庭经合议后同意了辩护人的请求。

案例二：某市基层法院审理的陈某涉嫌职务侵占案，开庭审理过程中，公诉人出示了一份之前并未向法庭移送的证据材料，但公诉人并未明确说明。辩护人经核对后发现该份证据材料之前并未查阅过，遂请法庭向公诉人核实该份证据材料的具体卷宗位置以及向法庭移送的时间。公诉人此时才表示该份证据确实之前未向法庭移送过，是新调取的证据。辩护人查阅证据后，发现该证据对被告人定罪量刑影响重大，遂提出需要质证准备时间，合议庭同意了辩护人的请求，宣布休庭。

【问题分析】

在法庭审理过程中，举证质证阶段是法庭调查的重要阶段，是法庭查明案件事实的重要手段之一。对控方出示的证据发表质证意见是被告人及辩护人行使辩护权的重要内容。要充分发表质证意见，尤其是对被告人定罪量刑有重大影响的证据，必然需要充分的准备时间。有些证据需要向当事人核实真伪；有些证据则需要核实其调取程序的合法性；还有些证据需要仔细研读证据内容，从而发现其中与案件事实的关联性。因此，如果公诉人当庭出示证据，辩护人必然没有充分的准备时间，无法充分发表质证意见，也就无法实现有效辩护。在此情况下，根据刑事诉讼法司法解释的相关规定，辩护律师有权要求休庭，对新证据做必要的辩护准备。可见，为了保证诉讼效率，无论是公诉人还是辩护人，除庭审中才发现的新证据之外，应当将要在法庭上出示的证据材料在开庭前全部移送给法院，严禁证据突袭。

【实务解答】

辩护人在开庭审理前应当做好充分的庭审准备，做到心中有数，这样才能及时发现哪些证据材料是公诉人之前未移送的证据材料。辩护人一旦在庭审中发现公诉人出示的证据材料是之前并未向法庭移送的证据材料，应及时提出异议。当然，如果是对定罪量刑影响不大的证据，辩护人可以当庭发表质证意见，被告人对相关证据也予以认可的，辩护人可以不要求质证准备时间。但如果发现相关证据材料对被告人定罪量刑影响重大的，辩护人可以向合议庭申请休庭，做必要的辩护准备。如果在辩护人提出申请的情况下，法庭无正当理由不给辩护人质证准备时间的，显然是对被告人及辩护人辩护权的剥夺，辩护人可以通过向办案机关或其上一级机关投诉，向检察机关申诉、控告或者申请律师协会维权等渠道，依法维护自己的合法权益。

【法规摘引】

1.《最高人民法院关于适用〈中华人民共和国刑事诉讼法〉的解释》（法释〔2012〕21号，最高人民法院2012年12月20日发布）

第二百二十一条 公诉人申请出示开庭前未移送人民法院的证据，辩护方提出异议的，审判长应当要求公诉人说明理由；理由成立并确有出示必要的，应当准许。

辩护方提出需要对新的证据作辩护准备的，法庭可以宣布休庭，并确定准备辩护的时间。

辩护方申请出示开庭前未提交的证据，参照适用前两款的规定。

2.《关于依法保障律师执业权利的规定》（司发〔2015〕14号，2015年9月16日印发）

第三十四条 法庭审理过程中，有下列情形之一的，律师可以向法庭申请休庭：

……

（三）需要对新的证据作辩护准备的；

……

3.《北京市关于依法保障律师执业权利实施细则》（京司发〔2015〕91号，2015年12月3日发布）

第四十七条 律师可以就证据的真实性、合法性、关联性，从证明目的、证明事实、证明效果、证明标准、证明过程等方面，进行法庭质证和相关辩论。

对于公诉机关移送的案卷材料中有利于被告人的证据，律师可以作为辩方证据当庭出示。

对于公诉人申请出示开庭前未移送人民法院的证据，律师有权提出异议，审判长应当要求公诉人说明理由。律师有权申请休庭。

93. 合议庭没有正当理由不同意辩护律师提出的收集、调取证据或者通知证人出庭作证的申请，或者不答复、不说明理由，律师该如何应对？

【案例简介】

山西省某市中级人民法院审理程某被控职务侵占案件。庭前会议阶段，辩护律师要求调取程某所在村委会全部财务账簿，以查明程某个人与村委会之间存在资金往来，程某对村委会享有债权的客观事实。辩护律师强调，本案中村委会向国土部门缴纳款项，实际由程某垫资。其后，国土部门退还该笔费用，程某将其划入自己账户，目的是收回自己垫资费用，并非将村委会财产非法占为己有。辩护律师同时要求村委会会计出庭作证，证实上述客观事实。合议庭以程某私自占有国土部门退还村委会缴纳费用事实清楚，证据充分，村委会其他账目与本案不具有关联性为由，拟驳回辩护人提出的调取证据申请；以村委会会计在侦查阶段已有证言为由，拟驳回辩护人提出的通知证人出庭作证申请。

【问题分析】

我国《刑事诉讼法》等法律赋予了辩护律师调查取证、申请证人出庭作证的权利。对于一些证据，辩护律师因客观原因无法调取，需要向法院申请调查取证；有些证人因各种原因在侦查阶段的陈述可能不准确，甚至错误，需要出庭作证。但在司法实践中，法院有时出于审限等考虑，不同意辩护律师的上述申请或不答复也不说明理由。《刑事诉讼法》第四十三条规定辩护律师可以申请人民法院调取证据、可以申请人民法院通知证人出庭作证。《最高人民法院关于适用〈中华人民共和国刑事诉讼法〉的解释》第五十一条亦有相同规定。两高三部《关于依法保障律师执业权利的规定》第十八条更是规定辩护律师向法院申请调查取证，法院应当在三日以内作出是否同意的决定，并通知辩护律师；辩护律师书面提出有关申请时，办案机关不同意的，应当书面说明理由。根据上述法律规定，辩护律师提出的调查取证、证人出庭申请，法院应当审慎审查，依法作出决定并说明理由。《人民检察院刑事诉讼规则》第五十七条明确规定，人民法院没有正当理由不同意辩护律师提出的收集、调取证据或者通知证人出庭作证的申请，或者不答复、不说明理由的，辩护人可以向同级或者上一级人民检察院申诉或者控告，控告检察部门应当接受并依法办理，相关办案部门应当予以配合。

另外，各级律师协会设立的维护律师执业权利中心（简称维权中心）和律师权益保障委员会（简称权保委），是专门受理和处理律师执业权利受到侵犯案件的专门机构。律师的调查取证权受到阻碍，律师可以向维权中心或权保委申请维权。律师协会以组织的路径与办案机关或被调查单位沟通协调，可以促进问题的解决。

案例中，辩护律师与合议庭充分沟通，说明调取证据、证人出庭的必要性，并坚持如不准予则可能会提出申诉或者控告，最终合议庭采纳了辩护律师的意见。

【实务解答】

合议庭没有正当理由不同意辩护律师提出的收集、调取证据或者通知证人出庭作证的申请，或者不答复、不说明理由的，律师可以向同级或者上一级人民检察院申诉或者控告，也可以向律师协会维权中心或律师权保委申请维权。

【法规摘引】

1.《刑事诉讼法》（全国人大常委会 2018 年 10 月 26 日发布）

第四十三条第一款　辩护律师经证人或者其他有关单位和个人同意，可以向他们收集与本案有关的材料，也可以申请人民检察院、人民法院收集、调取证据，或者申请人民法院通知证人出庭作证。

2.《最高人民法院关于适用〈中华人民共和国刑事诉讼法〉的解释》（法释〔2012〕21 号）

第五十一条　辩护律师向证人或者有关单位、个人收集、调取与本案有关的证据材料，因证人或者有关单位、个人不同意，申请人民法院收集、调取，或者申请通知证人出庭作证，人民法院认为确有必要的，应当同意。

第五十三条 本解释第五十条至第五十二条规定的申请，应当以书面形式提出，并说明理由，写明需要收集、调取证据材料的内容或者需要调查问题的提纲。

对辩护律师的申请，人民法院应当在五日内作出是否准许、同意的决定，并通知申请人；决定不准许、不同意的，应当说明理由。

3.**《关于依法保障律师执业权利的规定》**（司发〔2015〕14号，2015年9月16日发布）

第十八条 辩护律师申请人民检察院、人民法院收集、调取证据的，人民检察院、人民法院应当在三日以内作出是否同意的决定，并通知辩护律师。辩护律师书面提出有关申请时，办案机关不同意的，应当书面说明理由；辩护律师口头提出申请的，办案机关可以口头答复。

4.**《人民检察院刑事诉讼规则》**（2019年12月30日起施行）

第五十七条 辩护人、诉讼代理人认为公安机关、人民检察院、人民法院及其工作人员具有下列阻碍其依法行使诉讼权利行为之一，向同级或者上一级人民检察院申诉或者控告的，人民检察院负责控告申诉检察的部门应当接受并依法办理，其他办案部门应当予以配合：

……

（十）没有正当理由不同意辩护律师收集、调取证据或者通知证人出庭作证的申请，或者不答复、不说明理由的；

……

94. 法庭审理过程中，出现被告人供述发生重大变化或拒绝辩护等重大情形，辩护律师有哪些权利？

【案例简介】

河北省某市中级人民法院审理一起非法吸收公众存款罪、寻衅滋事罪案件。开庭审理之前，辩护律师依法会见了被告人。被告人表示认罪、认罚，以争取法院从轻处罚。辩护律师结合卷宗材料与会见情况，制定了罪轻辩护的策略。法庭审理过程中，审判长询问被告人是否认罪，被告人当庭表示不认罪，并称侦查阶段受到刑讯逼供，被告也表示在侦查阶段其余部分的供述不真实，曾受到不同程度的刑讯逼供。鉴于此情况，审判长宣布休庭，并询问各辩护律师，为何没有在庭前会议阶段提出非法证据排除申请。各辩护律师均表示在会见过程中，与各被告核对过案件事实，被告人本人陈述与卷宗记载内容基本一致，遂未提出非法证据排除申请，对于庭审中被告人提出受到刑讯逼供，辩护人也很诧异。经审判长允许，辩护律师与被告人短暂交流后，表示尊重被告人本人意见。其后，审判长宣布恢复庭审，并启动排非程序。

【问题分析】

律师办理刑事案件过程中，经常会遇到与被告人及其家属意见不一致的情况。辩护律师既要履行辩护职责，又要最大限度地维护被告人的合法权益。当双方意见发生冲突时，辩护律师应当从有利于保护被告人权利的角度，独立行使辩护权。我国《刑事诉讼法》第三十七条规定，辩护人的责任是根据事实和法律，提出犯罪嫌疑人、被告人无罪、罪轻或者减轻、免除其刑事责任的材料和意见，维护犯罪嫌疑人、被告人的诉讼权利和其他合法权益。《律师法》第三十一条规定，律师担任辩护人的，应当根据事实和法律，提出犯罪嫌疑人、被告人无罪、罪轻或者减轻、免除其刑事责任的材料和意见，维护犯罪嫌疑人、被告人的诉讼权利和其他合法权益。上述法律规定体现了辩护律师在刑事案件中享有独立的诉讼参与人地位，有权独立行使辩护权，不受被告人及其家属意志干扰。中华全国律师协会印发的《律师办理刑事案件规范》第五条第一款明确规定，律师担任辩护人，应当依法独立履行辩护职责。

辩护律师在庭审中，应当以维护被告人合法权益为目标，根据事实与法律，独立行使辩护权，提出被告人无罪、罪轻或者减轻、免除其刑事责任的意见。另外，如庭审中被告人不认同辩护律师的辩护意见，可以根据我国《刑事诉讼法》第四十五条规定，拒绝辩护人继续为其辩护或另行委托辩护人辩护。

【实务解答】

法庭审理过程中，出现被告人供述发生重大变化或拒绝辩护等重大情形时，律师可以申请合议庭暂时休庭，与被告人进行短暂交流。律师原则上应尊重被告人的意见，在“有利于当事人原则”的基础上，独立行使辩护权。

【法规摘引】

1.《**刑事诉讼法**》（全国人大常委会2018年10月26日发布）

第三十七条 辩护人的责任是根据事实和法律，提出犯罪嫌疑人、被告人无罪、罪轻或者减轻、免除其刑事责任的材料和意见，维护犯罪嫌疑人、被告人的诉讼权利和其他合法权益。

第四十五条 在审判过程中，被告人可以拒绝辩护人继续为他辩护，也可以另行委托辩护人辩护。

2.《**律师法**》（全国人民代表大会常务委员会2017年9月1日发布）

第三十一条 律师担任辩护人的，应当根据事实和法律，提出犯罪嫌疑人、被告人无罪、罪轻或者减轻、免除其刑事责任的材料和意见，维护犯罪嫌疑人、被告人的诉讼权利和其他合法权益。

3.《**律师办理刑事案件规范**》（律发通〔2017〕51号，中华全国律师协会2017年09月20日发布）

第五条 律师担任辩护人，应当依法独立履行辩护职责。

辩护人的责任是根据事实和法律，提出犯罪嫌疑人、被告人无罪、罪轻或者减轻、免除其刑事责任的材料和意见，维护犯罪嫌疑人、被告人的诉讼权利和其他合法权益。

律师在辩护活动中，应当在法律和事实的基础上尊重当事人意见，按照有利于当事人的原则开展工作，不得违背当事人的意愿提出不利于当事人的辩护意见。

4.《**关于依法保障律师执业权利的规定**》（司发〔2015〕14号，2015年9月16日发布）

第三十三条 法庭审理过程中，遇有被告人供述发生重大变化、拒绝辩护等重大情形，经审判长许可，辩护律师可以与被告人进行交流。

95. 辩护律师做无罪辩护的，能否同时做量刑辩护？

【案例简介】

2018年12月，河北某县人民法院审理赵某等7人涉嫌开设赌场、寻衅滋事、故意伤害等案件。开庭审理前，赵某在侦查机关提审以及辩护人会见时，一直做无罪辩解，并要求辩护人为其做无罪辩护。在查阅全部案卷材料的基础上，结合相关法律规定，辩护人与赵某就法庭上的辩护思路达成一致意见。开庭审理过程中，赵某在法庭调查阶段一直坚持无罪辩解。在法庭辩论开始前，公诉人逐一讯问各被告人是否认罪，在公诉人的一再追问下，被告人表示愿意认罪，但辩论阶段仍然为自己做无罪辩解。在此情况下，辩护人在辩论阶段为赵某做了无罪辩护。辩护人发表完第一轮辩护意见后，公诉人表示，鉴于辩护人为被告人做了无罪辩护，因此不允许辩护人在之后的量刑辩护程序中再发表量刑意见。对此，辩护人提出，根据《人民法院量刑程序指导意见（试行）》的相关规定，辩护人可以同时发表无罪意见及量刑意见，并要求发表量刑意见。合议庭采纳辩护人意见，允许辩护人发表对被告人的量刑辩护意见，且相关意见最终被一审法院采纳。

【问题分析】

无罪辩护与量刑辩护意见能否同时发表，一直是实务界争论不止的问题。有人认为，无罪辩护与量刑辩护在逻辑上是相互矛盾的，一个是无罪的意见，一个是有罪的意见，因此不能同时发表。基于这样一种逻辑自洽性的考虑，在过去很多的庭审实践中，持此观点的法官不允许做无罪辩护的律师再发表量刑意见。

但不可忽略的一个事实是，我国法院多年来无罪判决率极低，律师做无罪辩护的案件比例要远远高于实际宣告无罪的案件比例。且在不同的案件中，律师做无罪辩护的理由可能有很多，有些是事实上的无罪辩护，有些则是在事实争议不大的情况下，在法律定性上做无罪辩护。但不论是事实无罪辩护还是法律定性无罪辩护，都存在同样的问题。由于诉讼地位的不同所导致的立场不同，和难以避免地对一些法律的理解不同，以及长期以来公检法三机关流水作业的惯常思维模式，辩护律师的意见尤其是无罪辩护意见往往很难被采纳。而实际上，很多律师做无罪辩护的案件，同时也存在很多量刑情节。那么在这样的现状下，如果只要做无罪辩护，就不能再做量刑辩护，无疑是不利于充分保障被告人辩护权的，容易造成罪责刑不相适应的结果。且事实上，由于律师并非案件的直接当事人，辩护律师只是在依据证据规则对相关证据进行分析的基础上提出相应的辩护意见，在此情况下，律师同时做无罪辩护与量刑辩护，在逻辑上并不存在根本矛盾。

正因如此，为解决实践中的争议，解决不同法院、不同法官做法不同的情况，最大限度地保障被告人的辩护权，最高人民法院于2009年发布《人民法院量刑程序指导意见（试行）》，明确规定无罪辩护与量刑辩护可以同时进行。

【实务解答】

根据《人民法院量刑指导意见（试行）》以及《关于依法保障律师执业权利的规定》，目前，律师在做无罪辩护的同时可以做量刑辩护已经有明确的司法依据，司法实践中已无太大争议。但如案例所示，仍不乏部分司法工作人员主张做无罪辩护就不能再做量刑辩护。遇到此种情况，辩护人要坚持自己的权利，充分发表辩护意见，依法行使辩护权，最大限度地维护当事人的合法权益。当然，辩护律师在选择无罪辩护策略时，也同样要慎重，一定要在确实有事实和法律依据的情况下发表无罪意见，而不要因为有了上述规定，就不顾无罪辩护理由是否充分，而进行大量的分段式辩护，这样反而会降低辩护律师的专业性和说服力，从而不利于维护被告人的合法权益。

【法规摘引】

1.《人民法院量刑程序指导意见（试行）》（最高人民法院2009年4月修订）

四、适用普通程序审理的案件，在法庭调查过程中，可以根据案件具体情况先调查犯罪事实，后调查量刑事实；在法庭辩论过程中，也可以先辩论定罪问题，后辩论量刑问题。

被告人认罪或虽然不认罪但同意参与审理量刑问题的，按照被告人认罪案件的程序审理量刑问题。

被告人不认罪且不同意参与审理量刑问题的，合议庭应当告知其有权提出从轻、减轻、免除处罚的意见和理由，记录在卷后，法庭审理继续进行。

2.《关于依法保障律师执业权利的规定》（司发〔2015〕14号，2015年9月16日发布）

第三十五条　辩护律师作无罪辩护的，可以当庭就量刑问题发表辩护意见，也可以庭后提交量刑辩护意见。

3.《北京市关于依法保障律师执业权利实施细则》（京司发〔2015〕91号，2015年12月3日发布）

第五十五条　法庭审理过程中，辩护律师作无罪辩护的，可以当庭就量刑问题发表辩护意见，也可以庭后提交量刑辩护意见。对于庭后提交的辩护意见，法官应当认真查阅。

96. 认罪认罚案件的辩护律师是否可以就量刑问题发表意见？

【案例简介】

某省某基层人民法院审理王某涉嫌寻衅滋事一案。王某自归案以来一直如实供述，并表示愿意认罪。案件起诉至一审法院后，基于王某的认罪态度好，经征求王某本人的意愿，合议庭决定对王某适用认罪认罚从宽制度。对此，检察机关提出了具体的量刑建议。但辩护人认为，王某自归案以来一直如实供述，认罪态度好，且案件发生系事出有因，王某主观恶性小，在此情况下，检察机关对王某的量刑建议过重。因此，在争得王某本人同意后，辩护人在庭审中对检察机关提出的量刑建议提出异议。审判长表示，如果王某及辩护人不同意量刑建议，不再适用认罪认罚从宽制度。

【问题分析】

认罪认罚从宽制度是依法推动宽严相济刑事政策具体化、制度化的重要探索，该制度的实施既有利于进一步落实宽严相济刑事政策，也有利于优化司法资源配置，在更高层次上实现公正与效率的统一。2016年底，最高人民法院、最高人民检察院、公安部、国家安全部、司法部联合印发了《关于在部分地区开展刑事案件认罪认罚从宽制度试点工作的办法》（以下称《试点办法》，目前已废止），在北京、天津、上海、广州、大连等18个城市正式启动认罪认罚从宽制度试点工作，试行两年。经过两年的试行，根据最高人民法院统计数据显示，截至 2018 年 7 月，试点地区法院适用认罪认罚从宽制度的案件占试点法院同期审结刑事案件的 52.3%，且有专家认为，未来将有近 80% 的案件通过该制度解决。可见，认罪认罚从宽制度将会发挥着越来越重要的作用。2018 年，认罪认罚从宽制度纳入新修订的《刑事诉讼法》，从试点制度提升至法律规定。但在认罪认罚从宽制度实施过程中，仍存在很多不确定的问题，其中之一就是在认罪认罚案件中，被告人及辩护人是否能就检察机关量刑建议提出异议。司法实践中，有人认为认罪认罚就要对公诉机关指控的罪名及量刑建议均表示认可，不持异议，因此不允许辩护人对量刑建议提出异议。这种认为有违认罪认罚制度的本意，侵犯了被告人及辩护人的辩护权。根据《试点办法》以及《刑事诉讼法》的相关规定，在认罪认罚案件中，被告人及辩护人均有权对人民检察院的量刑建议提出异议，人民法院可以建议人民检察院调整量刑建议，人民检察院不调整量刑建议或调整后仍明显不当的，人民法院应当依法作出判决。

可见，依据现有法律规定，对于认罪认罚案件，被告人及辩护人仍然可以就量刑建议提出异议。但目前尚无明文规定人民法院在此情况下作出判决时，是否仍适用认罪认罚从宽制度。实践中各地做法不一。例如《大连市刑事案件认罪认罚从宽制度试点工作实施办法》就明确规定，双方对量刑建议未协商一致的，不再适用认罪认罚制度，人民法院认为量刑建议明显不当的，案件也不再适用认罪认罚从宽制度继续审理。

【实务解答】

在认罪认罚案件中，辩护人要积极履行辩护职责，如发现被告人罪轻的量刑情节，或认为公诉机关量刑建议不当，应及时提出异议。需要注意的是，虽然法律规定被告人及辩护人有权对量刑建议提出异议，但对异议后果尚无明确规定。庭审实践中，在对量刑建议提出异议的情况下，检察机关调整量刑建议的情况并不多见，而法官介入双方量刑建议的积极性也不高。在双方未达成一致的情况下，部分案件不再适用认罪认罚从宽制度，使被告人因此失去从宽处理的权利。因此，辩护人在认罪认罚案件中提出量刑异议应当慎重，需与检察院及法院充分沟通，切实保障被告人的合法权益。

【法规摘引】

1.《刑事诉讼法》（全国人大常委会 2018 年 10 月 26 日发布）

第二百零一条　对于认罪认罚案件，人民法院依法作出判决时，一般应当采纳人民检察院指控的罪名和量刑建议，但有下列情形的除外：

（一）被告人的行为不构成犯罪或者不应当追究其刑事责任的；

（二）被告人违背意愿认罪认罚的；

（三）被告人否认指控的犯罪事实的；

（四）起诉指控的罪名与审理认定的罪名不一致的；

（五）其他可能影响公正审判的情形。

人民法院经审理认为量刑建议明显不当，或者被告人、辩护人对量刑建议提出异议的，人民检察院可以调整量刑建议。人民检察院不调整量刑建议或者调整量刑建议后仍然明显不当的，人民法院应当依法作出判决。

2.《最高人民法院、最高人民检察院、公安部、国家安全部、司法部关于适用认罪认罚从宽制度的指导意见》（2019 年 10 月 11 日发布并实施）

41. 量刑建议的调整。人民法院经审理，认为量刑建议明显不当，或者被告人、辩护人对量刑建议有异议且有理有据的，人民法院应当告知人民检察院，人民检察院可以调整量刑建议。人民法院认为调整后的量刑建议适当的，应当予以采纳；人民检察院不调整量刑建议或者调整后仍然明显不当的，人民法院应当依法作出判决。

适用速裁程序审理的，人民检察院调整量刑建议应当在庭前或者当庭提出。调整量刑建议后，被告人同意继续适用速裁程序的，不需要转换程序处理。

97. 庭审中，合议庭无正当理由剥夺辩护律师平等辩护权，辩护律师该如何应对？

【案例简介】

湖南省某县人民法院审理某故意伤害案件。庭审中，公诉人对被告人进行讯问后，辩护律师就主要案件细节对被告人进行发问。但合议庭多次打断辩护律师，并强调公诉机关已经提过的问题不要再问，与案件无关的问题不要再问。辩护律师强调所提问题与案件具有关联性，且与公诉人发问不重叠。质证阶段，公诉人要求概括举证，辩护律师提出被告人未见过卷宗材料，要求公诉人全面举证，但合议庭以庭审时间有限为由未采纳辩护律师要求。法庭辩论阶段，公诉人发表公诉意见后，辩护律师发表了辩护意见。其后，公诉人发表了第二轮辩论意见。然而，在辩护人发表第二轮辩论意见过程中，合议庭多次打断辩护律师，并再次强调陈述过的观点不要再重复。最后更以"如辩护律师有新的观点，可以庭后提交辩护词"，强行宣布法庭辩论终结。

【问题分析】

法庭审理过程中，辩护律师向被告人或证人发问、发表质证意见、发表辩护意见，是刑事律师辩护权的基本内容。庭审实践中，合议庭打断甚至制止律师发言的情况时有发生，理由多为"重复发问""重复意见""可以庭后提交辩护词"等。究其原因，除个别律师发问、发言确实重复啰唆可予制止外，实际情况可能是控制开庭时间、庭审程式化，甚至是"已有定论，不愿多听"。合议庭无正当理由限制律师发言，是剥夺律师辩护权的违法行为，尤其是不限制公诉人发言而限制辩护人发言，更是剥夺律师平等辩护权的违法行为。

根据《刑事诉讼法》第三十七条的规定，辩护人的职责是根据事实和法律，提出被告人无罪、罪轻或者减轻、免除其刑事责任的材料和意见。根据《律师法》第三十六条的规定，律师担任辩护人的，其辩护的权利依法受到保障。这些法律规定既赋予了律师辩护权，又对律师依法行使辩护权提供了保障。庭审中，公诉人与辩护律师作为控辩双方处在对立位置，两者诉讼权利、诉讼地位是否平等能够直观反映一个国家的法律是否公平公正。根据两高三部《关于依法保障律师执业权利的规定》第三十一条的规定，法庭审理过程中，法官应当注重诉讼权利平等和控辩平衡，以兼顾实体公正与程序正义。

针对限制、剥夺律师发言权，甚至个别案件律师无法辩护被迫"退庭抗议"所反映的剥夺律师辩护权的违法现象，最高人民法院、司法部颁发《关于依法保障律师诉讼权利和规范律师参与庭审活动的通知》中明确规定了“各级人民法院及其工作人员要尊重和保障律师诉讼权利，严格执行法定程序，平等对待诉讼各方，合理分配各方发问、质证、陈述和辩论、辩护的时间，充分听取律师意见。对于律师在法庭上就案件事实认定和法律适用的正常发问、质证和发表的辩护代理意见，法官不随意打断或者制止”。

实践中，对于合议庭打断或制止律师发言的现象，有的律师选择忍让、不再发言，这实际上是放弃辩护权的失职行为。更多的律师选择据理力争，灵活处理，努力实现辩护权。当然，注意发问技巧，调整发言内容，避免重复发问和发言啰唆，减免自己发言被合议庭打断，是律师诉讼技能的基本要求。

【实务解答】

庭审中，合议庭无正当理由剥夺辩护律师平等辩护权，律师应当据理力争，有理有节，灵活处理。一些优秀律师的对应之举，可以借鉴。譬如，对合议庭屡屡以“时间关系”为由打断律师发言，律师回应“我们审理的不仅仅是一个案件，而是被告人的人生，请求合议庭给点时间发言完毕”；对合议庭以“可以庭后提交辩护词”限制发言的理由，律师回应“我们是公开程序审理案件而不是书面审理”；对于合议庭无理由地粗暴打断律师发言，律师可以提示合议庭“本案有庭审录像，请合议庭依法主持庭审程序，避免判决因程序问题被撤销”。对于合议庭拒不采纳律师合理理由、剥夺律师辩护权的，律师可以庭后向本级或上级法院投诉，也可以向律师协会申请维权。这既是为个案上诉准备程序违法的理由，也是依法请求惩处违法行为从而维护律师执业权利、促进司法程序公正的合法举措。

【法规摘引】

1.**《刑事诉讼法》**（全国人民代表大会常务委员会 2018 年 10 月 26 日发布）

第三十七条　辩护人的责任是根据事实和法律，提出犯罪嫌疑人、被告人无罪、罪轻或者减轻、免除其刑事责任的材料和意见，维护犯罪嫌疑人、被告人的诉讼权利和其他合法权益。

2.**《律师法》**（全国人民代表大会常务委员会 2017 年 9 月 1 日发布）

第三十六条 律师担任诉讼代理人或者辩护人的，其辩论或者辩护的权利依法受到保障。

3.《关于依法保障律师执业权利的规定》（司发〔2015〕14号，2015年9月16日发布）

第二十九条 法庭审理过程中，律师可以就证据的真实性、合法性、关联性，从证明目的、证明效果、证明标准、证明过程等方面，进行法庭质证和相关辩论。

第三十条 法庭审理过程中，律师可以就案件事实、证据和适用法律等问题，进行法庭辩论。

第三十一条第一款 法庭审理过程中，法官应当注重诉讼权利平等和控辩平衡。对于律师发问、质证、辩论的内容、方式、时间等，法庭应当依法公正保障，以便律师充分发言，查清案件事实。

4.《最高人民法院、司法部关于依法保障律师诉讼权利和规范律师参与庭审活动的通知》（2018年4月21日发布）

一、各级人民法院及其工作人员要尊重和保障律师诉讼权利，严格执行法定程序，平等对待诉讼各方，合理分配各方发问、质证、陈述和辩论、辩护的时间，充分听取律师意见。对于律师在法庭上就案件事实认定和法律适用的正常发问、质证和发表的辩护代理意见，法官不随意打断或者制止；但是，攻击党和国家政治制度、法律制度的，发表的意见已在庭前会议达成一致、与案件无关或者侮辱、诽谤、威胁他人，故意扰乱法庭秩序的，审判长或者独任审判员可以根据情况予以制止。律师明显以诱导方式发问，公诉人提出异议的，审判长或者独任审判员审查确认后，可以制止。

四、律师认为法官在审判过程中有违法违规行为的，可以向相关人民法院或其上一级人民法院监察部门投诉、举报，人民法院应当依法作出处理并及时将处理情况答复律师本人，同时通报当地司法行政机关、律师协会。对社会高度关注的，应当公布结果。律师认为法官侵犯其诉讼权利的，应当在庭审结束后，向司法行政机关、律师协会申请维护执业权利，不得以维权为由干扰庭审的正常进行，不得通过网络以自己名义或通过其他人、媒体发表声明、公开信、敦促书等炒作案件。

98. 辩护律师能否向正在服刑的罪犯收集与案件有关的材料?

【案例简介】

山东省某市人民法院审理一起诈骗罪案件。公诉机关的《起诉书》中称王某与李某(另案处理)、李某某(另案处理)、张某(另案处理)系诈骗罪共犯。辩护律师接受委托后,依法会见了王某。王某称自己没有参与任何诈骗活动,且与李某某、张某根本不认识,其仅低价从李某处收购过几十万元的汽车轮胎。王某希望辩护律师能够直接询问李某,并调取其与李某之间的银行流水账单,还原案件事实。辩护律师经询问承办法官,了解到李某在山东省某监狱服刑。辩护律师向承办法官说明了上述情况,承办法官表示不反对律师调查取证。其后,辩护律师携带委托书、律所函、律师证前往山东省某监狱申请向王某采集证据。监狱工作人员表示未有此先例,不同意安排会见。辩护律师向监狱工作人员说明现行法律允许辩护律师向正在服刑的罪犯收集与案件有关的材料。最终,经监狱领导首肯,监狱工作人员安排辩护律师与李某会见。

【问题分析】

律师在为共同犯罪案件的某一被告辩护时,有时会遇到同案被告或相关证人已被判入狱服刑,而他们的供述或证词对所辩护被告行为的定罪或量刑至关重要,需要向他们调查取证。如案例中正在服刑的李某的证词,可能会影响到王某的行为是诈骗还是掩饰隐瞒犯罪所得。当律师向正在服刑人员调查取证时,监狱方往往以“没有法律规定”“无此先例”等理由拒绝安排会见。

《刑事诉讼法》《律师法》均明确赋予律师调查取证权:律师自行调查取证的,凭律师执业证书和律师事务所证明,可以向有关单位或者个人调查与承办法律事务有关的情况。但当被调查人系正在服刑的罪犯时,律师能否调查取证,法律没有明确规定。为充分保障律师的调查取证权,针对律师向正在服刑的罪犯调查取证问题,两高三部《关于依法保障律师执业权利的规定》第十九条第一款作出了明确规定:辩护律师申请向正在服刑的罪犯收集与案件有关的材料的,监狱和其他监管机关在查验律师执业证书、律师事务所证明和犯罪嫌疑人、被告人委托书或法律援助公函后，应当及时安排并提供合适的场所和便利。即，律师持有合法的调查取证手续，可以向正在服刑的罪犯调查取证。

《刑事诉讼法》等法律法规还规定：辩护律师向被害人或者其近亲属、被害人提供的证人收集与本案有关的材料，应当经人民检察院或者人民法院许可。故如果正在服刑的罪犯属于案件的被害人或其近亲属、被害人提供的证人，辩护律师向他们收集证据，应当征得检察院或法院的同意。

根据中华全国律师协会颁发的《律师办理刑事案件规范》，辩护律师调查、收集与案件有关的证据材料，应当持律师事务所证明，出示律师执业证书，一般由二人进行。同时，辩护律师调查取证时，应当制作调查笔录。调查笔录应当客观、准确地记录调查内容，并经被调查人核对。被调查人如有修改、补充，应当由其在修改处签字、盖章或者捺指印确认。调查笔录经被调查人核对后，应当由其在笔录上逐页签名并在末页签署记录无误的意见。

【实务解答】

辩护律师可以向正在服刑的罪犯收集与案件有关的材料，当罪犯属于案件的被害人或其近亲属、被害人提供的证人时，应当征得检察院或法院的同意。

【法规摘引】

1.《刑事诉讼法》（全国人民代表大会常务委员会 2018 年 10 月 26 日发布）

第四十三条 辩护律师经证人或者其他有关单位和个人同意，可以向他们收集与本案有关的材料，也可以申请人民检察院、人民法院收集、调取证据，或者申请人民法院通知证人出庭作证。

辩护律师经人民检察院或者人民法院许可，并且经被害人或者其近亲属、被害人提供的证人同意，可以向他们收集与本案有关的材料。

2.《律师法》（全国人民代表大会常务委员会 2017 年 9 月 1 日发布）

第三十五条第二款 律师自行调查取证的，凭律师执业证书和律师事务所证明，可以向有关单位或者个人调查与承办法律事务有关的情况。

3.《关于依法保障律师执业权利的规定》（司发〔2015〕14 号，2015 年

9月16日发布）

第十九条　辩护律师申请向正在服刑的罪犯收集与案件有关的材料的，监狱和其他监管机关在查验律师执业证书、律师事务所证明和犯罪嫌疑人、被告人委托书或法律援助公函后，应当及时安排并提供合适的场所和便利。

正在服刑的罪犯属于辩护律师所承办案件的被害人或者其近亲属、被害人提供的证人的，应当经人民检察院或者人民法院许可。

99. 辩护律师在审判阶段能否向社会披露案件信息？

【案例简介】

北京律师张某在其辩护的湖南民警陈某持枪杀人案中，在被陈某解除委托后，于2018年7月30日通过微信公众号发表题为《重案：关于陈某某案解除委托的简要说明》的文章。文中对开庭前律师申请重做精神疾病类司法鉴定及申请“有专门知识的人”到庭的原因，及审批机关未予批准的情况进行了较为详细的表述。后来，审理此案的法院向北京市司法局投诉张律师“炒作案件、干扰司法活动”，要求对其惩处。法院认为律师的行为违反了《最高人民法院、司法部关于依法保障律师诉讼权利和规范律师参与庭审活动的通知》中第四点“律师不得通过网络以自己名义或通过其他人、媒体发表声明、公开信、督促书等炒作案件”，及《律师执业管理办法》关于“联署签名，发表公开信，制造舆论压力，攻击、诋毁司法机关和司法制度”的规定。北京市司法局在接到投诉后，将该案转至北京律协处理。北京律协调查研究后作出决定：对法院的投诉不予支持，同时向涉案律所及律师发出《规范执业建议书》。

【问题分析】

媒体对司法的监督是历来争议颇大的问题。律师办案实践中，许多当事人或被告家属要求律师向媒体曝光案件希望借助媒体力量影响案件判决，也有一些律师热衷于向媒体上披露案情，炒作案件，以达到个人出名。尤其近年来，随着网络自媒体的发展，信息传播迅速，操作便捷灵活，律师在网络媒体披露案件信息的情况越来越多。

《刑事诉讼法》规定“辩护律师自人民检察院对案件审查起诉之日起，可以查阅、摘抄、复制本案的案卷材料”，即案件进入审判之前，辩护律师就已经了解了大部分案情细节。《律师法》规定“律师应当保守在执业活动中知悉的国家秘密、商业秘密、不得泄露当事人隐私”，即在刑事案件办理全过程，律师均需对国家秘密、商业秘密、当事人隐私予以保密。《最高人民法院、司法部关于依法保障律师诉讼权利和规范律师参与庭审活动的通知》中明确规定“律师不得通过网络以自己名义或通过其他人、媒体发表声明、公开信、督促书等炒作案件”。司法部《律师执业管理办法》也明文禁止律师以“联署签名，发表公开信，制造舆论压力，攻击、诋毁司法机关和司法制度”，要求律师“对案件公开发表言论，应当依法、客观、公正、审慎，不得发表、散布否定宪法确立的根本政治制度、基本原则和危害国家安全的言论，不得利用网络、媒体挑动对党和政府的不满，发起、参与危害国家安全的组织或者支持、参与、实施危害国家安全的活动，不得以歪曲事实真相、明显违背社会公序良俗等方式，发表恶意诽谤他人的言论，或者发表严重扰乱法庭秩序的言论”。那么，律师在审判阶段可否向社会披露除国家秘密、商业秘密、个人隐私之外的案件信息？如何界定清楚这是客观介绍案情还是舆论炒作？

案例中，针对法院投诉，张律师及其律所回应：在办理陈某案过程中，从未随意对外发布过任何消息，发表该文章仅为避免案件被不负责任地解读，避免出现对辩护人专业能力及职业道德的怀疑。

北京律协调查研究后认为：“现有法律、法规与行业规范均无明文规定禁止律师介绍公开审理案件的相关案情，而介绍案情不直接等同于公开信，也不直接等同于炒作案件”；“通篇文章反映出执笔人情绪平静，立场居中，叙述较为客观，未对案件进行渲染、鼓动，在法院公告中明示辩护人姓名的情况下，出面说明解除委托的原因具有一定的合理性”；另外，文章中虽然对律师认为需要重新进行精神疾病类司法鉴定、申请“有专门知识的人”出庭未获得审判机关同意的情形进行了表述，但“不存在对司法机关和司法制度进行攻击、诋毁的评价或暗示”。故北京律协认为张律师的行为不属于法院投诉指出的相关违规情形。同时，北京律协认为，张律师在微信公众号上发表上述文章的行为虽不属于违规行为，但不够审慎，文章中有部分内容描述较为详细、具体，容易给司法机关带来困扰，依据《北京市律师协会会员纪律处分规则》第十六条的规定，决定向律所及张律师发《规范执业建议书》，提示律师及律师事务所加强对相关法律法规和执业规范的学习，严谨审慎执业，避免执业风险。

诚如北京律协的观点，“现有法律、法规与行业规范均无明文规定禁止律师介绍公开审理案件的相关案情”，但律师应持审慎态度。至于某些律师故意借媒体网络炒作案件、炒作自己，如前两年轰动一时的一起强奸案中，多位辩护律师借此不公开审理的案件，在网络上“隔空对骂”、公开受害人隐私、开庭前公示辩护词等明显违法违规的行为，应受到司法机关和律师协会的处罚。

【实务解答】

律师在审判阶段可以向社会披露案件信息，但应保守案件涉及的国家秘密、商业秘密、个人隐私。披露信息应当客观公正，严禁炒作案件。为减免执业风险，笔者建议，在案件公开宣判尤其是公开开庭之前，律师披露案件信息，应当持审慎态度。

【法规摘引】

1.《刑事诉讼法》（全国人民代表大会常务委员会 2018 年 10 月 26 日发布）

第四十条　辩护律师自人民检察院对案件审查起诉之日起，可以查阅、摘抄、复制本案的案卷材料。其他辩护人经人民法院、人民检察院许可，也可以查阅、摘抄、复制上述材料。

第四十八条　辩护律师对在执业活动中知悉的委托人的有关情况和信息，有权予以保密。但是，辩护律师在执业活动中知悉委托人或者其他人，准备或者正在实施危害国家安全、公共安全以及严重危害他人人身安全的犯罪的，应当及时告知司法机关。

第一百八十八条第一款　人民法院审判第一审案件应当公开进行。但是有关国家秘密或者个人隐私的案件，不公开审理；涉及商业秘密的案件，当事人申请不公开审理的，可以不公开审理。

2.《律师法》（全国人民代表大会常务委员会2017年9月1日发布）

第三十八条 律师应当保守在执业活动中知悉的国家秘密、商业秘密，不得泄露当事人的隐私。

律师对在执业活动中知悉的委托人和其他人不愿泄露的有关情况和信息，应当予以保密。但是，委托人或者其他人准备或者正在实施危害国家安全、公共安全以及严重危害他人人身安全的犯罪事实和信息除外。

3.《律师执业管理办法》（司法部令第134号，2016年9月18日发布）

第三十八条 律师应当依照法定程序履行职责，不得以下列不正当方式影响依法办理案件：

……

（三）以串联组团、联署签名、发表公开信、组织网上聚集、声援等方式或者借个案研讨之名，制造舆论压力，攻击、诋毁司法机关和司法制度。

……

第四十条 律师对案件公开发表言论，应当依法、客观、公正、审慎，不得发表、散布否定宪法确立的根本政治制度、基本原则和危害国家安全的言论，不得利用网络、媒体挑动对党和政府的不满，发起、参与危害国家安全的组织或者支持、参与、实施危害国家安全的活动，不得以歪曲事实真相、明显违背社会公序良俗等方式，发表恶意诽谤他人的言论，或者发表严重扰乱法庭秩序的言论。

100. 辩护律师是否有权复制庭审录像？

【案例简介】

辽宁省某区人民法院审理一起聚众斗殴案件。庭审过程中，辩护律师对每位被告人、证人均进行详细发问。主审法官以辩护律师的发问拖延庭审进程为由，多次打断辩护律师，并对辩护律师予以训斥。辩护律师当庭予以解释，因被告人在侦查阶段的口供存在不实之处，需要通过发问的方式，详细向法庭反映客观真实情况。同时，证人证言也存在虚假之处，需要通过交叉询问等方式查明案件事实。主审法官表示不耐烦，并质疑辩护律师专业性，言辞激烈。最后，法官以辩护律师扰乱庭审秩序为由，要求法警将辩护律师驱逐法庭。法警与辩护律师产生肢体接触。庭审结束后，辩护律师认为主审法官妨碍其行使辩护权利，涉嫌滥用职权，要求调取庭审录像，以对主审法官进行投诉、控告。

【问题分析】

庭审录像完整记录庭审全过程，对于促进庭审公开、程序公正的司法制度改革有重要的意义。同时，庭审录像能够客观公允地反映庭审情况，是事后核实庭审细节、处理庭审程序问题尤其是庭审矛盾、冲突的原始资料。因此，最高人民法院专门颁发了《最高人民法院关于人民法院庭审录音录像的若干规定》，明确要求：人民法院应当在法庭内配备固定或者移动的录音录像设备；庭审录音录像应当自宣布开庭时开始，至闭庭时结束。

实践中，律师由于立场、观点不同，有时与控方甚至合议庭发生冲突。通过查看庭审录像，可以明确冲突的起因、发展及责任主体问题。那么，律师是否有权申请查阅、复制庭审录像？

两高三部《关于依法保障律师执业权利的规定》第三十九条规定，律师申请查阅人民法院录制的庭审过程的录音、录像的，人民法院应当准许。《最高人民法院关于人民法院庭审录音录像的若干规定》第十一条规定，当事人、辩护律师、诉讼代理人等可以依照规定复制录音或者誊录庭审录音录像，必要时人民法院应当配备相应设施。上述司法解释，明确规定律师可以查阅、复制庭审录像。

【实务解答】

辩护律师有权复制庭审录像。同时，查看庭审录像对辩护律师庭后复盘，也具有重大意义。刑事案件庭审笔录较多，甚至达数百页。辩护律师在庭审发言的同时，很难将庭审全部情况记录下来。通过查看庭审录像，可以完成庭后复盘，为辩护律师发表全面完整的辩护意见，或者研究提升辩护技能，提供重要帮助。

【法规摘引】

1.《关于依法保障律师执业权利的规定》（司发〔2015〕14号，2015年9月16日发布）

第三十九条 律师申请查阅人民法院录制的庭审过程的录音、录像的，人民法院应当准许。

2.**《最高人民法院关于人民法院庭审录音录像的若干规定》**（最高人民法院2017年2月22日发布）

第七条 诉讼参与人对法庭笔录有异议并申请补正的，书记员可以播放庭审录音录像进行核对、补正；不予补正的，应当将申请记录在案。

第十条 人民法院应当通过审判流程信息公开平台、诉讼服务平台以及其他便民诉讼服务平台，为当事人、辩护律师、诉讼代理人等依法查阅庭审录音录像提供便利。

对提供查阅的录音录像，人民法院应当设置必要的安全防范措施。

第十一条 当事人、辩护律师、诉讼代理人等可以依照规定复制录音或者誊录庭审录音录像，必要时人民法院应当配备相应设施。

101. 辩护律师向侦查机关调查过的证人取证，是否必须经过检察院或法院同意？

【案例简介】

内蒙古某中级人民法院开庭审理某某银行、姚某被控票据诈骗案。庭审中辩护人举证阶段，姚某辩护人向法庭举证律师对几位银行工作人员的调查笔录，其中两位工作人员曾在公安侦查阶段接受调查，庭审中公诉人也把两人的询问笔录做控方的证人证言。辩护人宣读律师调查笔录后，审判长问："辩护人向控方的证人调查取证，是否经过控方或法院同意？"辩护人回应"没有"。审判长当庭宣布："鉴于辩护人未经检察院或法院同意向控方证人调查取证，违反相关规定，本庭将在庭审后向律师所在地司法局发出司法建议书，建议对律师的违法行为予以惩处。"

【问题分析】

辩护人的调查取证权是律师辩护权的基础内容，既是律师履行辩护职责的重要内容，也是律师进行有效辩护的重要执业权益，故法律赋予律师调查取证权。但司法实践中，律师的调查取证权在某种程度上受到阻挠、打压，包括来自个别执法机关的不当排斥和限制。《律师法》第三十五条第二款规定“律师自行调查取证的，凭律师执业证书和律师事务所证明，可以向有关单位或者个人调查与承办法律事务有关的情况。”根据《刑事诉讼法》第四十三条的规定，辩护律师经证人或者其他有关单位和个人同意，可以向他们收集与本案有关的材料；辩护律师经人民检察院或者人民法院许可，并且经被害人或者其近亲属、被害人提供的证人同意，可以向他们收集与本案有关的材料。最高院刑事诉讼法司法解释、两高三部《关于依法保障律师执业权利的规定》等文件均以较多条款对保障律师调查权作出规定，包括在调查对象不同意的情况下，律师可以向法院申请调查令等救济措施。通读有关规定，律师对证人调查取证，除“被害人或者其近亲属、被害人提供的证人”需经检察院或法院许可外，其他证人同意即可。而对“侦查机关调查过的证人或控方作为证人”的有关单位和个人，律师对其调查取证，是否需要检察院或法院同意，相关法律、司法解释、司法文件均无明确规定。在此情况下，按照“法无明文禁止即可为”的司法解释原则，律师向“侦查机关调查过或控方作为证人”的证人调查取证，可以不经检察院或法院的同意。案例中，司法机关以此理由阻挠、威胁律师举证，是对律师调查取证权的剥夺和侵犯。

案例中，律师在庭后向审判长陈述前述法律意见，审判长接受了律师意见。当然，事后法院也没有发出所谓的司法建议书。

【实务解答】

辩护律师向侦查机关调查过的证人取证，无须经过检察院或法院同意。需要提示的是，律师向“侦查机关调查过的证人”调查取证，还是要采取慎重态度，尤其是可能存在证词前后矛盾的证人，建议律师取证时说服证人同意同步录音录像，或是申请法院调查或传证人到庭，以避免事后证人以“律师胁迫或诱导改变证词”为由故意或被迫诬陷律师。

【法规摘引】

1.《律师法》（全国人民代表大会常务委员会 2017 年 9 月 1 日发布）

第三十五条　受委托的律师根据案情的需要，可以申请人民检察院、人民法院收集、调取证据或者申请人民法院通知证人出庭作证。

律师自行调查取证的，凭律师执业证书和律师事务所证明，可以向有关单位或者个人调查与承办法律事务有关的情况。

2.《刑事诉讼法》（全国人民代表大会常务委员会2018年10月26日发布）

第四十三条 辩护律师经证人或者其他有关单位和个人同意，可以向他们收集与本案有关的材料，也可以申请人民检察院、人民法院收集、调取证据，或者申请人民法院通知证人出庭作证。

辩护律师经人民检察院或者人民法院许可，并且经被害人或者其近亲属、被害人提供的证人同意，可以向他们收集与本案有关的材料。

3.《最高人民法院关于适用〈中华人民共和国刑事诉讼法〉的解释》（法释〔2012〕21号，最高人民法院2012年12月20日发布）

第五十一条 辩护律师向证人或者有关单位、个人收集、调取与本案有关的证据材料，因证人或者有关单位、个人不同意，申请人民法院收集、调取，或者申请通知证人出庭作证，人民法院认为确有必要的，应当同意。

第五十二条第一款 辩护律师直接申请人民法院向证人或者有关单位、个人收集、调取证据材料，人民法院认为确有收集、调取必要，且不宜或者不能由辩护律师收集、调取的，应当同意。人民法院收集、调取证据材料时，辩护律师可以在场。

102. 辩护律师开庭后被袭击，律师应如何维权？

【案例简介】

湖南省某市中级人民法院审理一起涉黑案件。辩护人李某、赵某等律师参加庭审后，在法院大门遭到多名身份不明人员限制人身自由、撕破衣服以致上身裸露，李律师、赵律师等均遭到不同程度的殴打，身体多处受伤。该起事件引起了社会的广泛关注，也引起了律师界的震动。辩护律师作为被告人权益的保护者，是法律职业共同体的一员。律师在维护他人利益的同时，能否保障自身权益，引人深思。李律师、赵律师的遭遇，引起了执业律师群体的共鸣，律师们纷纷声援，并要求严肃处理打人者。也有不少律师在网络留言，称遇到过类似的情况。事发之后，李律师、赵律师等向公安机关报案，要求追究打人者的法律责任。某市律师协会主动介入维权。公安机关调取了法院门口的监控录像，查明打人者系案件受害者家属。在律师协会督促协调下，经公安机关协调，打人者向李律师、赵律师等人道歉，并给予赔偿。

【问题分析】

律师是一个高危职业。律师的职业风险，有的来自公检法机关，有的来自涉案当事人。尤其是律师办理刑事案件过程中，因其职业特性，经常会遭到被害人及其家属的误解，律师被辱骂、围攻、殴打的事件时有发生。据全国律协维权中心统计，仅在 2018 年上半年，律师受到侮辱、诽谤、威胁、报复、人身伤害的案件就有 44 起。

律师的人身权是律师权利的重要组成部分，我国《律师法》第三十七条明确规定“律师在执业活动中的人身权利不受侵犯”。律师的人身权包括律师的生命健康权、名誉权、肖像权等，也就是说律师在执业过程中其人身自由权不受限制和剥夺，其名誉权不得受到侵犯。律师执业过程中的人身权受到法律的特殊保护，任何侵犯该等权利的行为都应受到法律的追究。切实保护律师的人身权是维护律师执业权利的重要体现，是律师协会义不容辞的责任。针对频繁发生的侵犯律师人身权案件，律协维权中心一方面要启动快速处理机制和联动协调机制依法进行处理；同时要通过对律师的作用、地位等正面宣传，形成尊重律师职业，维护律师形象的社会氛围。律师自身的安全保护意识也必须加强，要善于处理协调各方面的矛盾，只有保护好自身的安全，才能更好地履行律师的职责。

为及时处理律师在执业过程中人身或财产被侵犯事件，全国律师协会和地方各级律师协会均建立了快速处理机制。根据《中华全国律师协会维护律师执业权利中心工作规则》的相关规定：维权中心建立维权工作分级处理机制，对律师被限制人身自由、遭到报复、暴力殴打等严重侵害律师人身权、财产权的案件，在收到维权申请或了解突发情况时，第一时间紧急联系该律师所属省（区、市）律协进一步核实案件情况，同时将相关信息通报维权中心主任、主管副秘书长和秘书长；上报司法部主管领导和律师公证工作指导司相关负责人。根据司法部指示，具体协调处理相关维权工作。如果侵害行为未跨区域，该律师所属的省（区、市）律师协会和设区的市律师协会维权中心应当第一时间赴现场维权。如果侵害行为跨区域，所属的省（区、市）律师协会应当书面请求侵权地律师协会协助维权，并最迟于第二天赴现场维权。

【实务解答】

律师在开庭后被袭击，首先应想办法尽快脱离现场，避免和对方纠缠；应当第一时间报警，同时向律所所在地和当地律师协会报告请求协助维权。

【法规摘引】

1.《律师法》（全国人民代表大会常务委员会 2017 年 9 月 1 日发布）

第三十七条第一款 律师在执业活动中的人身权利不受侵犯。

2.《中华全国律师协会维护律师执业权利中心工作规则》（中华全国律师协会 2017 年 11 月 21 日发布）

第二十四条 维权中心建立维权工作分级处理机制。

（一）对律师被限制人身自由、遭到报复、暴力殴打等严重侵害律师人身权、财产权的案件，在收到维权申请或了解突发情况时，第一时间紧急联系该律师所属省（区、市）律协进一步核实案件情况，同时将相关信息通报维权中心主任、主管副秘书长和秘书长；上报司法部主管领导和律师公证工作指导司相关负责人。根据司法部指示，具体协调处理相关维权工作。如果侵害行为未跨区域，该律师所属的省（区、市）律师协会和设区的市律师协会维权中心应当第一时间赴现场维权。如果侵害行为跨区域，所属的省（区、市）律师协会应当书面请求侵权地律师协会协助维权，并最迟于第二天赴现场维权。

……

103. 律师承办黑恶势力犯罪案件应注意哪些问题?

【案例简介】

案例一：律师许某在某涉黑案件侦查阶段会见犯罪嫌疑人后向嫌疑人家属、其他律师透露案情，嫌疑人家属毁灭了部分证据。查实后，某市律师协会给予律师许某中止会员权利六个月的行业处分，司法行政机关给予律师许某停止执业六个月的行政处罚。

案例二：律师王某在会见在押犯罪嫌疑人时违反监管场所规定私自带出若干份委托书，被嫌疑人家属用于转移财产。查实后，某市律师协会给予律师王某中止会员权利六个月的行业处分，司法行政机关给予律师王某停止执业六个月的行政处罚。

案例三：律师李某接受委托代理一起涉黑涉恶案件，在案件的审判阶段，李某擅自将案件部分信息上传至个人微博并对案件部分内容进行不实评论。查实后，市律师协会给予律师李某中止会员权利六个月的行业处分，司法行政机关给予律师李某停止执业六个月的行政处罚。

案例四：律师杨某担任辩护人时，在调查取证过程中对证人进行诱导，且放任犯罪嫌疑人亲属在调查取证前对证人进行诱导性谈话，后依据该证人证言向检察院出具法律意见书。查实后，市律师协会给予律师杨某中止会员权利六个月的行业处分，司法行政机关给予律师杨某停止执业六个月的行政处罚，律师杨某当年执业年度考核等次定为“不称职”。

案例五：律师程某在担任辩护人期间，在非工作时间、非工作场所会见检察官，沟通协调案件情况，以影响案件办理结果。查实后，市律师协会给予律师程某中止会员权利六个月的行业处分，司法行政机关给予律师程某停止执业六个月的行政处罚。

【问题分析】

2018 年 1 月，中共中央、国务院发出了《关于开展扫黑除恶专项斗争的通知》；2018 年 1 月 16 日，最高人民法院、最高人民检察院、公安部、司法部联合发出《关于办理黑恶势力犯罪案件若干问题的指导意见》（以下简称“两高两部指导意见”）。随后，一大批涉黑涉恶案件被立案侦查，并逐渐进入审查起诉、法院审理阶段。在此过程中，越来越多的律师接受犯罪嫌疑人家属委托，参与到涉黑涉恶案件的辩护工作。

扫黑除恶专项斗争是“保障人民安居乐业、社会安定有序、国家长治久安”的治国之举。司法机关依法办理涉黑涉恶案件，与办理其他犯罪案件一样，是正常履行职责；律师参与涉黑涉恶案件的辩护，与其他案件的辩护一样，都应当恪尽职责，依法辩护。但因为涉黑涉恶案件往往存在社会影响大、民众关注度高、媒体热衷报道等特点，作为犯罪嫌疑人的辩护律师，会成为特别关注的对象，律师的执业风险和执业权益，也成为律师行业特别关注的问题。故本书将律师承办此类案件的执业风险和权益保护，作为最后一个问题特别强调。

针对律师参与涉黑涉恶案件的辩护工作，两高两部指导意见第三十二条做了特别详细的规定：

第一，“司法行政机关应当加强对律师办理黑社会性质组织犯罪案件辩护代理工作的指导监督，指导律师事务所建立健全律师办理黑社会性质组织犯罪的请示报告、集体研究和检查督导制度”。律师承接涉黑涉恶案件的辩护代理工作，所在律所应当及时向司法局报告备案。

第二，“办案机关应当依法保障律师各项诉讼权利，为律师履行辩护代理职责提供便利，防止因妨碍辩护律师依法履行职责，对案件办理带来影响”。此规定一方面是要求办案机关要保障律师的诉讼权利，另一方面也可解读为：律师办理此类案件，诉讼权利受到阻碍，可以依法投诉、维权，促进此类案件的公正执法和司法。

第三，针对此类案件的开庭，专门设立了司法机关人员旁听制度：“对黑恶势力犯罪案件开庭审理时，人民法院应当通知对辩护律师所属事务所具有监督管理权限的司法行政机关派员旁听”。实践中，司法机关将绝大多数旁听任务委托律师协会指派律协委员代理完成。该旁听制度的设立，在监督辩护律师依法辩护的同时，也起到了保护律师依法执业的权利不受侵犯的作用。

第四，该指导意见对于律师违法违规的行为，明确规定司法行政机关应当依照有关规定予以处罚，构成犯罪的，依法追究刑事责任；对于律师辩护、代理活动中的违法违规行为，相关办案机关要注意收集固定证据，提出司法建议。所列举的违法违规情形如下：律师违反会见规定的；以串联组团，联署签名、发表公开信，组织网上聚集、声援等方式或者借个案研讨之名，制造舆论压力，攻击、诋毁司法机关和司法制度，干扰诉讼活动正常进行的；煽动、教唆和组织当事人或者其他人员到司法机关或者其他国家机关静坐、举牌、打横幅、喊口号等，扰乱公共秩序、危害公共安全的；违反规定披露、散布不公开审理案件的信息、材料，或者本人、其他律师在办案过程中获悉的有关案件重要信息、证据材料的。

所谓“违反会见规定”，是指律师会见时（尤其是案件未正式移送起诉前）不得随意替犯罪嫌疑人传话；不得将有关案卷材料信息透露给犯罪嫌疑人或其家属，不得将与案件有关的具体信息告知嫌疑人亲属及他人；不得私自为其与亲友、利害关系人之间传递信件等物品，防止委托人或家属在知道不利内容后与同案犯进行串供，或出现伤害被害人的行为，或损毁、转移、消灭与案件相关的证据，影响案件侦查办理。犯罪嫌疑人、被告人若有话要转达家属时，律师应告知其传话内容仅限于生活、家庭事务方面，与案件有关的信息不可转达。

总之，律师在辩护代理涉黑涉恶及重大敏感性案件时，要谨言慎行，依法依规履行律师职责。在案件审理判决前，不得擅自将案件的具体信息上传至网络，不得对案件进行歪曲、虚假性宣传。由于涉黑涉恶犯罪大多为有组织的团伙犯罪，其领导者、组织者往往具有一定经济势力，为了逃避法律制裁可能会让律师诱导其同伙代其担责。律师在行使调查取证权时不仅不能有意伪造证据，对于他人提供的证据也要注意甄别真假，以防被认定为故意提供虚假证据。律师在承办涉黑涉恶案件时，不得违反规定会见法官、检察官及其他有关工作人员。如与办案法官、检察官及其他有关办案人员是朋友关系，在非工作场合、非工作时间见面时应避免谈论所承办案件具体情况，否则便有违规会见的风险。

【实务解答】

律师承办黑恶势力犯罪案件时，应当更加审慎地依法履行职责，应当更加严格地遵守律师执业规范，减免执业风险，维护执业权益。同时，律师应当辩证地把握“扫黑除恶运动”的政策性和“依法打黑”的法律性的关系，以对案件负责、对法律负责、对历史负责的职业精神，依法履行辩护职责，认真办案，体现辩护律师的职业价值。

【法规摘引】

1.《律师法》（全国人民代表大会常务委员会 2017 年 9 月 1 日发布）

第四十条 律师在执业活动中不得有下列行为：

……

（四）违反规定会见法官、检察官、仲裁员以及其他有关工作人员；

（五）向法官、检察官、仲裁员以及其他有关工作人员行贿，介绍贿赂或者指使、诱导当事人行贿，或者以其他不正当方式影响法官、检察官、仲裁员以及其他有关工作人员依法办理案件；

（六）故意提供虚假证据或者威胁、利诱他人提供虚假证据，妨碍对方当事人合法取得证据；

（七）煽动、教唆当事人采取扰乱公共秩序、危害公共安全等非法手段解决争议；

（八）扰乱法庭、仲裁庭秩序，干扰诉讼、仲裁活动的正常进行。

2.《律师执业管理办法》（司法部令第 134 号，2016 年 9 月 18 日发布）

第三十六条 律师与法官、检察官、仲裁员以及其他有关工作人员接触交往，应当遵守法律及相关规定，不得违反规定会见法官、检察官、仲裁员以及其他有关工作人员，向其行贿、许诺提供利益、介绍贿赂，指使、诱导当事人行贿，或者向法官、检察官、仲裁员以及其他工作人员打探办案机关内部对案件的办理意见、承办其介绍的案件，利用与法官、检察官、仲裁员以及其他有关工作人员的特殊关系，影响依法办理案件。

第三十九条 律师代理参与诉讼、仲裁或者行政处理活动，应当遵守法庭、仲裁庭纪律和监管场所规定、行政处理规则，不得有下列妨碍、干扰诉讼、仲裁或者行政处理活动正常进行的行为：

（一）会见在押犯罪嫌疑人、被告人时，违反有关规定，携带犯罪嫌疑人、被告人的近亲属或者其他利害关系人会见，将通讯工具提供给在押犯罪嫌疑人、被告人使用，或者传递物品、文件；

（二）无正当理由，拒不按照人民法院通知出庭参与诉讼，或者违反法庭规则，擅自退庭；

（三）聚众哄闹、冲击法庭，侮辱、诽谤、威胁、殴打司法工作人员或者诉讼参与人，否定国家认定的邪教组织的性质，或者有其他严重扰乱法庭秩序的行为；

（四）故意向司法机关、仲裁机构或者行政机关提供虚假证据或者威胁、利诱他人提供虚假证据，妨碍对方当事人合法取得证据；

（五）法律规定的妨碍、干扰诉讼、仲裁或者行政处理活动正常进行的其他行为。

3.《关于办理黑恶势力犯罪案件若干问题的指导意见》（法发〔2018〕1号）

32. 司法行政机关应当加强对律师办理黑社会性质组织犯罪案件辩护代理工作的指导监督，指导律师事务所建立健全律师办理黑社会性质组织犯罪的请示报告、集体研究和检查督导制度。办案机关应当依法保障律师各项诉讼权利，为律师履行辩护代理职责提供便利，防止因妨碍辩护律师依法履行职责，对案件办理带来影响。

对黑恶势力犯罪案件开庭审理时，人民法院应当通知对辩护律师所属事务所具有监督管理权限的司法行政机关派员旁听。

对于律师违反会见规定的；以串联组团，联署签名、发表公开信，组织网上聚集、声援等方式或者借个案研讨之名，制造舆论压力，攻击、诋毁司法机关和司法制度，干扰诉讼活动正常进行的；煽动、教唆和组织当事人或者其他人员到司法机关或者其他国家机关静坐、举牌、打横幅、喊口号等，扰乱公共秩序、危害公共安全的；违反规定披露、散布不公开审理案件的信息、材料，或者本人、其他律师在办案过程中获悉的有关案件重要信息、证据材料的，司法行政机关应当依照有关规定予以处罚，构成犯罪的，依法追究刑事责任。对于律师辩护、代理活动中的违法违规行为，相关办案机关要注意收集固定证据，提出司法建议。